55年体制の実相と政治改革以降

元参議院議員・平野貞夫氏に聞く

吉田健一

花伝社

まえがき

本書は元参議院議員の平野貞夫氏へのインタビューの記録である。本書は二部構成としており第一部が平野氏へのインタビュー、第二部がその解題である。第一部はさらに三章に分かれているが一回のインタビューをそのまま一つの章とした。

平野氏へは合計三回、インタビューさせて頂いた。第一回目が二〇一八（平成三〇）年三月二七日、第二回目は同年六月一〇日であった。この時は二回とも東京・新宿の喫茶店でインタビューをさせて頂いた。三回目は、二〇二〇（令和二）年一二月一六日に平野氏のご自宅で行った。一回目のインタビューの頃、いわゆる「森友・加計問題」が社会を騒がせていた。インタビュー当日は、森友学園への国有地払い下げ問題やそれに関する財務省の公文書改ざん問題などで、大きな疑惑をかけられていた当時の国税庁長官佐川宣寿氏の証人喚問が国会で行われた日でもあった。

平野氏にインタビューを行うに際して、私は予めかなり詳細な項目についての質問を作っていった。最初の目的は平野氏に、民主党政権の失敗の原因をお聞きすることであった。特に普天間基地移設問題についてなぜ鳩山由紀夫元首相が失敗したのか、詳しくお聞きしようと考えていた。しかし、一回目のインタビューの途中からお話はいろいろな方向に発展した。インタビューは必ずしも私が想定した予定通りには進まなかった。だが、これはむしろ良いことであった。鳩山政権がなぜ失敗したのかという問題を超えて、お話を伺えることとなったからである。

そこで、三か月後に改めてお願いした二回目のインタビューでは、終戦直後から現在に至るまでのわが国の戦後政治の歴史全体をお聞きすることを目的とした。戦後政治の生き字引きである平野氏に、少しでも直接、歴史的なお話をお伺いしたいと考えたからである。だが、時間的な理由で途中までしかお聞きはできなかった。その後、このインタビュー原稿はどこにも発表しないまま、私の研究室で寝かせていた。しかし、やはりどうにかして世に出したいと考えるようになり、二〇二〇（令和二）年の四月頃、平野氏に本にしたい旨をご相談したところ、快諾して頂いた。そこで、出版のご了解を頂いた後に全体の解題を書くこととした。

三回目のインタビューは本書の出版が決まった後にもう一度、無理をお願いして実現したものである。再度のご依頼をしたのは、二回目のインタビュー時から大きく政治状況が変化したからである。話題が現在のことでもあるので、本書では第三回目のインタビューを第一章として先に掲げた。本書では三回目、一回目、二回目の順でインタビューを掲げている。現在の問題についてのテーマを先に出した方が、時宜にかなった内容になると考えたからである。

解題部分は、第一回目と第二回目の内容について記している。このインタビューでお話がお伺いできた時代は、平野氏が衆議院事務局に入職された一九六〇年代から七〇年代、そして、八〇年代の部分が抜けていて、九〇年代の政界再編の動乱の時期、さらには二〇〇九（平成二一）年の民主党への政権交代前後である。平野氏は一九九二（平成四）年に参議院議員になられたが、インタビューの内容には、衆議院事務局職員として議会運営を支えておられた時期と、政治家になられてからの時期の両方が含まれている。

本書の狙いは、平野氏の語られる日本の戦後政治の歴史から得られた教訓をもとにして、現在と未来の日本政治の課題を考えることである。世に様々な戦後政治史の書物や五五年体制秘話といった書物が出版されている。学者による研究書から当事者の手になるものなど、戦後政治を扱った書物は枚挙にいとまがない。また、政治家の回顧録やオーラルヒストリー、当時の政界を取材していたジャーナリストによる書物も多く刊行されている。だが、本書の目指したことは、これらの書物と同様に秘話や裏面史を表に出すことだけではない。私自身はそのこと自体にも大きな意味があると考えてはいるが、本書の使命は、平野氏に語っていただいた過去の政治の良い面・悪い面から得られた教訓を、現在と今後の日本政治にどのように活かすか、というところにある。

このインタビューを行った時と現在とでも、政治情勢は少し変化した。一度目と二度目のインタビュー当時は自由党の枠内で小沢一郎氏と一緒に活動していた山本太郎氏が二〇一九（令和元）年四月に「れいわ新選組」を一人で旗揚げし、同年七月の参議院選挙で一定のブームを起こした。また二度目と三度目のインタビューの間である二〇二〇（令和二）年九月に安倍晋三前政権が退陣して菅義偉政権が誕生、同じ時期に野党の再編も起こり、旧立憲民主党と旧国民民主党の合併話が持ち上がり、合流新党が結成された。

先のことを正確に見通すことは誰にもできない。だが、今起こっている現象の原因は全て過去にある。現在起きていることの意味を正確に理解し、今後の政治の課題をつかみ、過去の教訓を未来に活かすためには、歴史を知ることが必要である。第二部の解題では、平野氏からお聞きしたお話をある程度まで客観的に解説した後に、かなり私自身の解釈も行った。そして、今後の日本政治を考える際には、私自身の見解も前面に出して記述した。解題部分も含めて、本書が今後の日本政治の課題を明らかにする一助となれば幸いである。

なおインタビューの原稿については全ての回の分について、数度にわたって平野氏ご自身にお目通しを頂いて校正をして頂いた。インタビューの実施当時から政治状況は変化しているが、時事的なテーマについての私の発言及び平野氏のご発言については、インタビュー実施当時の状況を踏まえてのものであることをご了承頂きたい。

55年体制の実相と政治改革以降——元参議院議員・平野貞夫氏に聞く◆目次

第一部　平野貞夫氏インタビュー

第三章　五五年体制の深層　223

第二部　解題

第一部　平野貞夫氏インタビュー

第一章　この国の政治的対抗軸を探る

二〇二〇（令和二）年一二月一六日

大島衆議院議長からの電話

吉田　東京都の小池知事と菅総理がしっくりいっていないとずっといわれていますね。これはずっと前からマスコミでもいわれていますけど、「Ｇｏ Ｔｏトラベル」を中止したことで、東京都としては良かったと思っているみたいな感じのことがこのところ報道されておりますね。
平野　全国旅行業協会との関係もあってね。
吉田　ええ、全国旅行業協会、幹事長の二階さんですね。
平野　そこに加盟している団体で一四団体が、「Ｇｏ Ｔｏトラベル」の、全部入れて約一兆七〇〇〇億ぐらいですかな、補助金の事務を取り扱う団体、事務を委託する団体をつくっているわけですよ。例の厚労省の持続化給付金の電通と同じですよ。
吉田　ネットの『3ジジ放談』[1]でもお話しされていましたね。川内（博史）議員が国会で質問されておられましたが、住所になっているところに実際に行ってみたら何もなかったということでした。

平野　電通の場合はね。その金をいったん事務処理をするところが、臨時につくった団体ですけどね。「Ｇｏ　Ｔｏトラベル」の場合はそういう機構をつくって、そこの一四団体が各業者に補助金を按配しているわけですよ。そこに去年、その団体が、二階の系列の国会議員三七人に……。

※この時、電話がある。電話でお話をされる。

吉田　お電話は大島（理森）衆議院議長からですか。すごいことですね。

平野　最近、『衆議院事務局』という新しい本を書いてね。悪口をいっぱい書いているものだから、事務局もしっかりしなければいかんと。それで大島議長と小沢一郎さんに送って。

吉田　大島議長も義理堅いといいましょうか、立派な方ですね。直接電話でお礼をされるというのは。

平野　本人いわく政治に欲がなくなったということね。このままじゃいかんからということで悶々としているというのが、今の電話だったよ。まあ、私は縁が深かったしね。

吉田　大島先生はもともと河本派の流れでしたね。元の三木派・河本派ですね。

平野　三木派だね。海部政権の政治改革の時、小沢さんが入院していた時ね。私が衆議院事務局を辞めて、その後、自民党を出てから、随分やり合ったからね。

吉田　先生が新生党から新進党へ行かれたあとは、対立する側になられましたね。

平野　私から手紙つけて……。五年八か月になる議長の記録つくったからね。

吉田　ええ、衆議院議長の在職、最長記録になるのですね。

平野　おめでとうございますというので、手紙つけてね。今日着いたって。

吉田　議長といえば、原健三郎[2]さんとかもすごく長かったイメージがありますけど。

平野　原健三郎さんも辞め方がね……。

吉田　最長記録ということは、ついに河野洋平[3]さんを抜いたということですね。

平野　二番目か三番目ぐらいが前尾（繁三郎）[4]さんなんですよ。あの時代はね、衆議院議長の平均在職期間が一年七か月だったんですよ。

吉田　今にして思うと、かなり在職期間が短かったんですね、今よりも。

平野　強行採決してさ……。

吉田　なるほど、強行採決の責任を取る形での辞任が多かったのですね。〝三角大福中〟の頃が、内閣がだいたい平均して二年ぐらいでしたから、首相より議長の方が短かったということですね。

平野　時期的にはその前だけどね。あの頃から前尾さんが三年八か月やるんですよ。

吉田　前尾さんの前までが、在職期間が短い時代ですね。大島議長になってから結構長いですよね。

平野　というのは、政党がやっぱり議長に話をぶつけなくなったわけよね。ある意味で、政治の構造が変わったんですよ。

吉田　なるほどですね。かつては与野党ともに国会が紛糾すると、自民党側も野党側も、まず議長に相談に行って、事務局がそこで活躍をして、調整されていたわけですね。

平野　まあ、自分らで解決能力がないから議長を頼ったわけだけど。当時は常に背景に憲法問題があったわけですよ。

吉田　先生の前尾先生のことを述懐しておられる本の中でも、そういう場面が結構出てきますね。今、副議長は赤松さんがやっているじゃないですか。引退するという記事を読んでちょっと驚いたのですが、赤松さんは衆議院副議長を二回やっているんですね。今は二回も副議長をやれるものなんですね。
平野　人がいないからよ、立憲民主党に。
吉田　ええ、当選回数がある程度ある人がいないからですね。赤松さんは昔の社会党を経て前の民主党の時からやっておられますからね。
平野　まだ七一歳だからやれるんですよ。赤松は今度の卵疑惑に関わっているんですよ。
吉田　吉川元農相らの卵疑惑ですね。あれもひどい話ですね。今でもあんな分かりやすい贈収賄事件があるんですね。
平野　赤松も農林水産大臣やっていたからね。
吉田　ある記事には「旧民主党政権時代に農林水産大臣を務めた長老」と書いてあったので、赤松さんかなあと思って私も見ていたんですけど。なかなか立憲民主党も、枝野代表もそれで追及がしにくくなったというか、ちょっと揶揄するような記事が書いてありましたね。結局、自民党をたたくと、旧民主党政権時代の不祥事が立憲側にも返ってくるということがまた起きるんじゃないかと。
平野　今の大島議長の電話は、私の手紙見て、愚痴こぼしたかったんですよ。今の政治の状況についてね。
吉田　議長ともあろうお方でも、大島先生ともあろう政界の長老でも、今の政治を見ていて、もうどうしようもないと。うむう……、まあそうですよね。安倍さんが退陣し、今年の四月ぐらいでしたかね、平野先生からいただいたお手紙の中に「秋に政変が起こりますから」と書いてありましたけど。
平野　ははは、すぐ起こったでしょう。

吉田　二つ同時に起こりましたね。私はこの政変はどちらのことかなと思っていたんですね。安倍政権の退陣なのか、それとも野党の再編が起きるということなのか。どちらを指しておられるのかなと。
平野　まあ野党再編はね、そこまで大きなことではないけどね。
吉田　安倍さんの退陣と野党の結集と、同じ月に同じタイミングで起こりましたね。
平野　来年はね、また政変が起こると僕は見ていますよ……。
吉田　来年（二〇二一年）はコロナ対策がどうなるか次第ですが、オリンピックがどうなるのか、解散総選挙がいつになるのか。様々なことが起きますね。
平野　それでね、私は衆議院議長からハガキぐらいの礼状はあると思ったけど、こうやって電話で愚痴こぼすようなことはね（笑）。これは劇的なことですよ。これも、あなたの書く本の中に入れておいてくださいね。ははは……。
吉田　はい、入れておきます。先生にインタビューさせて頂いたのは、二〇一八（平成三〇）年の三月と六月なんですけど、以前のインタビューの時期と政治情勢も変わりましたので、もう少しお話をお伺いしたいなと思いました。特に先生にお聞きしたいのは、やっぱり政権交代をした民主党政権の評価ですね。そして、小選挙区制導入以降日本の政治が劣化したという風にも思うのですが、今、平野先生がそのことをどうお考えなのか。その二つは、改めて先生にお聞きしたいなと思いまして。
平野　私もあなたが事前に送ってくれたメモを見ていてね、ちょっとこの質問は面白いなと思いました。まあ、私を一つの話題というか、研究の対象にという意識を持たれているなと思って。
　この本（『衆議院事務局』）の内容は、私が衆議院事務局で何をやったかということなんですよ。私がいた頃の衆議院事務局というのは、「憲法を護る」ということが最大の仕事だった。それで今、政治家もそうだけど、職員にもそういう意識がないんですよ。流れのままにやっているわけで。日本の議会デモクラシーの一つの流れの、何というかな、私が公務員になった時の立場と、やってはいかんことも随分やっているわけだけど、一つの評価と。評価っていうのは私の評価じゃなくて、日本のデモクラシーの評価ですよ。それと、私が政治家になった後の話というのは、わざとしてないわけです。ですから、平野は政治家になってから何をやったかということが、当然追及されると思うんですよ。ですから、あなたの今日の質問の中に、この本に書いたことの続きがあるわけよ。

吉田　これの続きをぜひ、今日お聞きしたいと思います。

平野　この中にね。それで今も、議長もそういう趣旨で、これからどうするかという問題意識を持たれている。まあ薄いけど、持たさなきゃいかんわけですよね。そこで最近僕は『民主主義とは何か』（宇野重規、講談社現代新書）という本を読みましてね……。

吉田　宇野重規[5]さんですね。まさに菅《すが》さんが今回、日本学術会議のメンバーに任命しなかった学者の六人の中のお一人ですね。

平野　彼のことは、僕はよく知らんけど、そんなにリベラルな男じゃないと思っていたからね。彼がどういう認識を持っているかと思ったら、ちょうど私と同じ認識を持っているね。ギリシャのデモクラシーについて書いているけど、最後の方は近世のデモクラシー、日本のデモクラシーのことを書いていて、我々がやった改革というのが何であったかというのが一言入っているんですよ。それで全体を見て僕も勉強になることがあって、これまであなたと話していたスタンスというか、少し進歩というか変化させた部分があるんですよ。それを質問の答えにうまく入れ込みたいと思いますがね。

吉田　ぜひよろしくお願いします。前回に先生にお話をお伺いした二〇一八（平成三〇）年六月は安倍政権がいつまで続くんだろうかという時で、あのインタビューをそのまま出しても戦後政治史の書物としての価値はすごくあるかと思うんですけど……。それが昨年、菅《すが》内閣に変わり、せっかく今から出すのであれば、歴史的なことを聞くのも良いんだけど、野党寄り支持者を主たる読者ターゲットにした現在の政治論として出すのがいいんじゃないかと、出版社の社長にも助言を受けました。

平野　これもそうです。私の本も編集者にいわれましてね。最初は、やったことを書くと言っていたけど、夏以降、やっぱり今のことを入れなきゃダメだということになってね。この本は全部がそうじゃないけど、この時は俺はこうやったと、今なんでやれないかと。今、俺がいたらこうやった、議長にこういうアドバイスをしたというようなものを多少織り交ぜてね。だからあなたが書こうという本とつながっているんだよ。

菅《すが》内閣をどう見るか——似て非なる安倍政権と菅政権

吉田　まずは現在の問題です。菅義偉内閣を全体としてどうご覧になっておられるでしょうか。メディアの報道では菅政権は安倍政権を継承していると簡単にいっておりますが、私自身は、安倍政権と菅政権は似て非なる部分があると見ていますが、先生はこのあたり、どうお考えでしょうか。

平野　あなたは、私が一〇月に出した毎日新聞のインタビューを読んだかな。

吉田　はい。先生が菅内閣を「カムフラージュ内閣」と命名されておられた記事ですね。

平野　一言でいえばね、日本のデモクラシーもとうとうここまで堕ちたかということですね。すなわち安倍首相もデモクラシーというものを全く分かってない政治家だったけれども、さらに安倍氏より硬直した、考え方に柔軟性のない、表面はワンパターンね。そして人から見えないところでは何やっているか分からないという、政治的無法者のキャラクターの人間で、とうとう日本の国の政治もここまで堕ちたかというのが一番目の感想だね。

吉田　私は、最大の問題は安倍政権から引き継いでいる「異論を排除する体質」だと思うんです。私は菅さんが首相になった時点では、菅さん本人にはイデオロギー色というか、戦前回帰的・復古主義的な価値観がないので、実務家として淡々とやっていくことが予想されまして、安倍さんが日本会議等の意向を汲んでやりたかった改憲という方向には行かないような感じがしていたんですけど。

平野　菅にとっちゃ……。それは、あなたはちょっと菅を高く評価しすぎているんじゃないかね。改憲とか護憲という、政治が憲法改正すべきか護るべきかということを、大事だとか大きなテーマだと全く考えてない人間ですよ。自分の権力をどう強くし、それをどう広げるかということだけですよ。護憲も改憲も道具としてはあったかも分かりませんよ。

吉田　そもそも論として、菅総理という政治家は憲法に対する定見といいましょうか、自分の考えを持っていないということですね。

平野　デモクラシーで政治を見ようとかね、憲法を見ようとか。そういった発想というのが元々、彼にはないんですよ。

吉田　その、菅さんに定見がないのは分かりますけど、何もない分、安倍さんのように過度に戦前を良いものと捉えたり、過度に上からナショナリズムを煽ったりという部分は、実務家ですから、菅さんにはないと思ったんですけど。

平野　改憲されるかどうかという点から見れば、いちばん悪く改憲にもっていくかも分かりませんよ。憲法に対する理念がないからね。それか、状況の中で結果的に護憲の方にいくかも分かりません。

吉田　つまりは携帯電話の料金を値下げするのと同じ感覚で憲法問題を扱う可能性も、場合によってはあるかもしれないということでしょうかね。

平野　場合によってじゃない、そうなんですよ。場合によって考えりゃあ、まだ、大したものですよ。

吉田　ということは、全然ダメだということですね。私は菅さんに対してはあまり高い評価もしていないですけど、安倍さんと違うところは必要以上に改憲にこだわらないところかなと思うんですけど。

平野　いやあ、そんな理屈をつけて評価できる人間じゃないですよ。逆にそれが利益になると思ったら猛烈に突っ込んでいくということだってあるわけですよ。彼はね、政治に必要な価値観というものを持ってないんですよ。動物的権力欲だけです。

吉田　政治家の方は、何のために政治家をやっているのか、皆さん、それぞれにあると思うんですね。理想主義一辺倒でやっておられる方もいれば、中にはルサンチマンから権力欲でのし上がりたい方もおられるでしょうけど。菅さんが政治家をやっているモチベーションというのが、今一つ見えないですね。小泉さんみたいなパフォーマンスもないですし、苦労人だからといって、では、社会で苦労している方の側に立って政治をしているのかというと、それも今一つ見えません……。

平野　苦労人じゃないですよ。
吉田　まあ、二〇年ぶりに世襲でない総理とか。下から上がってきたのは確かだろうと思うんですが。
平野　それが間違いですよ。彼はね、夜学に行ってね、それからアルバイトして、それから集団就職したみたいなことをいっていますが全部嘘ですよ。
吉田　段ボール工場というのは本当なんじゃないですか。上京して板橋区の段ボール工場で働いておられたということですが。
平野　いや、そこで働いていたことは事実だけど。そうやって苦労してこうなったというのは全部嘘ですよ。というのはね、私はよく知っているの、彼は後輩だから。
吉田　そうですね、そうでした。
平野　一回会ったことがあるんですよ、中堅代議士になった頃にね。彼はね、大学の記録は昼間部を卒業していますよ。それから彼の一年ぐらい先輩でね、船橋教授の労働法の社会政策のゼミにいた、今、大学の先生をしている人物から聞いたんだけどね。一緒のゼミでね、ほとんど来てないんですよ。空手ばっかりやっていたっていってたね。元々はうちもいい家ですよ。
吉田　それは何となく知っています。佐高（信）さんもそういうことをいっておられましたね。
平野　それで姉さん二人が学校の先生で、国立大の教育学部を出たと聞く。で、学費なんか送っているわけよ。だからあの世代でいえばものすごく恵まれていた。それで相当、遊んでいると思いますよ。自分の物語を作ってね、政治の中に入ってから。
吉田　小此木彦三郎[6]先生の秘書から政治経歴をスタートされていますね。

平野　私も小此木っていう人はよく知っているんですよ。菅氏が小此木さんの秘書をやっている頃からね。彼は私のことを知っているはずですよ。

吉田　小此木さんといえば、まさに政治改革法案が廃案になった時の……。

平野　あの時の事務局責任者は僕だったからね。

吉田　そうですよね。政治改革法案が廃案になった海部内閣の時の政治改革特別委員長でしたかね。

平野　だから、要するに彼が大学卒業して、まあいろんな仕事をやったけどね。中村梅吉[7]さんという先輩がいましたね、衆議院議長を一時やった人だけど。この事務所に紹介されたんでしょう、大学の時。それはやっぱりあの時期に、世の中で自分の欲と、それは金銭的な欲もそうだし、権力的な欲もそうですが、それには政治をやることだという直感的な、彼の妄執みたいなものがずっと生きているんですよ。しかし彼は、東北のああいう育ち方で、しかも教養がないわけだから、黙っていることが、非常に外から見て……。それで現実の目の前の仕事を一つひとつこなしていくことが自分の地位をつくるという、まあ、彼はそういう価値観で育ってきたんだね。

吉田　ええ、それは何となく分かります。あまり口数は多くなくて、実務家に徹して出世してきたのは、見ていて分かりますね。

平野　だから彼が政治家としてね、学生運動をやったとかなんとかということを含めて、思想とか、それから人間の喜び、公共的喜びとかね、そういうものの感覚はないんですよ。

吉田　安倍さん的なイデオロギーが割合に薄い分、ものすごく竹中平蔵さんの影響が強くて、新自由主義的な発想を持っている。本当に東北の農家出身の人であれば新自由主義者にならないはずなのに、なんであんなふうになるんでしょうかね。

平野　僕は竹中っていう人物もよく知っているんですよ。竹中はある時期は、バッジを付けた人間にべったりだった。彼にとっては誰でもいいんですよ。自分が小泉純一郎[8]なんかを通じて、いろいろな勉強会なんかに来ていましたよ、昔ね。

吉田　一時、参議院議員やっていましたが、その前ですね。まだ竹中氏が政治家になる前ですね。

平野　参議院議員になる前には僕らの勉強会にも来ていた。私が国会議員の時には僕の質問作りなんかもしたんだから。これ質問してくれと。そういう男なんだから。それで彼が小泉の関係でゴールドマンサックスなんかの系列のアメリカの資本と提携することになっていったわけだね。

吉田　完全にその手の連中の手先になりましたね。

平野　そういう連中と組むことによって、アメリカの金儲けの仕方を日本に入れた方が、自分がいいと思ったわけですよ。そこで小泉と関係の中でね、構造改革という言葉は小泉は知らなかった。この言葉を覚えたのは総理になってからだから。竹中はそれで地位ができた。それをどう活用するかという時に竹中が総務大臣になって、その下の副大臣に菅がなった。菅にしてみればやっぱり志向的に共有するものがあったんじゃないの。僕は『衆議院事務局』にも書いているけど、竹中のは新自由主義という上品なものじゃないですよ。今だけ、自分だけ、お金だけ。竹中の学説というのは宗教、「竹中教」なんですね。それと価値観がぴったり一致したのが菅なんですよ。

吉田　いま竹中氏は、学者ではなくてパソナの……。

平野　利益団体の代表でありながら、大学教授の肩書で審議会の委員なんかやって。

吉田　はい。名誉教授もやっていますね。
平野　使い分けていますよね。それで今どうしてるか知らんけど、年末年始はアメリカの住民で日本の住民税払わないとかね。
吉田　その話を聞いたことあります。以前、週刊誌の対談である著名な作家にそんな話をしているのを読んだ覚えがあります。
平野　そういうことが論理として通って形式的に合法であれば、それが正義だと、やっていいと思っている。全くアメリカの悪い意味のプラグマティズムですな。
吉田　そうですね。それでいいますと、私はギリギリでも否決されてよかったと思っているんですが、例の大阪都構想ですね。あれも竹中氏が後ろでいろいろな助言をしているともいわれていますね。
平野　それと維新の会。ですから「今だけ、自分だけ、お金だけ教」なんですよ。大阪都構想の場合には、あれは市の資産を府に移して、IRとか万博とか市の資産を府が買って、ちょっと高く外国に売ったら、府として利益出ますからな。
吉田　鉄道も外資に売ろうとしていたようです。本当にとんでもない話です。
平野　地下鉄がそうですね。
吉田　私はですね、維新と菅さんと竹中さん、これは完全に一体だと感じます。
平野　一体です。その通りです。でも、それを分かっている学者というのは少ないんじゃないの。
吉田　見ていたら分かりそうなもんですけどね、この怪しさというか。菅さんは総理になって、真っ先に竹中さんと食事をしていますね。もう少し隠せば良いのにとすら私は思いました。

平野　それで彼は菅という、非常にナショナリストに見える男を使って、本当は日本を叩き売ることをカモフラージュしている、政治的にね。地方、地方というもんだから、国民が騙されているんだ。

吉田　地方、地方と口ではいいながらですね。私は菅さんと竹中さんの関係はよく見えるんですけど、吉村（洋文）知事とか、橋下徹氏とかですね。あるいは引退表明しましたけど現職の松井（一郎）市長とかですが、この人たちは本当に自分の中では地方や住民のために一生懸命やっているんですかね。

平野　松井はね、あれは引退表明しましたけど、またやりますよ。

吉田　この橋下・松井・吉村氏ら三氏は、思想的に新自由主義と分かって政治をやっているのか、あるいは、自身の主観の中では市民のためと思ってやっているのか。そこは私も分からないのです。いわば確信犯なのか、実は本人たちは住民目線と思ってやっていて、利用されているのか。まあ橋下氏は思想的に完全に確信犯とは思いますが。

平野　維新はね、あれは宗教ですよ。

吉田　はい。とても悪い宗教ですね。

平野　それはやっぱり竹中平蔵教なんですよ。それで菅はね、政治基盤が自民党にないんですよ。

吉田　ええ、それはだいぶ前から感じていました。自民党内に菅派というのがないですからね。まあ多少、若手議員で菅さんを囲む派閥横断的なグループはあるようですが……。

平野　菅の基盤は創価学会と、それから日本維新の会ですよ。

吉田　しかし、菅さんはご自身が最初に出馬された一回目の総選挙では、公明党に対して、公明党と創価学会は政教一致だと大批判をやったらしいですね。

平野　だから理念がないんですよ。理念を変えた時のエクスキューズが政治家は必要でしょう。

吉田　そうですね、説明がないです。たとえ考え方や政治的な立ち位置を変えたとしても、その理由はきちんと有権者に説明しなければなりません。なぜ、途中から自公政権を良いと思ったのか。

平野　それを説明する気はないですよ。説明しなければいかんという良心もない。

吉田　例の学術会議問題でも、説明をずっとしないまま、世間が追及をやめるまで、このまま行けると思ってるんですかね。最近、この話題を野党もメディアもいわなくなってきてしまいましたが。

平野　いや、それも分からないでしょう。というのは、学術会議の問題については野党もおかしいですよ。学者もおかしいです。本当のことを分かってないですよ。

吉田　そうですね。学問の自由と民主主義の順番の話ですね。

平野　そう。僕は三〇〇人ぐらい衆議院第一議員会議で集まった市民集会、「村山談話を守る会」で発言したんだけど、議員さんなんかの前で。民主主義だから学問の自由を守らないといかん、じゃないんですよ。学問の自由が民主主義をつくったんですよ。

吉田　学問の自由が保障されなければ民主主義にはならないという順番ですよね。民主主義体制だから学問の自由を守らないといけないという理屈は、どちらが重要か、先なのかが転倒していますね。

平野　そうそう。学問の自由というのは、真理を追究する自由ですからね。

吉田　先生も記事の中でおっしゃっておられますけど、「何事も少数説から真理が出てくる」ということですよね。真理は少数意見から生まれると。歴史的に見ても明らかなことです。

平野　それがデモクラシーの魂、心ですからね。

吉田　少数意見や多数派に対する異論を認めなくなってしまえば、ここに「ガリレオもニュートンもアインシュタインも」と先生はおっしゃっておられますけど……。

平野　人類の進歩というのはないわけですよ。

吉田　ここは少し政治の話とも関係あると思うのですが、最近、簡単に「野党は黙っていろ」みたいなことをいう方が政権支持派の人々の中にかなりいますが、今当たり前となっている婦人参政権にしても、だいたい少数派がいい出したことじゃないですか。全部そうではないでしょうか。戦前にさかのぼれば男子普通選挙権もそうですよね。少数派がまず運動を起こしてそれが社会に広がり、全員に保障された一つの権利になる。今、ある程度までは普通に認められるようになっている労働者の権利、労働基本権も、運動があってのものですからね。

平野　そうそうそう。

吉田　保守党の人たちは、しばらく経ったらそれも含めて保守の範囲内に入れてしまいますけど。私は何も、左派勢力、リベラル勢力が貶められる必要はないと思います。明治・大正とかをみますと全部少数派が今の常識をつくってくださった。運動があって、今日の諸権利があるわけですからね。

平野　少数者の意見の表示権という普遍的な権利がありますね。思想的な自由、宗教の自由、それから心の自由ですよね。それから少数民族。それらがあってデモクラシーがあるわけですからね。しかしね、今は共産党も含めて、学問の自由の問題を「憲法違反」で終わらせるんですよ。

吉田　それは私もちょっとおかしいと思っていました。

平野　ここから先に説明しないと、機構替えの議論に国民は行っちゃうんですよ。

吉田　すぐに機構替えの議論に持って行きますね。税金投入しているんだからと。橋下氏などはその論法の急先鋒ですね。高橋洋一氏なども同じような論法で学術会議問題を語っていました。要するに税金を投入しているものは、どれもこれも行革の対象にしてやろうという議論です。私はもうそういう矮小化された土俵に乗ってしまった時点でダメだと思います。基本に気がつかないといけませんね。

平野　国民は乗っていっちゃうんですよ。だいたい憲法が大事なものじゃないと思っている人はいっぱいいるわけだから。

新しい立憲民主党の課題は何か？

吉田　テーマを野党の方に移すと、野党の問題といいましても、今の政治の問題という意味においては裏腹だと思うんです。自民党政権がずっと続いているのは、野党にも問題があると。

新しい立憲民主党が今年の九月にできまして、私も鹿児島で参画しているんですが、一番の課題が何なのかということです。私は地元新聞社のインタビューに答えたんですが、今回の合流新党は前原（誠司）氏や玉木（雄一郎）氏、民間労組からは電力総連などが参加しなかったので、ある程度分かりやすくなったんじゃないかと思います。まあ、先祖返りだとか、「帰ってきた民主党」だとか、一層野党は左傾化しただとか批判する人もいますけれども。ただ、ある程度左派的になったことで自公政権には対立軸が出しやすくなったと思う半面、政権交代を目指すには理想的すぎる、非現実的すぎる政策を掲げても、また野党は政権担当能力がないと疑問符をつけられますので、このバランスが大事だと思っています。現実主義と理想主義ですね。到底できないことを日頃から主張するのではなくて、できることでありながら自公政権との違いを立憲民主党が打ち出せるかというところですけど。

平野　ちょっとね、あなたに資料を渡します。これね、どうすればいいかということを書いています。

吉田　これですね。まさにもう、竹中平蔵教信徒で固められたと。ズバリおっしゃっていますね。

平野　それでね、そこに書いていますけど、新立憲民主党は綱領は素晴らしい。

吉田　私もそう思います。

平野　特にね「人間の命と暮らしを守る」ということでしょう。ここを非常に僕は評価しています。これまでの政党の綱領にないでしょう。

吉田　あと、原発問題もかなり踏み込んで書きましたね。この綱領がまだ案の時に最初に読んで、私はこれで新党ができてからの分裂の火種は回避できることになったと思いました。内心はどうであれ、地方議員も含めてですが、建前としては綱領に賛成しないと入党できないわけですからね。以前の民主党はここをずっと曖昧にしてありました。

平野　原発問題は本質的な問題ではないから、当たり前のことだから。それで問題はね、これに見合う政策をどう作るかということですよ。その政策の基本理念も綱領の中にちゃんと書いてあるんですよ。誰が書いたのか知らんけど。ある人から「平野さんが関わったのか」っていわれたんですよ。それはどういうことかといいますとね、食料とエネルギーの自給を書いているんですよ。

吉田　第一次産業を非常に大事にするということを出してありますね。これは野党というか左派政党としては、今まであまりなかったことだと思います。

平野　エネルギーは原発のことについて、まあ当然ですよね。枝野は原発問題は得意だから、そればっかり説明しているけど。僕はむしろコロナの後、コロナ禍の問題としては、食料危機の問題が大事だと思っています。それを綱領の理念に書いているということを、学者もマスコミも評価してやらなきゃいけない。僕はこれを高く評価した上で、政策提言もここでしているんですよ。

　政治における理想と現実の問題というのは永遠の課題なんです。実は私のマスター論文が「E・H・カー[9]における政治の理念と現実の統合」というものなんですよ。E・H・カーはその問題を取り上げているんです。『The Twenty Years' Crisis』（『危機の二十年』[10]）の方法論としてね。だから僕はE・H・カーをやったがために、マルクス主義の方にどっぷりとは行かなかったかも分からん。

吉田　理想主義だけではなく現実主義とのバランスのところですね。政治を志す人は理想を失ってはいけないのですが、政治や行政は同時に日々の問題をどう解決するかという面もありますからね。

平野　イギリスの経験主義[11]。それで、政治における理想主義と現実主義を弁証法的[12]にどう統合させるかということ。そういう政治理念を、日本の政治学者はやってないわけだ。

吉田　弁証法は正反合ですね。

平野　それで新しいものを作っていくというね。

吉田　対立しつつ調和して。最初の対立を止揚させていかなければなりませんね。

平野　僕が医者の親父と生きている時に話したことでおもしろいことを教わったんだけどね。親父の先輩で、親父が尊敬していた人で濱口（雄幸[13]）がいたんだけど、その彼の大学の卒業論文がね「政治における理想と現実」だったたって。

吉田　ああ、やはり政治にとって理想と現実の問題は永遠の課題なのですね。
平野　永遠の課題を彼は命をかけてやったわけだよ。
吉田　そこまでのお話は、今日は少し大きすぎるなあとも思ったんですけど。私も新しい綱領を八月に読みまして、今回はどうしても綱領を是としない人は参加しなかったということが、今までの合併新党とはいちばん違うところだと思ったんです。これは決してマイナスのことではなく、とても良いことだと。大げさにいえば、これで前の民主党にはならなかったし、本当に良かったと思いました。
平野　玉木とか前原はね、元々そんなことを考える政治家じゃないですよ。綱領を理解してどうこういっているのではなく、何ていうか、いちゃもんを付けているだけなんですよ。
吉田　支持団体も、電力総連とか、はっきりいえば旧民社党系、連合でいえば同盟系の中核部分、このグループがまるまる来なかったことで、多少は政策面で理想主義は出しやすくなったかと思います。
平野　いや、政治の現実を見るのに、そういう風にいっちゃダメですよ。あのグループでも、三分の一はね、選挙の時にはまた来ますよ。労働組合から出している代表はね。
吉田　ええ、連合の民間労組の組織内議員ですね。
平野　それから、玉木と前原を一緒にしちゃいかんけどね。まあかなり似ているところもあるけど。この二人は所詮ね、自民党が弱くなった時の補完勢力ですよ。
吉田　そうですね。私ももともとそう思っていました。こういうタイプの政治家が民主党の中にいたことで、有権者からは民主党が見えにくかった部分があったと思います。今回も表面的に見れば、立憲民主党は、解党してまた立憲民主党になって大きくなっています。国民民主党も解党してまた国民民主党と名乗って結党しましたが、小さくなっています。しかし、結局世間から見ると党名も党首もそのままで、何が変わったのかあまり分からない感じもします。表面的には立憲の議員が増えただけです。ですので、綱領はやっぱり非常に大事だと思います。

平野 まあ、つくったばっかりで変化していくわけだからね。今の時点を押さえて、ああだこうだとケチ付けてもダメですよ。つけるべきじゃない。しばらくは、温かく見てやらにゃいかんですよ。

吉田 はい。

平野 ただ歴史的な状況と合わし照らす必要はあると思う。

吉田 そうですね、歴史的に見てどうかという視点は私も重要だと思います。前回（二〇一七年）の総選挙の前もその後も、そのことを考えてきました。私は今回、新しい立憲民主党の方が少し大きくなり、大政翼賛会的な、全体主義的な二大勢力に収斂されない感じになったことは、非常に良かったと見ています。

平野 僕が今回評価している部分はこういうことです。昭和一〇年前後、特に五・一五事件[14]が起きて、二・二六事件[15]が起こるプロセスの議会の政党の動き。これが非常に似た流れになっていたんですよ。しかし今回はあれとそっくりには行かなかった、違った形を出したところを評価しているんです。

吉田 それはすごく考えさせられる視点だと思います。少し前のことですけど、三年前の希望の党騒動の時、希望の党に行かなかった人たちが小さな立憲民主党をつくりましたが、あの時みんな希望の党に行っていれば、もう大政翼賛会的なオール保守の議会になっていたのではないでしょうか……。

平野 いや、それは分からん。旧社会党系の立場の学者はそういうふうにいいきるけどね、実際には分からん。まあ、そういう部分も確かにありますよ。だけど、一方ではそうでない部分もあるんです。まあ、その話は別にして、要するに五・一五事件の前からなんですけど、政友会[16]にも、それから民政党[17]にもリベラルがいたんです。それで、当時は吉野作造[18]が中心になって、このままでは戦争になっちゃうと……。当時のリベラルは今のリベラルと違う、左派の国民統一戦線の前ですけどね。戦争にならないようにするために国民統一戦線をつくろうとしたんですね。特に五・一五事件の後ですね。

吉田　左派の国民統一戦線の前にですね。

平野　左派は大内兵衛[19]とか天皇機関説[20]の後だから。ところが吉野作造が死ぬんですよ、途中で。そこで五・一五事件の後なんですが、その動きを受けての社会大衆党[21]です、問題は。社会大衆党と左派の対立で結局、うやむやになっちゃうんですよ。吉野作造が死んで、国民統一戦線ができなかった。それで社会大衆党が結局、翼賛運動に積極的に参加するようになって行ったんです。

吉田　立憲民政党もですね。結局、大勢は大政翼賛会[22]側に行ってしまうわけですね。

平野　そう。だから今度の場合には、歴史を思い出させるように分かれたんですよ。私もそれは良かったと思っているわけです。その中の三分の一は選挙の時に戻ってくると思うけどね。

吉田　分かれた側ですが、固有名詞を出すとあまり良くないかもしれませんけれども、前原さん、玉木さんですね。

平野　前原は維新の会との政治的な取引の問題があるけど、玉木は体質的に元々そうなんですよ。これはおそらく自民党の補完勢力として菅《すが》が失敗した後、自民・公明・維新にというふうな編成になっていくでしょうね。もう野党勢力の側とは一緒にはなれんと思うね。それから希望の党の場合ね、あなたのいう、そういう形になる可能性はあったけど、現実の政治としては、あれは枝野の裏切りですよ。様々な形で。それはなぜかというと、あの選挙の直後、トランプが訪日することになっておったんですよ。

吉田　二〇一七年の選挙の後ですね。

平野　それで僕は、ああいう無様な希望の党のつくり方をするから、官邸サイドから枝野にある種のサインが来たんだよね。直接かどうかは知らんけどね、CIAなんかも入っていたかもしれない。トランプが来た時に政変が起こっていたら、自民党はカッコつかんわけでしょう。そういう背景があったんではないかな、推測だけど。

吉田　希望の党が政権を取らないようにするためということですか。

平野　あの時に我慢して希望の党がまとまっていたらね。安倍政権はものすごく悪い時だったからね。

吉田　確かに安倍さんは当時、小池さんを怖がっていましたからね。都議選の時も安倍さんは「あんな人たち」などと野党勢力を罵っていました。

平野　小池さんかどうか、誰がトップになるか知らんけど、それが後でおかしくなるということはあったと思うよ。危険性もあったけどね。だけど安倍を倒せるようになったかもしれないね。

吉田　その辺を小沢さんが残念がっていましたね。

平野　小沢さんは希望の党には反対ですよ。小沢さんは除けられたんだから。

吉田　小沢さんは除けられましたけど、年末のＮＨＫの政治を振り返る番組で小沢さんは、「前原君がもうちょっとちゃんとしていたら」みたいなことをいっておられました。

平野　それは、小沢さんがいっているのは、俺に相談したら良かったということだね。

吉田　小沢さんは除けられましたけど、丸ごと行けてれば……。小池さんも安保法制に反対する人は排除なんていわずに、旧民進党の代表だった前原さんも左派の議員を排除せず、丸ごと野党が一つになっていれば、二〇一七年の総選挙で自民党を倒せていた可能性は確かにあったかもしれませんね。

平野　そうそう。戦術的に見た場合にね。その可能性もあったわけです。まあ、それが良かったのか悪かったのかは分かりません……。それをまたアウフヘーベンさせていけば、政治は変わったかも分かりません。しかしトランプを約束通り迎えるためには、安倍でなきゃいかんという力が働いたわけだ。だから枝野はこの間、新しい立憲ができた時に、当時、安倍への抵抗の仕方が足りなかったかということと、反省的なことをいいましたからね。こんな資料がありますが、見ますか。

吉田　それは是非とも。

平野　これは二〇一八年の『プレジデント』一月号の記事なんですけど、プレジデント社の人が枝野にインタビューをしたんです。プレジデント社というのはかつてＣＩＡが関わった米国系出版社との話もあるからね。

吉田　なるほど……。「私が菅官房長官を高く評価する理由」。枝野さんがこんなことといっているのですね……。なんですかね、これは……。

平野　アメリカとか安倍政権と、安全保障を評価しながらやっていくといっています。

吉田　これですね、私も立憲民主党で活動しているので、あんまりいわない方がいいかもしれないですけど。

平野　前の立憲ですからね。

吉田　前の立憲ですけど。枝野さんが今ひとつ信用できないのが、ここだったのです。枝野さんが鹿児島に来られた時、川内さんから会合に呼んでもらったんですね。その時に参加されていた鹿児島大学の木村先生が枝野さんに「常時駐留なき安保ということも、今後可能性としてあるのですか」と聞いたんです。そうしたら枝野さんはにべもなく一瞬にして、「それはあり得ない」と即答されました。

平野　ぴったりなんですよ。あれは。

吉田　その時にこういわれたのです。「そんなことやっちゃったら鳩山（由紀夫）[23]さんと一緒になっちゃうもんねえ……」と。川内先生は地元の仲間を呼んでですよ、司会者で、自分の地元の鹿児島に立憲民主党の代表が来てくれたということで、もちろん喜んではおられたんですけど、枝野さんが川内先生に同意を求めるような感じでいわれました。

平野　失礼だよね、それは。

吉田　枝野さんは川内先生のおられるところで、「僕も全部まで川内さんと一緒じゃないからね」ともおっしゃったのです。川内先生は鳩山先生の側近でしたから、そんなことをいわなくても良いのにと私はその時に思いました。今、馬毛島の問題もまたもや持ち上がっていますけど。川内先生は、できるだけ沖縄から米軍の基地を無くそうというお立場ですよ。それに対して枝野さんは、悩むというか、考えるというか、苦悩するそぶりすら全くなく、そんなことといったら鳩山政権の二の舞になるというういい方をされましたので、私はちょっとあれっと思いましたね。

平野　ははは。

吉田　まさに立憲民主党が日米安保や沖縄問題をどう考えるかという部分とも関係してくるのですが……。まあ、野党の首相候補は枝野さんですから、あまり悪くいったら良くないとは思うんですけども……。

平野　少し反省したことを新しい立憲つくった時にいったたんですよ。心の中に残ってはいるんだなと思ってね。

吉田　川内先生の立場を知っていれば、しかも鹿児島の役員がいる場所で……。

平野　政治家ならばね、そんなことをいっちゃダメですよ。

吉田　鹿児島の人たちも枝野さんに期待をしていたんですけど、なんかそこは少しモヤモヤしましたね。まあ、あまり枝野さんの批判ばかりしていてもダメで、やっぱり政権交代はしてないといけないので、この辺でやめますが（笑）。

農薬・原発・教育勅語のない「瑞穂の国」づくりを

平野　それでね、大事なことというから。僕がいう「政治における理想と現実」がどういうことかというとね、普通の政治家というのは、政策・制度をずっと並べた形で並列的にものを考えるだけでしょう。今の世界あるいは日本の政治を考えた場合ですね。じゃあ国民が暮らしやすく生きるためにどうするかという時に、基本的で有機的な政策を五つか六つかこなさなきゃあ良くならんでしょう。

吉田　やっぱりいくつか目玉がないといけませんね。国民の心を掴むものが必要ですよね。

平野　そうなるでしょう。後は順番の問題とかあるいは量の問題、質の問題とか出てくるわけですけどね。政治が非常にクロスして激動している、まあ政治だけじゃないけど、物事というのはね。弁証法的にいいますとね、一つの問題に着手すれば他の問題がほとんど解決するということね。政策を実行するための理想と現実を統合するためには、この問題が一番大事で、全ての原因だというところ。そこを一つ手をつけて解決していけば、他の重要な問題が連鎖的に解決するという構造が、政治の中にあるんですよ。それは戦争にしても同じなんです。まあ、戦争の話はしない方がいいですけども。

吉田　わかりました。抜本塞源論[24]ですね。陽明学[25]の中にこの考えがありますね。

平野　そうそう。これは毛沢東[26]の思想なんですよ。『矛盾論』[27]、『実践論』[28]なんです。それと僕は、日本的な坂本龍馬[29]なんかがやった「妙見信仰」[30]からも考えています。要するにあらゆるものを正確に、あらゆる角度から、現実をつくっている構成、基は何か、それを見ようというものです。これは鹿児島にも京都にもあるけどね。「妙見法力」という考え方が日本にはあるんです。

吉田　妙見神社の妙見ですか。実は私の家の隣の隣に妙見神社があるんですよ。天之御中主神社《あめのみなかぬしじんじゃ》ともいいますね。

平野　そうそう。これはどういうことかというと、私はいろいろ人にも教わり自分でも考えているんですけど、例えば、暑いと寒いというのは対立しているんじゃないんです。それは熱源との距離なんです。だから熱源との距離をコントロールすれば、暑さの問題、寒さの問題も直るわけですよ。その一点、それが何かということ。例えば黒と白という色で見た場合、これは何ですかね、対立でしょう。

吉田　一見すると、対立に見えますね。白黒つけるとか日本ではいいますし。陰と陽という二つで分けるものの見方も日本人の価値観の一つにはありますね。これは陰陽五行道[31]から来ているのかもしれませんが。

平野　光ですよ。光が当たっているところは白に見えますよ。当たらないところは黒くなる。要するに光にポイントがあるわけよ。ところが愚かな政治家というのは、黒くなったとか白くなったとか対立を主張しようと思って……。

吉田　なるほど。そこをようやく分かりました。

平野　この方法論はね、弁証法とはちょっと違うのですがね。

吉田　暑いか寒いかは、太陽からの距離が近いか遠いかですものね。

平野　そこでね、それを僕は新しい立憲があれだけの綱領を作っているからね。やってほしいのはこれなんです。この中に書いてありますから。ちょっと読んでください。

吉田　ああ、稲作の多面的機能の見直しですね。耕作放棄地問題。

平野　これは要するにね、農業・漁業革命ですね。これをやれば格差問題も少子化問題も過疎過密も解決する方向に行くんですよ。最近ね、昨日もＮＨＫ教育テレビで出ていたんですけど、米だけじゃなくてね、日本の農林漁業が作り出す機能性食品の中に、ものすごく良いものが発見され出したんです。ところがそれを押えているんですよ、政府と経済支配層がね。このことに気がつかないと、とにかく食べるものが無くなりますよ。

吉田　それはいちばん怖い問題ですね。

平野　新型コロナ禍で国際流通が不都合になる。国内流通にも不調が起こる。しかも耕作地を荒らして食糧自給率を減らすということは神に対する冒瀆なんですよ、日本人のね。

吉田　ずっと減らしてきましたからね、米を。

平野　しかも、金をかけて減らしてきたからね。

吉田　これは自民党の農政自体が悪かったですし。農林水産省も反省しなければなりませんね。

平野　それで今、ＴＰＰでしょう。だってね、主食のカロリーベースとはいえ自給率がわずか三七％でしょう。今は米が売れんから余っているけど、稲作を日本人が放棄すれば民族の滅亡ですよ。

吉田　ええ、これは私もずっと思っていてですね。鹿児島は第一次産業が非常に強い県で、北海道と並んですごく大事な産業ですが、今の日本では農業が切り捨てられています。

平野　日本列島というのは、そういう意味じゃ、自然にうまくつくられているんです。僕はね、いろいろ考えた上で、これだと思うんですよ。

吉田　過疎過密の問題というのもこれで自動的に……。

平野　解決していきますよ。それでね、今、若い人が都会から出ようとしているんです。派遣社員なんかも高い給料を出さなきゃ雇えなくなりますよ。それから、何と任天堂のゲームでね、「天穂のサクナヒメ」というのが出てきたんですよ、いわゆる米づくりを見直そうという。米づくりというのは他の農業の基本ですからね。そういう意味で稲作、漁労、発酵文化ですね。これは「ファクターＸ」の原因じゃないかといわれているんです。既に米を食べる民族は感染率とか重症化率が低いという論文が出ていますからね。

吉田　ええ、コロナの感染率ですね。

平野　そういう意味で、やっぱり医療と健康問題は食糧問題と一体なんですよ。日本の政治はわかっていない。

吉田　特に私は前から思うのが、先生もここにお書きになっておられる、「これ以上農業を崩壊させようとする新自由主義的政策を作り続けることは……」という部分なのですけど、新自由主義者は農業と工業を同じように考えていますよね。

平野　それからね、食品ロス。こんなのは神に対する冒瀆ですよ。

吉田　コンビニの弁当とかスーパーのお惣菜とかですね。私も心が痛みます。

平野　ですから僕はこういうものを立憲で政策化していったらどうかと。綱領の理念はここだからね。

吉田　これは本当に素晴らしいと思います。私も大賛成です。今日、先生からこの話をお聞きしたからというわけではないですけど、今度の立憲民主党が目指すべきはここだと思います。今までといいますか、戦後の左派リベラル政党というのは労働組合が中心ですけど、工業社会中心の大企業の中の労組だったじゃないですか。それで自民党が全部、支持基盤として第一産業、特に農業を押さえていました。また鹿児島の話で恐縮なんですが、鹿児島は衆議院の小選挙区が四区までありますが、一区だけがほぼ都市部で二区、三区。二区は都市部もありますが、一区よりは農村が増えてきます。二区は島嶼も含みます。新しい立憲民主党が政権を獲得しようと思えば、自民党がこの間切り捨ててきた部分を支持者にしないといけないと思うのです。切り捨てられてきた側の人たちは、その後も自民党に入れ続けてきました、ＴＰＰもそうですしね。簡単に分かりやすくいえば、自動車会社を輸出で儲けさせるために大隅半島を切るようなことをしてきたと思うんですよ。

平野　ははは、そうだ。

吉田　そういうところの人をみんな立憲の支持者にできるように努力していくと、自民党と一対一で戦えるところまでいく可能性があると思います。

平野　だから二〇〇兆、三〇〇兆、国債を注ぎ込んでもね、戻ってくるんだから。

吉田　以前、菅《かん》（直人）内閣の時ですが、菅さんがTPPをいいはじめた時、当時、菅内閣の外務大臣だった前原氏が「GDPのわずか数%にしか過ぎない農業……」みたいなことを横浜で演説して、私はとんでもないことをいうなと思いました。GDPに占める割合が農業は低いので切ってしまえばいいという発想は、そもそも思想的に大間違いですよ。人間が生きていく基本が食物ですからね。これを工業と同列に並べるのがまず考え方の基本としておかしいと思います。

平野　これから、いくらでも大きくできますよ。自分たちが食って生きていくこと、健康、これが大前提じゃないですか。

吉田　しかも、工業と比べて、比較優位の工業が儲かったら数%少ない農業は切ってもいいのだという発想自体が間違いだと思います。自民党が農業を守り続けていたら立憲民主党の攻め場がなかったのですが、自民党は事実上地方の小さな農家を切っているわけですから、新立憲民主党はまさにこの第一次産業の部分の政策にもっと力を入れれば良いと思います。

平野　だからこれ、稲作だったら、場合によってはバイオ発電にも使えるし、山の木は一回伐ったら一〇年以上かかるというんじゃなくてね。

吉田　エネルギー問題と食料問題もリンクすれば良いわけなんですね。

平野　そう。これはできるんですよ。

吉田　このことについて、農水官僚の一部の方とかは気づいてないんですかね。農水省の志ある人は、こういう方向に持っていこうとしないんですかね。

平野　実はこれの原型はね、一昨年の高知県知事選の時に、小沢さんと高知に行った時に考えたんだ。これをいうと問題になるからね、自分からはあまりいい出しにくいけど。とにかくコロナ禍の後の日本の国づくりはね、二〇〇～三〇〇兆使って、国民の生活、生命と暮らしを守る食糧自給と健康保持に公共投資をやらなきゃダメだと。

吉田　先ほど先生がおっしゃった綱領の中に、命と暮らしが入れてあるわけですね。

平野　きちんと書いているんだから。そうするとこれ、もう気が付かなきゃダメなんですよ。

吉田　命といえば何かというと、まずは食料ですからね。

平野　それと医療ですよ、国民の安全保障というのはね。武器で国を守ることはその後ですよ。

吉田　安倍政権には全然こういう視点はなかったですね。イージス艦は配備するけどＴＰＰやって。私はこれ、戦後政治史とも関係してくると思うのですけど、過去の野党といいましょうか、昔は労農運動というのがあったと思うんですけど、五五年体制の頃の左派というか社会党は、どっちかというと農業より工業労働者を中心にしていましたものね。

平野　それはまあ石炭とかいろいろあったから、当時はね。だからこれをね、今度の合流した立憲ができる直前に千葉県の私が個人の名前で参加しているオリーブ千葉という市民団体があるから、そこで発表したんです、勉強会でね。千葉県の立憲民主党の代表などに政策提言してあるんですよ。

吉田　今年の八月ですね。

平野　そうそう。それで、後は表に出したのはこれですね（人間の安全保障を確保するための緊急提言―原発と教育勅語のない「瑞穂の国」を創るために―）。

吉田　つまり、これをやることによって竹中平蔵教中心政権を打倒することができますね。

平野　もうひとつ大事なことは、農薬やゲノム食品の問題です。元農林水産大臣の山田正彦氏のプロデュースで製作中の『食の安全を守る人々』という記録映画が、二〇二一年七月に上映の予定です。これと一体となって「食の危機」に警鐘を鳴らしていきます。

吉田　これまさに、私もずっと問題意識を持ってきたことです。私たちが活動していて、立憲は都市部ではある程度票を取れますが、農村部にはなかなか入れないなあというのを霧島や大隅半島に街宣活動に行ったりする車の中で立憲パートナーズの方と話していたんです。なぜ、自民党はもう農業を切ったにもかかわらず、まだみんな自民党に入れ続けているのかというところが疑問でして、何とか新しい案を農家の方たちに提示しないといけないと思います。今でも農村に野党が入れない理由の一つには、要するに野党というのは左翼で怖いと思っている方も多いみたいです。これは冗談かと思っていたらそうではなく、野党が政権取ったら自分たちは土地を取り上げられるとか思っている方もおられて、そんなような根も葉もないことを田舎ではまだ自民党が吹聴しているらしいです。

平野　それはねえ、立憲民主党の中央がそういう発想をせんからですよ。

吉田　やっぱり都市型政党ですからね。

平野　千葉は新しい知事が当選するだろうから、この話をしているしね。岩手は達増が分かっているからね。鹿児島の知事は自民党でしょうけど。

吉田　この前変わったんですけどね。私はもし新立憲民主党がこれを打ち出せれば、五五年体制の社会党や一九九六年に結党された菅直人さんと鳩山由紀夫さんが共同代表をやっていた「市民が主役の民主党」という都市部の政治意識が高い人だけを基盤とする、あのリベラル政党の壁が打ち破れるような感じがします。都市型リベラル政党では、三分の一以上にはなかなかなれないですからね。

平野　やっぱりね、地方にデモクラシーの根を張らさないとダメですよ。

吉田　こういうことを枝野さんなどは、分かっておられるんですかね。枝野さんとか福山（哲郎）さんたちは、こういう問題意識をお持ちですかね。

平野　この資料を渡したのはね、ここから（千葉八区）出ている立憲の本庄君というのを通して、政調会長の泉（健太）に話を持って行ったけど、何もいってこない。私のことを知らないみたいね。

吉田　残念なことですね。

平野　でも政調会長ですからね。

吉田　川内先生の上司が泉さんになっているんですよ、今。川内さんが政調会長代行です。川内先生は泉さんのもとで次の総選挙のマニフェストをつくる役になったといっておられました。この資料、持って帰ってお渡ししますね。

平野　お願いします。これはコピーして、川内さんに平野から貰ったっていって渡して。

吉田　お渡しします。これ、絶対川内先生にお伝えしますよ。

吉田　ただ、心配になったのは、これを立憲民主党がいい出すことによってですよ、自民党に盗まれてしまわないか心配ですね。
平野　僕はどうでもいいですがね。
吉田　本当はこういう大きなことは超党派でやった方がいいかも分かりませんが。
平野　まあ、その通りですがね。しかし、それは自民党には仲間に入らん新自由主義者がいるから、そうはいかんだろうけど。
吉田　そうですね。今日の質問の中でも、野党共闘が鍵だということも少しお伺いしたかったのですが。これは野党共闘をつなぐテーマにもなりやすいと思いました。『赤旗』を読んでいましても、結構、共産党は農業のことを守れとかいってますでしょう。
平野　コロナで食料難をいい出したのは、共産党の志位（和夫）さんだけですよ。ただ、志位さんが間違っているのは、日本のことじゃなくてアフリカのことをいっていたことなんだね。アフリカと南アメリカのことをね。肝心の日本のことを忘れているのよ。
吉田　私も地元の南日本新聞の方に、新立憲は「農漁村や山間地の保守層を取り込めるかも課題だ」と話しました。立憲民主党も中山間地とか農漁村で票を取れるようになっていけば、電力総連とかが抜けていったところのことなんて、そんなに気にしなくていいんじゃないかと私は思います。電力業界の組合の組織票が欲しいからエネルギー政策を曖昧にするというのは、もう良くないと思いますね。
平野　そもそも、例えば四国電力なんかね、原発は赤字だから。
吉田　本当は止めたいと思っている人もいるのでしょうね。
平野　赤字の部分をソフトエネルギーで儲けているんだから。

野党の経済政策はどうあるべきか？

吉田　よく野党は経済政策がないことが指摘されますよね。自民党は曲がりなりにも何かを出してくるが、野党をそれを批判しているだけだと。選挙の時にもよくいわれます。私はもう野党が経済政策をやるのであれば、れいわ新選組の山本太郎さんが前の参院選でいっておられたように、ＭＭＴ理論[32]ですね。もちろんこれは、お金を刷り過ぎるとインフレになってしまうという大きな問題はあるんですが、行き過ぎたインフレにはならない範囲でお金を配るということを真剣に考えて良いと思います。これは確かに大胆すぎるのですが、今の日本人は、先ほどのフードロス問題にもあったように、物自体が足りなくて困っている状態ではなくて、物はあるのに買えない、みんな貧困になっていると思います。例えば戦後間もなくのように生産そのものを上げないといけない時代はあると思うのですが、今は食べ物であろうが、家具であろうが、本であろうが、電化製品であろうが物自体はあります。ですがお金がなくて買えない。買えない人は食べられないということになっていきます。ズバリお金を刷って渡すというＭＭＴ理論をもうちょっと真剣に考える余地があると思うのです。

平野　これは経済救済政策の一つですよ。戦後ね、失業対策事業[33]ってあったでしょう、失対ですね。

吉田　戦後間もなくの……。

平野　それはやっぱり、仕事をつくって仕事をさせて金を撒いたんですよ。耕作放棄地の再生というのはゼネコンの仕事じゃないんです、はっきりいって。これがかつての救済公共事業になるんです。

それから僕は皆さんが、山本太郎も含めて言葉遣いとして間違っていると思うのはね、ＭＭＴとかベーシックインカム[34]ということを簡単にいいすぎるね。こんなのは、原理論的にいえば新自由主義者が出してきた理論でね。

吉田　ベーシックインカムは、最近は竹中氏までもがいっていますね。

平野　要するにＭＭＴ的・ベーシックインカム的な、いわゆる困っている人に資金をまわすために仕事をさせて、その仕事の中から将来の一つの社会的・公共的富を出すということは絶対に大事なんですよ。これはぶれないんです。政策的に金を出すわけだから、大きな権力もいるだろうし、一種の人民公社みたいな農協をどうするかという問題もある。要するにね、ＭＭＴの原点はケインズ[35]ですよ。

吉田　有効需要の原理[36]ですね。有名な、需要の増大が国を発展させるために大事だという理論ですね。そこで公共事業の重要性が出てくるのですね。戦後の自民党では宮澤喜一[37]さんはケインジアンだったといわれていますし、田中角栄[38]先生の政策もまさにこれですね。

平野　これを忘れているわけだ。いわゆる金融資本主義の側から出て来るような発想のＭＭＴじゃダメなんですよ。

吉田　それはおっしゃる通りで、私も同感です。そうです。私もそこはよく分かっておりまして、実体経済が伴わないのにお金だけを刷ってももちろんダメです。

平野　だからね、ＭＭＴってのはそれだけで拒絶する人いますからね。僕はこういう言葉を使わない方がいいと思うんだよ。別の新しい言葉を使うべきだと思うな。

吉田　なるほど。金融経済的なお金、お金、お金っていう社会にするのは絶対ダメですね。

平野　お金を国民の生活のために有効活用することですよ、大事なことは。資金の有効活用といってもいいですよ。それは必ず何年か経てば、公共財として還元されるということ。

吉田　そうですね。私も金融立国みたいなものは大嫌いです、シンガポールみたいなね。物を作らずに金融で儲けようという発想です。今はこんなのがもてはやされていますね。大体、こういうことをいう人は第一次産業もモノづくりも心の中で馬鹿にしている人が多いように思います。誰かにそういうことはやらせておいて、自分は金だけを扱うという連中ですね。

平野　経済学者が得意になってMMTとかベーシックインカムっていってね、自分たちの理論を一歩も妥協しないから、自分で自分たちをつぶしているんですよ。経済とか政治というのは生きているんだから。

吉田　私がこれはちょっといいかなと思ったのは、消費税減税を山本太郎さんは主張されておりまして、五%に下げるということですね。川内先生も消費税減税論者です。山本さんも今年の一月に鹿児島に来られたんですけど、野党共闘に自分が乗るかどうかは消費税減税に他の野党が賛成するかどうかだといっておられました。消費税を五%に減税することに乗ってくれれば協力するけどと……。

平野　政治の動かし方を知らない。さまざまな知恵があるんだけど。

吉田　私はそれも良いとは思ったのですけど、消費税を五%減らすぐらいよりも、やっぱりお金をもうちょっと回るようにすることが大事だと思います。月々の出費が五%程度減ったところで助かる人が多いのだろうかと。減税で野党は共闘せよという主張をしておられるんですね、山本太郎さんは。

平野　それはね、指導者が悪いんですよ。だってね、そもそも消費税ってのは税制の公平化を確保する目的で作ったんです。それが今では逆に税制の格差を作っているからね。だから僕なんかは、一回全部、やり直すべきだと思いますよ。ただその場合に消費税だけじゃだめですよ。

吉田　所得税も含めてですね。あるいは累進課税の問題とか、この間、消費増税の裏側で、ずっと引き下げられ続けてきた法人税の問題も含めて全体をどうするかですよね。

平野　そう、あらゆるもの、富裕税も含めてね。税制の公平な整備はやらなきゃダメですよ。ただ、消費税の減税を条件に内閣をつくるとかつくらんとか、そんなレベルの話ではない。

吉田　そうですか……。それは小さすぎるということですかね（笑）、野党勢力の結節点としては。確かに……。

平野　そうですよ。だって消費税作った人間だから、僕らは。

吉田　ええ。三％の最初の時の竹下（登[39]）さんの消費税に平野先生は関わっておられましたが、今一〇％まで上がりましたね。

平野　全部、当時の趣旨と反対のことをやったじゃないですか。消費税率をあげて、格差作り出しているじゃないですか。

吉田　そうですよね。当時は直間比率の是正というのが売り文句でしたね。覚えております。

平野　そうそう、公平な税制を作るという目標があったんだね。

吉田　当時の竹下総理も消費税導入にあたっての六つの懸念というのを国会でおっしゃっていました。この場面は、先生が出演されていたＮＨＫの『アナザーストーリーズ[40]』の中でもありましたね。

平野　その全部を民主党がおかしくしたんだから、最終的にね。自民党と財務省に騙されて……。

吉田　ええ、まあこれも申し上げにくいことではありますが、最も悪いのは野田元総理ですね。

平野　そうそうそう、その通り。

吉田　野田元総理はいまだに、やはり自分は正しいことをしたというお考えですね。あれは全部、財務省の手のひらに乗せられたと思うんですけど。野田さんは福祉のために必要な増税をしたっていうことをいっておられます。民主党政権が崩壊した後のインタビューでも、自分の成果として消費増税の三党合意を誇らしげに語っておられました。野田さんはものすごく自負心がおありで、高齢者福祉だけじゃなくて人生の前半の福祉ですね、未来の世代の児童、子どものために必要なお金を消費増税で確保したということを今でも思っておられるようですね。これは野田さんの日本記者クラブでの記者会見を見ました。平野先生のももちろん、先に拝見しました。

平野　あの野田のYouTubeを見た人はね、私の半分ですよ（笑）。

吉田　私も野田さんのは面白くなくなって途中で見るの止めたんですよ。

平野　そうでしょう（笑）。

吉田　私は平野先生の記者会見は全部拝見して、その流れで野田さんのも見ようと思ったのですが、野田さんがそこでものすごく自分の自慢をして、完全に財務省の手のひらに乗った理論なので、途中で止めたんです。

平野　野田はそれをいわなきゃ自分が正当化されないんだよ。一つはね、不愉快な話だけど、野田はウラ政治資金がらみで財務省に借りがあり、それの恩返しで財務省のいってくることをやったんだとマスコミにいわれている。

吉田　今度の新立憲民主党で「税と社会保障の一体改革」と称した増税をした時の野田さん・岡田さんコンビもそのまま参加されているじゃないですか。私は失礼ながらこのご両人は参加されなかった方が良かったと……。また野党の共闘の流れができてきた時に水を差す動きをするかもしれません。

平野　僕がいいたいのは、反省して欲しいと思っているってことですよ。

野党の目指すべき外交政策は？

吉田　外交、安全保障について話を移していきたいのですが、今は現状追認と親米保守しか外交路線がない中で、野党としても思い切ってアメリカと適度な距離を取りつつ、東アジア重視で行くということは出来ないのでしょうか。この試みは、いったん鳩山政権で失敗に終わりました。東アジア共同体構想とか、小沢先生がかつて主張されたアメリカ、中国、日本の正三角形を目指すという形を打ち出してもいいと思うんですが、いかがでしょうか。

平野　まあ鳩山さんのいうことも小沢さんのいうことも基本的に違うわけじゃない。ただまあ小沢さんは正三角形を目指すという方針しかいってないからね、ともかく。鳩山さんの場合は東アジア共同体構想という具体的な構想を出しているからね。何でこれが浸透しないかといえば、どういうプロセスで、どういう方法でこの共同体をつくっていくかということをいわなきゃならないんですが、それがないんですよ。いってるつもりだけどね。

吉田　プロセスは確かにちょっと弱いかもしれませんね。

平野　大事なことは、主体になるものと、準主体になるものを出せばいいわけでね。主体は日本でしょう。それで国連ということを言わなくちゃダメですよ。国連がある意味で保証すれば、この可能性が出てくるんですよ。

吉田　国連はやっぱり避けて通れないわけですね。

平野　国連を噛まさなきゃ。こういう構想をつくるなら、一つのシナリオでいいから国連の噛まし方だとか、そのためにどういう方策を打つとかということぐらいまでは言わなきゃダメですよ。そうしないと、全く実感が出ないじゃない。

吉田　実感が全然出ないですよね。目指すべき方向性自体は、私は良いと思っているのですが。

平野　私に相談しに来ないからと、川内さんにいっといてよ（笑）。

吉田　はい、お伝えしておきます。ただこの方向を出すとですね、鳩山さんが惨めな失敗をされたように、また、野党の中でも親米保守の人がかなり民主党の時代はおられましたが、すぐに失脚に追い込まれたのが記憶に新しいんですけど。

平野　それは、これで失脚したんじゃない、これだけじゃないんですよ。ジャパンハンドラー[41]というのがいてね。自分たちの収入が少なくなるから、アメリカの軍産複合体がね。

吉田　アメリカの軍産複合体、ジャパンハンドラーがいる限り、この構想は難しいとも思ってしまうのですが……。

平野　いやいや、そんなことはないよ。初めから決めつけることはないですよ。こっちが強くなれば向こうは下がるんだから。しかし、トランプのようなものが出てきて下がるんじゃ困るわけですよ。

吉田　いわば、これはずっといい続ければよいわけですね。

平野　うん。だからね、政治力がないということだから、日本側の。

吉田　そうですね。いつもなぜなのかなということを、私はずっと思っていまして。

平野　今度また大統領が代わって、ジャパンハンドラーがゴソゴソしているでしょう。彼等の構想が人類の発展を妨げていると堂々と言えばよい。要するに構想力がないからですよ。さっきいったように、プロセスと……。というのは、たかが国連・されど国連というけどね、国連を上手に使えばアメリカだって抵抗できなくなるんですよ。

吉田　国連が完全にアメリカにコントロールされるとは限らないですか。

平野　完全にというのは現実路線ではありえないから。例えばね、アメリカにも利益があるというようなアイデアをこちらからも出せばいいんですよ。

吉田　ええ、東アジア共同体構想の中にですね。

平野　うん。そういうのがないから、自分の理想を文章にしているだけだからね。そこに鳩山チームの弱さがあるんですよ。

吉田　そうですね。確かに鳩山チームの脆弱さは、プロセスがなくて理想が紙に書いてあるだけというのはあると思います。

平野　例えばアメリカは、何かというと金儲けしたいんだから。その方法がないから、戦争するように緊張させてね、軍事力を周囲の国に整備させて、アメリカの軍産共同体が儲ける経済は時代遅れで。これが一番のロスなんですよ。

吉田　駐留米軍の問題ですが、トランプはちょっともう引き上げるといいましたけど、やっぱり、日本に居続けたいという人たちもいるとは思うんですけれど。

平野　そんなのはわずかなもんだよ、アメリカの世論からすれば。目立ってジャパンハンドラーが何だのかんだのというからそうしているだけでね。私らもアメリカのことを全然知らんわけじゃないんだから。ジョン万次郎[42]の関係だったらそんな人はいないんだから。それはごく一部の日本の人間とアメリカの一部がこういう構造を作っているんだから。

吉田　やっぱりそうなんですね。実はアメリカにも様々な人がいる。

平野　アメリカだってジャパンハンドラーだけではなく、奥は深いですよ。

吉田　でも、ごく一部の日本の、ジャパンハンドラーと仲のいい人たちがいるじゃないですか。日米安保大好き人間とでも名付けますが、この人々は、いつでも日米安保のさらなる深化といいますね。野党側にもこの人々は多くいました。旧民主党の中にいて、今は分かりやすく自民党に行った人もいますが、今の国民民主党には多く残っています。というよりも国民民主党は全員そうかもしれませんし、立憲民主党にも一定数以上いるでしょう。ですので、私はこの問題に触れてジャパンハンドラーに歯向かうと、日本の政界で居場所がなくなって失脚に向かうのかなと思っていたんです。

平野　いや、こういうことなんですよ。要するに理想は理想で出していいんですよ。東アジア共同体というと日本が中心になって呼び掛けて、韓国、中国、まあ台湾は別にして、それからロシアでしょう。これにアメリカを入れなきゃダメですよ。

吉田　アメリカまで入れるんですね。対米自立を目指すのに入れても良いのですか。

平野　それで、アメリカは入りっこないんだから。要するにね、話の出し方と現実というのは別なんだから。ただ話の出し方でアメリカを括ればいいんですよ。それを関係国だけでやっちゃダメなんです。要するに国連の場でやることですよ。

吉田　先ほどのお話でいいますと、黒と白も太陽の距離からだというお話で、どうしても米中の対立というところで考えてしまいますけど、その中でアメリカも組み込むという発想ですね……。

平野　できないことをわざというんです、それで時間稼ぎするんですよ。要するに日・韓・中・ロシアにアメリカも入って、東アジアであんたのところも金儲けしろと、軍事的介入じゃなくてね。だって金稼げるところいっぱいあるんだから。そういうことを国連の場でいえば良いんです。

吉田　ええ、これを日本側から提案すればいいわけですね。

平野　そうそう。国連の場でいうんですよ。それは日本と韓国でもいいですよ。

吉田　この問題ですが、今はロシアになっていますけど、日、米、昔だったらソ連、中国……。これは石橋湛山[43]がかつて、冷戦が顕在化する前に日・米・中・ソ連の四カ国の安全保障体制を考えておられたというのを読みました。

平野　最初はまず世論づくりからすればいいんですよ。その時、アメリカを排除するというようなことがギラギラするから嫌がられるんですよ。入らんことは分かっていてね、国連の場で呼びかけをするんです。そのためには、自民党の政権じゃダメですよ。

吉田　そこが重要だと思います。今の親米保守に支配され切っている自民党政権ではこんな話はいいようがないと思います。ましてや菅総理では全く理念も哲学もないですから、そういう発想自体湧いてこないでしょうね。
平野　しかし、まあ自民党だって福田康夫みたいな人はいるんだから。
吉田　福田さんだけは最近の自民党の首相では少し外交路線が違いましたね。
平野　そういうシナリオの作り方が、まだ誰にもできてないということですよ。

来るべき総選挙の最大のテーマは？

吉田　先生、先ほどは消費税五％に下げるという程度では、野党共闘では小さすぎるというお話でしたけれども、来るべき総選挙の最大のテーマはどうなるでしょうか。
平野　まあ、現実の問題としてはね、税金の問題はやっぱり、そろばん勘定に制約されますから重要です。要するに消費税の根本的見直しと、全体の税制改革というような抽象的なものでいいんですよ、野党共闘は。そこに富裕税を作るとかなんとかも入れてね。
吉田　富裕税は入れた方がいいと思いますね、野党は共通政策の中に。
平野　何％削るとかなんとかというのは、実務の権限を持っているわけじゃないんだから。
吉田　次の総選挙の最大のテーマというのは、どうなりますかね。
平野　最大のテーマというのを作るんですよ、こっちで。
吉田　それをお聞きしたいです。野党側から何を……。
平野　今のこれが一番いいんじゃないですか、日本改造ですよ。

吉田　日本改造、まさにそうですね。食料問題も経済政策もつながっていますね。

平野　日本の地勢的なものを研究したものも随分出ているんだからね。それを認めないんだから、医者の世界も、薬の世界も。免疫のビタミンＬＰＳを見つけた人が、産経で「これで医療費を削減できる」といったとたんにダメになった。

吉田　農水産物の中に入っているんですね、玄米を中心に。昔から玄米は体にいいということはよく知られているようですが。

平野　玄米なんかより、糠というのがね、ＬＰＳがすごくあるというのよ。それを成城石井が売ってくれているんですよ。

吉田　それが先ほど、頂いたお弁当の中に……。

平野　いやあ、あれは普通の米だから。いや、おいしい米はおいしい米で食べたらいいですよ（笑）。僕は米づくりというのは、捨てていた糠を使えといっています。そこに宝があるということですね。江戸の中期ごろまで日本人はそれでやっていたんだから。

吉田　そうですね。江戸時代の日本人は循環型の農業もしていましたからね。

小さくなった社民党について

吉田　先ほどの立憲民主党とも関係があるんですけども、小さくなった社民党が結局残ってしまいまして、今、ますます先鋭化しているように思うのですが……。

平野　そんなことはないよ。私は福島（瑞穂）もよく知っているし、福島の後援会長は佐高（信）だもの。このあいだ福島に会った。かわいそうだよ、それは。そんなキツイことということないんだよ。

吉田　そうですか。

平野　だって、ここら辺でも社民党を懐かしがっている人はいるしね。そんなことで角を立てることはないですよ。

吉田　分かりました。平野先生がそうおっしゃるのだったらその通りと思うんですけど、せっかく最後のチャンスなのでみんな立憲に丸ごと入れば良かったと私は思っていますけれども、またここにきて社民党は立憲との小さな差異を強調していますね。

平野　それは確かに社民党にも問題はあるけどね。立憲にも問題はあるんだよ。余計なことを福山がいったしね。

吉田　ああ、安住さんが、もうすぐもう一つ消えてなくなるみたいなことをいいましたね。長い会派の名称からですね。

平野　安住か。安住はいちばん問題があるからね。

吉田　安住さんがあんなことをいってしまって、福島さんも怒りましたね。

平野　安住は菅にだいぶ世話になっているからね。森山を通じて。

吉田　国対委員長同士ですね。あ、あたかもかつての悪しき五五年体制の国対政治の復活ですね。

平野　うんうん、一緒ですよ。そりゃあ、社民党もかわいそうだと思うよ。だって社民党にも立派な支援者はいるからね。そのうち福島も分かるよ。

吉田　私は福島さんも、今回がラストチャンスだと思っていたんですけどね。立憲側に入れば一つになれる最後のチャンスだったと思います。
平野　いや、そんなことはいわずにさ、黙って見てやればね。
吉田　そうですね。

小さくなった国民民主党の本性は？

吉田　では、さらに小さくなった国民民主党ですが、これは早く政権側に行くか、維新と合流して新自由主義政党、改憲政党でも、正体をはっきりさせた方が分かりやすいのではないでしょうか。
平野　もう、正体ははっきりしているじゃない。
吉田　ここまで正体がはっきりしているのに野党側にいることによって……。
平野　いや、彼らにメリットがあるからですよ。それは彼らのせいじゃないんですよ。
吉田　連合ですか。民間労組ですかね。
平野　いろんな、様々な要素があるんですよ。
吉田　もう、国民民主党に残った人々の正体はここまではっきりしているのに、野党陣営に形だけいることによって、また野党の足並みを乱す役割を……。
平野　それはない。
吉田　私は社民党の人は、もうここまで減ったのですからみんなこっちに来て、国民民主党の人は政権側に行けばはっきりとすると思っています。

平野　それはね、間違い。それを判断するのは国民ですよ。基本的人権というのはその人たちにあるんだから。そういう発想は少数意見を認めない証拠なんですよ。あなたのような発想は少数者の権利を……（笑）。

吉田　いえいえ、少し違うんです。私は少数派は大事と思っているんですけど。

平野　福島の意見は残しておけばいいですよ。こっちが、あわせえこうせえという話じゃないですよ。

吉田　分かりました。ではいい直しますと、選挙の時の選択肢が、ようやくはっきりしつつあるなと思ったんです、今回の合流新党で。国民民主党は野党側よりも与党側に近いと見えてきているからですね。野党がまとまれる条件がようやくできてきたにもかかわらず、またちょっとまとまりにくくなってしまったかなという心配をしているんです。

平野　そんなことよりか、もっと大きな渦が出てきますよ。それは末梢的な問題です。そんなことに気を使う暇があったらさ、もっと大事なことがいっぱいあるよ。

吉田　抹消ですかね、確かにそうですね。ですが、山本太郎さんは消費税減税だけで一つになれるとかいっておられるくらいですから。

平野　山本太郎の場合は残念だけど、まだ発展途上だね。ユートピアの時期だからね。

吉田　分かりました。

平野　だってそんなのをいちいち見ていたら、全体が動かなくなってきますよ。それは太郎にも問題がありますよ。少し思い上がっているところがあるんですよ。

吉田　今年の都知事選はちょっともったいなかったですね。あれはもう小沢先生がまとめてやるといわれていたようですね。

平野　それはね、こっちのいうとおりになるもんじゃないんだから。人権というのが相手にもあるんだから、どんなことやっても。そういうものをやっぱり温かく見てやれば、早く解消するんだから。批判したり喧嘩したりしていたらさ、ずっと対立が続きますよ。

吉田　私は山本さん批判ではなくて、好きだからこそですね。私は山本太郎さんに非常に期待をしておりまして、期待しているからこそ、都知事選はもったいなかったなあという感じがしますね。

平野　だけど、それも含めて本人の能力なんだからしょうがないよ。

吉田　小沢一郎先生にお任せして、そしたら宇都宮健児さんも出なかったかもしれないと思いますが。

平野　それは分からんよ。宇都宮というのはそんな簡単な男じゃない。それは分からん。

政治家の劣化現象について

吉田　先生、今度は大きい話です。政治家の劣化については以前もお聞きしまして、制度の問題にあまりにしすぎることが問題であって、どんな制度であれ人間がしっかりしていればよいとのお話でした。私もそう考えているんですけど、現実には、先ほどの大島議長からのお電話にもあったように劣化状態が続いている、というか進んでいる。これがいちばん大きいと思うんです。

44

平野　あの明治欽定憲法でね、天皇機関説という画期的な憲法運営の学説があって、一時の期間だけど、近代議会政治ができたという体験もあるわけだからね。制度のせいにばっかりしちゃいけませんよ。イギリスなんかは古い制度のままで新しい形でやっています。それは歴史と民族の立場がありますから一本にまとめちゃダメなんですよ。ただね、私が最近コロナも含めて考えていますのは、デモクラシーというのはまだ完成されてないんじゃないかということなんですよ。人類の世界では、デモクラシー自体がまだ発展途上なんです。西洋のデモクラシーなら二〇〇年、日本のデモクラシーなら一〇〇年そこそこでしょう。

吉田　はい。近代化の始まった明治維新（一八六八年）から数えても一五〇年と少々ですね。明治国家はデモクラシーとはいいがたい面もありましたから、戦後から数えればまだ七五年くらいですかね。

平野　だから、人間の欲得の世界の中でいろいろな変化はあるけど、しかしやっぱりデモクラシーというのは大事だということについての認識ね。いろんな危機を何回か繰り返してきながら、僕の立場はされどデモクラシーですよ。たかがデモクラシーという人も多いけどね。だからデモクラシーに対して、直ちに良くなるとか、制度を更改すればこうなるとか、誰が悪いとかなんとかという短絡的な考え方をしないことが大事だと思うんですよ。

そこで僕が反省的に思うことは、デモクラシーといっても、例えばアメリカとヨーロッパ、それから日本、途上国と何種類かありましてね。文化によって違うわけです。一国のデモクラシーのやり方を全部に当てはめようとすると無理があると思うんです。いわゆる欧米のデモクラシーを無理やり入れようとしたのが第二次世界大戦ですからね。普遍的なものは参考にしないとダメだけど、独自の、その国で育ったデモクラシーをどう生かすかということだと思うんですよ。デモクラシーは発展途上であるということ。それから各国共有する一つの原理というのは尊重しなきゃダメだけど、その国の特殊なデモクラシーのやり方というのも同時に尊重されなきゃダメだということですね。

吉田　それぞれの国の歴史や風土から来るものは大事ですね。そこを考えずに制度だけ真似をしても、それは同じデモクラシーでも木に竹を接いだようなものになってしまいますね。戦後の日本にはそういう部分も確かにあったのかもしれませんし、それを補う意味でいろんな話し合いも実際にはあったのかもしれませんね……。

平野　そこで僕は日本の反省をした場合ですね、まずいちばん大事なのは、デモクラシーに対する世界各国共有しなきゃいけない考え方は何かと。何が安定したデモクラシーを決めるかという問題があるわけです。ここは先に押さえておかないとね。

吉田　要は民族とか国家を超えて共有すべきことですね。それぞれの文化や風土、国柄に合わせた部分も大事ですし、それを超えて各国で共有すべきものもありますね。

平野　それはね、思い付き的にいえば、その地域、その国、その時代の経済構造と思うんだよ。だからデモクラシーがうまく機能している時には格差がない、あっても少ない。いわゆる中間層が幅広いということが共通していえることですよ。中間層が分厚いということは共通してあることですね。もちろん格差ゼロにはできないけどね。だから現在、アメリカでも日本でも非常にデモクラシーがおかしくなっているのは何が原因かというと、中間層が極めて少なくなってデモクラシーに対する基本認識が分断されているんです。どういうふうに分断されているかというと、多数決の認識なんですよ。

吉田　そうなんですよね。先生がさっきおっしゃった前半部分を聞いておりますと、長い目で見ないといけない、徐々に良くなってくるという文脈かと一瞬思ったのですけど、そうではなく、これは時間が経てば自然に良くなるものともいえないわけですね。つまり、政治が劣化しているということは、時間が進んでいるのに前よりひどくなっているということですからね。

平野　それは経済構造が変化するからね。だから、デモクラシーを良くしようと思ったら、議会の中の話だけじゃないんですよ。

吉田　世の中、社会全体の構造の問題ですね。

平野　社会全体の、いわゆる経済政策を中心として、格差をつくらないような中間層を保つ施策が必要です。これは議会がつくるわけじゃないです。全体がそういう意識を持たないかんですからね。

吉田　それはもうおっしゃる通りです。経済構造自体は、議会がつくるわけじゃないですけど、議会の中にそういう世の中をつくろうという考えを持った議員を増やさないといけませんね。

平野　全部の人に持てったって無理ですからね。まず議会の指導する人が、常にそういう呼びかけを国民にせにゃいかんですよ。

吉田　そこが私の悲しいところなんですよ。今は議会の中にそういう意識をもって主張する方、国民に呼びかける人が残念ながら見当たりません。

平野　前尾（繁三郎）さんはそれをやったわけですよ。

吉田　そこをお聞きしたかったんです。いま前尾先生がご存命か、あるいは仮に現代に蘇って、前尾先生の見識を持ったまま今この日本をご覧になれば、どのようなご感想を持たれるでしょうね。

平野　彼は昭和五六年に死にましたけどね、常に、オイルショックの後は、これから高度成長を望んじゃいかんといっておられましたね。環境の制約、資源の限界があると。だから低成長で中間層を保持する、格差をつくらない政策を考えなきゃダメだといっていました。その観点から国民間の格差の是正のために消費税というのを彼はいったわけだよ。

吉田　元々は消費税の構想もそうだったんですよね。

平野　ところが残念ながら、大バブルが来たわけでしょう。それは為替の差益でできた利益でしょう。そういう政策をしてはいけないのよ。

吉田　あぶく銭ですね。

平野　前尾さんは、死の間際にそういっていたね、俺の言うことを聞いてくれないってね。誰も耳貸してくれない。みんな儲けろ儲けろで生きた結果、今だけ、自分だけ、金だけのバブルが生まれて、その後始末ができていないわけですから。僕は自社五五年体制というのはずっと批判してきたけど、冷戦が背景にあって、これは日本としてはどうしようもない。その状況の中で、自社が表と裏でいろいろやることについて、いいとか悪いとかいうことの対象にはならんわけですよ。ただしかし、あの中で日本の経済発展はあって、昭和三〇年代の後半から四〇年、五〇年代の前半にかけて二〇年くらい、中間層が一番分厚い時代があった。私らが国会運営をやったのはその時にやったわけよ。

吉田　昭和四八年がオイルショックですね。私もこの時代が終わる頃に生まれていますけど。当時、大平（正芳）[45]総理の頃ですかね、国民の八割くらい、いや九割近くだったかもしれませんが、中流意識を持っていて、記者に「総理自身はどこに入ると思いますか」と聞かれた大平さんが、「僕も中流かなあ」っていっていた昔の映像を見たことがあります。みんな中流だったんですね、あの時代は。

平野　そこで争いとかいろいろあったわけだけど、結局、まあ日本的なデモクラシーで集約してきたわけよね。

吉田　取引をしつつ全体を進めていくということですか。

平野　要するに、デモクラシーの基本というと、少数者の意見の開示権とね、少数者の基本的権利を尊重した。そういうデモクラシーの心みたいなのを共有していたわけよ、昔は。争いながらも一生懸命やったわけだ。そして少数者の権利なり、意見開示するミニマムをやったわけですよ。

吉田　そうなんですね。ナショナル・ミニマムの重要性についてもある程度までは与野党に合意があったんですね。これは先生に前のインタビューでお聞きしたことですが、革新であれ保守であれ、手法ややり方は違っても政治の役割というものについての、政治がやるべき仕事は何かという共通認識は持っていたとおっしゃっていた部分ですね。

平野　そういう何らかの共有するものがあった。それで前尾さんは一年に何回か各党の幹部を呼んで議長公邸で飯食ったり、料亭で飯食ったりして、そういう話をしていたのよ、各党の幹部に。共産党もそれで納得できるわけだよ。これが議会政党になるわけ。

吉田　宮本（顕治）[46]さんも参加しておられたのですね。国会議員じゃなかった宮本さんが話し合いにやってきて、みんながどこに座るかって。平野先生が議長秘書ですね、その頃どこに座るかってことで考えられたと。宮本さんが何とかさんと何とかさんは近いとか遠いとかで席を決めたんだ、なんていう話を聞いたことがあります。

平野　ロッキード国会で党首会談をやった時だよ。座席について事務総長が心配するから僕は放っとけといったんですよ。その時の雰囲気で決まるから、役人が口を出すことではないと。

吉田 非議員であっても宮本さんは国会に入ることはできたんですね。公党の党首で、共産党の議長だったからですね。

平野 それでね、なんだかんだいいながらね、やっぱり公明党が自民党に脅かされて一緒になってから、日本の政治はおかしくなった。

吉田 自社さ政権を自公に組み替えたのは野中広務[47]さんですね。

平野 自社さ政権も本当は悪いけど、まだ一つの変化、五五年体制の変形として見ればいいんです。公明党がやっぱり完全に脅かされて掬い取られてから、それに維新の党が自民党の変異種として新党として出てきて完全におかしくなったね。今や学問の自由の問題に至って、デモクラシーの心について全く共有していないでしょう。多数なら何でもできるって菅首相なんかはいっているでしょう。

吉田 私はこういう政治が続いていくと、デモクラシーが何だったかということを覚えている人がだんだん減っていくことが心配ですね。

平野 ははは。

吉田 いやなぜかというとですね、今一八歳の大学一年生の学年は、生まれてから記憶にある総理大臣は安倍さんだけなんですよ。安倍さんと菅さんしか知らない子供が今、もう大学生になっています。今二〇代の若者も、安倍さんの前の民主党政権はちょっと記憶にある程度です。

平野 だから、今はいい意味での政治教育をしてないわけだよね。

吉田 小泉さんですら、今の大学生の世代は知らなくなっています。つまり、権力者がほしいままに政治をやっていることが当たり前という時代に子供だった世代が大人になりつつあります。

平野　いわゆるデモクラシーとは何かということに対する認識の分断現象ですよ。

吉田　これが長く続き過ぎると、まずいことになりませんかね。もうじき三〇代になっていきますよ。

平野　もうまずいことになっていますよ。だからさっきの大島議長が、私が失礼な手紙と本を送ったことに対して、何か目が覚めたようにね（笑）。

吉田　ええ、お立場上、三権の長ともあろう方も、やはり今の政治を見て……。大島議長が菅総理を一喝することはできないですか。

平野　だから、議長といえども誰にもいえんから、私に電話をかけていってくるわけですよ。

吉田　私は二世三世、世襲議員が増えていることとか、社会が豊かになって苦労した人が減ったから政治家のレベルが下がったのかと思っていましたが、それだけではなくて、社会の格差が開いてデモクラシーが後退したことと、この政治の劣化というのが連動しているということなんですよね。

平野　これね、後退という言葉を使うとね……。変化だよ。

吉田　まあ、衰えたということですね。

平野　衰えたというか、そういう価値観の入る言葉を使ったらやっぱり間違いなんだよね、それは。

吉田　変化ですね。

平野　変化ですよ。悪いことも次のステージで、実はいいことになるかもしれんから。

吉田　そうですね。ただ、私が少し心配するのは、だいたい二〇年で一世代と考えますと、こういう社会が長く続くと、一度日本が分厚い中間層ができた時代の記憶を持っている人の割合が減って、もともと、社会とか政治なんてこんなもんだと思っている人が世の中に割合を占めてくると、ちょっと戻しにくくなるかもしれません。そうならないように、みんな努力が必要だと思うんですけど。

平野　ただね、私のいう妙見史観でいうと、致命的に悪くなって崩壊したらおしまいですよ。しかし物事というのは、そうなる場合もあるしね、それが逆に良くなるきっかけになる場合もあるんですよ。

吉田　例えば第二次世界大戦の敗戦とか……。あれぐらい大きいことが。

平野　しかし、それがまた逆になるわけでしょう。そこのところは、ある時点では善とか悪とかいえない部分もありますね。長い視点で見なければ。それは学者さんはよく気を付けなきゃダメですよ。

吉田　そうですね。

平野　僕は政治家に何をいいたいかといった場合に、政治家になろうと思う人の最小限度の一つの考えはね、難しいことはどうでもいいですよ、それは勉強すればいいんだから。やはり、自分は何かということを知ろうとする意識ですよ。これが若い時からないとダメなんです。全てを知らなくていいですよ、知っている人から学べばよいですよ。私ね、その机の上にあるでしょう、山形の旅館に行って楽焼きを書いてくれって言われて。

吉田　お皿ですね。

平野　「人生は自分を見つける旅である」と書いたらね、佐高さんが、「これは誰がいってたの」っていうからね、いや今考えたって言ってね。

吉田　佐高さんは、誰かの名言だと思われたわけですね。

平野　そうそう。今考えたって言ったらびっくりしていたけどね。

吉田　西洋の哲学者の言葉でも引用したのかと佐高さんも思ったわけですね。
平野　それでね、年取ったらだんだん分かってきますからな。大島さんも自分というのが分かったから僕にいろんなことを感謝するなんていってきたわけだけど。特に政治家は、こういう複雑な社会になって、一人で全部知るわけにいきませんから。知らないということを自覚すること、それが知ることになるんですよ。
吉田　まさにソクラテスの「無知の知」ですね。「知らないということを知る」ですね。
平野　知らないことは教えてもらえばいいんだから、謙虚に。ところがネット社会になって、デジタル社会になってね、情報がどんどん入ってくるでしょう。
吉田　自分で考える前にすぐ調べますでしょう。知識がただの情報になっています。
平野　それでもう「知った」と思うんですよ。ところが、そんなものは表の話であってね。それで知ったと思っちゃダメなんですよ。常に自分は何かということ、知らないことがある生き物だというね、それだけですよ。そうするとね、どんどん大きくなっていくんですよ。
吉田　そうですね。それでいいますと、また政治家劣化問題ともちょっと関連してきますが……。
平野　そういう教育がされなくなったでしょう。これはかわいそうなことに、社会のデジタル化ですよ。デジタルも大事ですよ。要は効率化する事務とかそういうものはあるけどね。してはいけないものをデジタル化するから人間が……。
吉田　そうですね。私もよく思うのですが、授業中に私が話しているのに、その話している内容をスマートフォンでその場で調べようとするんですね、今の時代は。数年前からそうなってきています。

ですので私は、目の前でスマートフォンで調べ物をする人には、今はそれはやめてくれといっています。調べてもいいけど終わった後にしてくださいと。

平野　終わってからね。しかも時間がある時に果たしてこれだけかというようにね。知ったということに満足することのないように、という意味で調べるのは良いことですけどね。

合流・立憲民主党が気をつけるべきこと

吉田　では歴史とその教訓ということで二つお伺いします。一つは民主党政権ですね。前回のお話では、鳩山さんのことやあるいは小沢先生が与党と政府の関係を構想する段階のところで、ボタンの掛け違いが最初からあったということでした。小沢先生も最後の勝負だということをおっしゃっていますが、今回の合流・立憲民主党がまた政権を狙う際、どこに気をつけるべきでしょうか。合流立憲民主党が仮に政権交代を果たした時には、何にいちばん気を付けるべきでしょうか。

平野　抽象的にそういわれても、たくさんあるのでいいようがないですよ。

吉田　政官関係とかですかね。

平野　いやいや、抽象的にいったってしょうがないじゃない、具体的に考えないとね。

吉田　分かりました。そうしましたら、例えば前回は普天間基地移転問題が前面に出過ぎたことや、官僚政治から政治主導にするということを、行き過ぎて、当時の仙谷（由人）[48]さんなどが事務次官会議を廃止したりしました。まあ菅直人さんもパフォーマンスをしたかったと。もう出発時点でつまずきましたけど、そういう部分ですね。あまり派手な花火を打ち上げても……。

平野　なるほど……。

吉田　これは先ほどの現実主義と理想主義のお話ですけど、一定の年齢層の人たちはみんな、民主党政権のことまだ覚えていますから。そのあたり、地味な方がいいのか、やっぱり安倍・菅政権とはガラッと変わった派手な花火も打ち上げた方がいいのか、どうなのでしょうか。

平野　それは状況によって違いますけどね。実は鳩山政権に替わる半年ぐらい前、二〇〇九年の元旦に小沢邸で会合があって、菅直人さんが来ていて。菅さんから小沢代表は選挙対策で全国を歩くから、一月からの国会対策と政権取った時にどういう準備しておけばいいかアドバイスしてくれといわれてね。それで私に当時の民主党で役を付けるからと。私はいくらでも協力はしますが、私に役職は付けないでくださいといいました。それだけで自民党が硬化しますからと。そうですかというので、それじゃあ小沢代表に了解取っておこうとなって、二人で小沢さんのところに行ったら、小沢さんは自分からも頼もうと思っていたと。菅さん、国会対策は慣れないし、政権交代した時の準備も分からんから、菅さんの個人的諮問官みたいなね。それで二週間に一回くらいずっと菅さんと会っていたのよ。

吉田　相談役ですね。

平野　アドバイス役ですよ。三月に小沢事務所の陸山会事件が始まった時に、ぷっつりもう止めたんです。その三か月間ぐらいの打ち合わせで僕が菅さんにいったことは、パフォーマンスのことをいろいろいうから、これ大きな政局になるよと。細川（護熙）[49]さんと違うのは、今度は長期政権になると。また長期政権にせにゃいかんと。それで、半年間、ダイナミックなことをするとか何とかを一切出さんこと。官僚がどういう姿勢で民主党政権に臨むかを見なければならないよと。最初からは過激な変革の話はせんことだと。それをアドバイスしたんです。それで向こうの出方を見て、こちらが上手にこれをどう使うかということ。要するに官僚の使い方というのは、頭から命令したらだめですよと。上手にこちら側に乗せていかないといけないという話をしてね。それが逆なことやったでしょう。

吉田 そうですね。要するに菅さんは政治主導ということを、大々的にマスコミ向けにパフォーマンスするためにやったんですね。

平野 それが一番の失敗ですよ。今度、枝野さんが政権取った場合に、私のいうエネルギーと食糧の自活を中心とした「日本再生構想」みたいなのを出すべきだと思うんだよ。

吉田 前回は農業の戸別補償とか子ども手当などはいいましたが……。

平野 前回はほとんど仕組みの話だったからね。官僚を抑えるための事務次官会議の廃止もね。

吉田 政策そのものじゃなかったですもんね。政策決定のプロセスから官僚を排除するということをすごく強調していましたが。

平野 もう、次はそんなことをしたってダメだと分かっているから。国民が納得する、国民の人々の命と暮らしを守ること。そのために食糧の問題とか医療の問題とか、そういうものを三つぐらいね、ボンと出すことだと思います。今までの自民党、自公政権でやれないことを出していかないとね。それで、国民にこれならほんとに日本を変えてくれるという印象を与えるべきだと思うね、今度はね。

吉田 予算の組み替えや行政改革ももちろん大事ですが、前回はほとんどそれだけでしたからね。

平野 小沢さんはそういうことをいっているんですよ、もうすでに。実際にはＭＭＴに似た話だけど。

二〇〇兆あるいは三〇〇兆ぐらいかかるなあといっているから。それで国民が生命と暮らしを維持できる基盤をつくる。その基盤がプラスになるんだと。

吉田　もしそうなれば、先ほどのお話ともつながってきますけど、格差が縮小してまた中間層が戻ってくる。すると徐々にデモクラシーもまた戻ってくるということが望めます。そうなると、今の政治劣化スパイラルにピリオドを打つことにつながるかも分かりませんね。

平野　そうそう。そういうものがないと、いくらきれいごとをいってもいかんわけですよ。

吉田　前回の時は農業の戸別補償とか出していましたよね。あるいは子ども手当とか……。

平野　それは個別の政策ですよ。一八兆の予算の組み替えの問題であって、自分の国をこうしようという大きなものではない。

吉田　予算の組み替えだけだったんですね、前回のは。まあ普天間問題はありましたが……。

平野　あれだってね、説明の仕方が分かってないんですよ。福山（哲郎）が参議院の政調の副委員長のとき、千葉県鎌ヶ谷市で二〇〇人ぐらい集めて説明に来たんですよ。一八兆円の金の出し方が分からんというから説明しろと質問がでた。ところが彼らは、役人の影響を受けているから、何々の制度がいくらという説明で帳尻を合わせようとするんです。そうすると反対する人が出てくるわけよ。

吉田　削られる側は反対しますからね。予算を増やしてもらう方は嬉しいですけどね。

平野　そんなことできるわけないじゃないかという人が出てきて、それで詰まっちゃうわけね。私も出席していたから、なんかうまく説明してやってくれというわけよ。僕が説明したのは、制度を具体的に変えて既得権をいじるということは、いずれ必要だけど、選挙の前にはやれないということ。要するに財源はどうやって出すかということを納得すればいいでしょう、皆さんは。
前民主党のものの考え方の基本は、(明治時代に) 国会より数年前にできた内閣が今の省庁をみんな引きずっていると。そこは一般会計という財源と特別会計という通帳。憲法は変わったけど、各省庁はそれをずっと引きずっていて、国会に見せずにね……。

吉田 昔、塩川(正十郎[50]) さんがいっていた「離れですき焼き」という話ですね。

平野 そうそう。その通帳を持っとるんですよ。それを民主党が政権取れば、全部一度集めて調整するんだと。だから一般で九〇兆、当時は八〇兆ぐらいかな。それから特別会計で一二〇兆ぐらい。

吉田 特別会計の方が多いんですね。

平野 多い多い。

吉田 これは多くの国民がほぼ知らないことですね。

平野 合わせたら二〇〇兆でしょうと。その中でどこを削るということより、全体を一〇%節約しましょうと。普通の家だって会社だって官庁だって、一〇%の節約はできるでしょう。そうしたら財源が二〇兆できるんですよ。それで二〇兆できて、新しい通帳にして各省に戻しましょう。これは当然、新憲法の時にやっておかなければいけなかったことだけど、大混乱でやれなかったと。

吉田 戦前から引きずっているお金ですか……。新憲法でできなかったということは、大日本帝国ができた時からのお金ですか。

平野 そうそう、明治一七年[51]にできた時からずっと。

吉田 伊藤博文[52]の時からずっとなんですね。それを新しい通帳にしましょうと。

平野　そしたらみんなうなずきましたよ。だから個々のものをね、例えばということでもいっちゃダメだと、さっきの場合に。

吉田　今、先生がおっしゃったことで、私もなるほどと思いました。前の政権交代の時は結局、予算の組み替えと無駄の撲滅でしたね。例の蓮舫さんが事業仕分けを派手にやっていましたけど。結局、探せばもっとお金があるはずだといって、あまり出てきませんでした。

平野　あれだって財務省が振り付けたことで、ほんとの裏帳簿は出してないんだよ。

吉田　叩きたいやつだけを財務省のいう通りにメニューにして出して、テレビカメラが入っている公開処刑みたいな感じで切っていったんですね。

平野　だから、今度は今までの使い方が悪いという政策じゃなくて、このコロナ禍を受けた形で、こういう国づくりをするんだということを分かりやすく出せばいいんです。

吉田　前回は予算案の組み替えで、新しいことを始めましょうという提案はなかったわけですね。

対米自立の基盤とは

吉田　今ちょっと、先生が過疎と過密の緩和のことを書いておられますが、これはまさに古くは田中角栄先生がしようとされた。

平野　そうそう、その通り。

吉田　田中角栄先生には、都会には家がなくなったのに田舎には若者がいなくなって、このいびつな日本を平らにしようというお考えがずっと底流にあって。だけど農村からは人が減る一方、都会はどんどん住みにくくなって。これは誰もいってこなかったと思うんです。

平野　しかもね、直下型地震がおこるという時期にはね、もう人間を田舎に分散させる政策をしなきゃダメですよ。田舎に宝がありますよ、ということよ。

吉田　徳川幕府ですら「人返しの法[53]」というのがあって、江戸の人口が増えすぎて田舎に戻すということをやっていたみたいですね。先ほど前尾先生が今蘇ったらという話をしましたけど、田中角栄先生が今蘇ったらまさにこういう政策をされるかもしれませんね。

平野　田中先生がだいたいベースをつくっているわけ。高速道路にせよ、新幹線にせよ、飛行場にせよ。これが結局、生きていないわけよ。

吉田　そうなんですね。今はせっかくのインフラを生かしきれていませんね。

平野　それで彼はやっぱり、全国平等に発展させるということだから。

吉田　私は、その理念をなぜ、いつから忘れたのかなと思うんです。

平野　やっぱり、それは田中さんのああいう悲劇から始まるわけですよ。田中角栄はね、その後こういうことをいっているんです。『日本列島改造論』の「改造」が悪かったと。「改造」という言葉がね。

吉田　ああ、改造という言葉のイメージ、字面がよくなかったと。列島改造というと、ショベルカーが自然を破壊しているようなイメージも受けます。何となく、土建政治のイメージにもなります。

平野　あの言葉が悪い印象だったと。今あるやつを、田舎も発展させるというようないい方をすれば良かったとね。

吉田　「日本列島発展計画」にした方が良かったわけですね。

平野　あるいは「再生」とかね。

吉田　ああ、なるほど。発展とか再生とかですね。「日本列島再生計画」ならいいイメージですね。

平野　田中さんは、そういう反省をしていましたよ。

吉田　確かにですね、私も今朝五時半ぐらいに起きて、朝は鹿児島にいたのに、一一時半に千葉にいれるじゃないですか。朝六時に鹿児島の家を出て、一一時半には千葉に来ることができるというのは飛行機があるおかげです。これは、もう大変なことですよね。

平野　だからこれ以上ね、ＤＴＡ（データ流通推進協議会）なんかつくる必要ないんですよ。人間の脳神経ってのは技術の発達よりか遅いんだから。

吉田　インフラをつくるというより、今あるインフラを生かすだけでいい。この計画は田中先生が基盤をつくったにもかかわらず、都市には余計人が集まって、地方から人が減るということになっている。これを均衡ある発展に戻すということですね……。

平野　移動税を活発にしてね。それで田舎に住む人間に政策的なメリットをつくればいいんだよ。

吉田　これは、新しい立憲民主党がどうこうという以上に、何党の政権であれやるべき大政策ですね。

平野　農協を人民公社にしてもいいんですよ、ははは。農業、漁業を大事にしないとね。

吉田　そうです。絶対これを入れるべきですね。リベラル系の人は、悪い意味ではなくて良い意味なんですけど、どうも議論が好きで、憲法とか平和とか護憲とか、そっちばっかりいうじゃないですか。どうしてもそちら側をいう人がなんか多くて、こういう発想に欠ける部分があるように感じます。

平野　いや、もちろん大事ですよ。しかし、これを読んでくれれば分かるけどね、憲法を守るということは言葉じゃないいんですよ。

吉田　分かります。強権的な右派政権を批判するような人やインテリっぽい人が左派にいて、その人たちがどうもこう、農村地帯の人に響くようなことをいえない気がするのです。今度の合流・立憲民主党もこのままにしておくと、前の民主党の都市型政党、都市型の市民政党の名残だけでいくと、三分の一の壁は越えられないかなと思います。パラダイムシフトとかいうカタカナの言葉を使うことも否定しませんが、そんなことだから一区以外になかなか入って行けないんだなということを思います。

平野　いや、彼らは三分の一でいいという考え方だから。

吉田　私はわざわざ電力総連、原発推進の人や新自由主義の人まで抱え込んで、非自民でさえあれば何でも入れるぐらいなら、三分の一でいいと思っていたんですね。これは最後の政権を獲得した時の民主党の何でもありの状況が、常軌を逸していたと思うからです。それから日米同盟絶対主義者の前原さんやああいう人を入れるぐらいなら、三分の一でいいと。私は今でも半分くらいはそう思っていまして、今度の立憲民主党は、政権交代という目的のためだけに無原則な拡大は絶対にすべきではないと思います。金融資本主義の手先みたいな人は絶対に入党させたり国政選挙で公認したりしてはならないと思います。政権が近づいてくると自民党からは出られないが議員になりたいという人がまた来るような気がしますが……。ですが、平野先生が提案されているような、農村の再生と食料自給率アップ、これを入れれば三分の一どころか過半数を狙えるし、なれるはずですね。

平野　そっちが一番の護憲じゃないですか。

吉田　一番の護憲なわけです。
平野　だから、これは東アジア共同体の基礎なんです。
吉田　全部つながっていくわけですね。
平野　だって、自分のところで食ってね、自分のところで健康で楽しく生きられるという国をつくらなきゃ。つくる材料があるのに、それをやってないから。これは変な話だけどね、米、海藻、その他の農作物、すごいパワーがあるものができていると分かっているのにそれを隠しているんだよ、政府も。私は内閣の資料を持っているのよ。
吉田　もしですね、これを本気になって日本政府というか、新しい政権政党がこれを出してやっていって、またアメリカから圧力がかかって、アメリカの農産物をもっと買えと。牛肉、オレンジが竹下さんの時ぐらいに来て、米が細川さんの時に来て、これをやればまたアメリカの農業界から……。
平野　それはまた出てきますよ。しかしね、そんなこと考えることないですよ。まず日本の国で日本人がどうやって生きていくかということをやれば、初めて従属が切れるんです。
吉田　これこそまさに対米自立の基ですね……。
平野　基ですよ。別に喧嘩するわけじゃないですよ。
吉田　対米自立の方向をどうすべきか私はずっと悩んでいるんですけど、これですね。
平野　文句いえないんだから、アメリカは。これはアメリカの農業を良くすることにもなるのよ。それからね、人類のために必要なんだ。日本人の責任なんだよ。
吉田　そうですね。人類史的に考えないとダメですね。私は視野が狭かったんですね。

平野　日本がこれでものすごく有利になるんだよ、平和的に。

吉田　そうすれば、沖縄問題を個別に考えるわけでもなく、東アジア共同体構想のプランがどうあれ、これをすることによってアメリカからじわじわと離れることができるわけですね。私はじわじわとアメリカから離れたいと思っているんです。国内の制度改革の多くがアメリカからの指令が元だと分かってからは、ずっとこれを考えています。

平野　そうそう。自立する、いい意味での自立ですよ、対立する必要はない。

改めて今から見た旧民主党政権の功罪は？

吉田　旧民主党政権のことは語り尽くされたかもしれませんが、改めて一〇年以上が経って、功罪というと何でしょうか。今回もう一回政権を狙うとするならば、立憲民主党が帰ってきた民主党だってみんな揶揄しますけど、その揶揄に対して反論するためには、自分たちでやっぱり〝功と罪〟を見直さないといけないと思うんですね。

平野　私が衆議院事務局で梶山（静六）[54]国対委員長、幹事長と大喧嘩してね、小沢さんが病気の時に。それからちょっといろいろなことがあって、居られなくなってね。私のことを竹下さんと野中さんがね、いわゆる経世会から参議院の高知地方選挙区に出馬させる策略を立てたんだよ。現職大臣がいてね、地方区に。大変な問題だった。野中さんが総務局長だったんだけど、私がうんといわないわけ。で、小沢さんに口説かせようということになって、私にこんなことをいうんだ。例の本に書いておいたけど、「あんたが衆議院事務局で政治改革を進めることには限度がある」と。「ここは竹下・野中に騙されたふりをして、まず国会議員になることだ」と。

吉田　「騙されたふりをして……」というところがすごいですね。

平野　「第一に自民党の改革をやろう。いまの自民党のままだと日本は駄目になる」。この時にそういっているんだよ。「自民党の改革ができなければ潰そう。そして日本の国の改造をやろう」。ここまでいうんだけど、私はまだ断ったんだよ。どっちみち四国の経世会の勢力を僕を使って増やすとか……。

吉田　ああ、本に書いてありますね。「私は前尾さんの政治理念や政策を研究したいと思っているんです」と先生はいわれたのですね。

平野　それでいろいろあってね。祖父が高知出身の田村元[55]という元衆議院議長がね「高知の政界は俺が仕切っており、谷川（寛三）[56]で調整ができている」と。「次は林迶の復帰だ。竹下や小沢におだてられて出馬するなら、俺が谷川の選対委員長になって潰してやる」と。田村氏の話を聞いて、これが自民党の談合政治というものかと実感したと。

吉田　ああ、田村さんが平野先生をつぶしてやると。

平野　「この時、もやもやが吹っ切れた。小沢さんの話を『盟約』と思い、出馬を決意した」と書いてあるでしょう。それで出るわけよ。要するにわれわれは、最初は自民党の改革をやろうとした。それが失敗したわけだよね。

吉田　これが、羽田・小沢派から新生党につながっていくわけですね。「改革フォーラム21」ですね。

平野　そう。これが大前提ですよ。そしてね、私が議員になって一年過ぎて、細川非自民政権ができ改革をやるわけですからね。結局、明治からいろいろな改革が歴史的に行なわれて、失敗したり成功したり、いろいろな変化があってね、それは戦後もあったわけよね。戦後の変化というのはここに出ているわけだけど、こういうことを宇野重規さんが『民主主義とは何か』で書いているんだよ。「結局、リクルート事件を契機に日本政治は大きな転換の時期を迎えた」と。それで一九八九年、平成元年ね、「昭和天皇の崩御による昭和の終焉とリクルート事件をきっかけとする政治改革の時代が始まった」と。それで「一九九〇年以降は、日本の政党政治を大きく転換する改革が続いた」と。一九九四年の政治改革四法の成立による選挙制度改革から地方分権……。

吉田　地方分権一括法案ですね。

平野　地方分権改革ね。それから国会の機能評価の国会改革もやったわね。まあ、いい悪いというのはいろいろあるけど、デモクラシーの一つの進歩から考えた場合、政治学の待鳥（聡史）[57]氏がこういっているというんだ。「九〇年代以降の政治改革は、明治期における近代立憲国家の建設や敗戦後の占領改革と並ぶ広がりと意義を持つ日本の公共部門の大改革であった」と。「しかし、現状ではこの大改革は結実していない。日本の民主主義は大きくバージョンアップしたとは言えない」と。

私自身は、こういうふうにはっきりいえる自信はなかったんだよ。改革に一つの意義があったということ、これからもやらなきゃならんデモクラシーの深化についてね。そういう意味で非常に僕は自信を持ったわけ。しかし反省しなきゃいけないことはあるんだ、我々には。それは、僕も小沢さんもそうだけど、やっぱり状況、政治家の実態、そういうものの分析が足りなかった。どういうことかというと、発想としてはね、このままの自民党だったら日本はつぶれると。つぶれそうになったからな。

吉田　まさに昭和の末期から平成の入り口の時ですね。

平野　ええ、ええ。ただこの時に、僕らの改革の発想の原点は二つあったんだよ。一つはね、国民もそうなんだよ。八〇％の人が、民間政治臨調なんかつくってだね、労使、学者、マスコミも含めて改革をしなきゃダメだと。それを甘く見たね。

吉田　初代連合の会長の山岸章[58]さんとかも入っていましたね。

平野　要するに日本人がほんとに改革する気になったんだと。

吉田　思われたわけですね、先生は。

平野　思った。

吉田　だけど、本当はそんなにはなってなかったということですね。

平野　そう。やっぱり大衆社会でメディアが太鼓叩いたこともあって、それが実体的なものじゃなかったということだね。それは自民党の中ですぐに意見が分裂し、それから与野党の中で分裂して、まあ細川改革はできたけど、その後、反動的なものが来るわけでしょう。なぜそういうのが起こったかというのは、やっぱり僕らが、小沢・平野が実態の分析が甘かったということと、もう一つ、政治を上手に改革してそれを生かすためには知恵が足りなかったんだよ。

吉田　ああ、そうですか……。

平野　どういう知恵が足りなかったかということはね、私、数か月前に初めて分かったんだよ。なるほどと思ったんだ。それはね、流行歌、演歌、ポップスの作曲家で亡くなった人で、筒美京平[59]がいたろう。この人の言葉にね、民衆が喜ぶ改革は、民衆より半歩先のことからやらなければいけない、というのがあってね。われわれはね、一〇歩から二〇歩先のことをやろうとしたわけだよ。

吉田　なるほど。先生、半歩というのは確かにキーワードだと思いますね。

平野　だから、さすがだと思ったんだよ。われわれの配慮はここがなかったんだということだね。

吉田　心をキャッチするプロですからね、筒美京平さんは。

平野　それが改革をしようと思った側が負けていった、改革がいわゆるフルバージョンになってないという原因だと。

吉田　今のお話はまさに、民主党政権というより一九九〇年代の時のお話ですね。

平野　そう。民主党政権もそうですよ。

吉田　ここは一番私がお聞きしたくて、小沢一郎先生がこの戦後政治、四七歳の若さで自民党幹事長になられて、この三〇年間に果たした小沢先生の役割をトータルでどう評価されていますか。これ誰も政治学者もやってないと思うんですね。先生はまさに右腕、懐刀なので……。

平野　まあ、結論をいえばね、この路線を引き続き継続すべきだということですよ。ただし、筒美京平の言葉を思い出すなら、半歩先を目標にして、それを実現していくことが全体の成功に大事だということよ。

吉田　半歩先ですね……。

平野　そうそう。僕がさっきからいう政策はね、まさにこの通りだと思うんだよ。コロナというものが来てね、もう人はあんまりいいわんけど、食料問題とか健康の問題っていうのはやっぱり日本人でこそできる問題なんだよな。世界人類に貢献できる問題なんだよ。しかも具体的な成果が出てるわけだ。

だから今度はそういうものを、あまり一〇歩先、二〇歩先の理想的なことを言わずにだな（笑）。

吉田　そうですね。理想的すぎると非現実的といわれますし、しかし、現状をそのまま認めると、安倍政権や菅政権のようにアメリカのいうことをそのまま聞くという方向しかありません。そして、批判する人は排除すると。その真ん中というのもおかしいですけど。実現可能な範囲内で別の選択肢を明確に出さなければならないと思うんですよね。

平野　真ん中というよりね、やっぱり具体的な一つのツボを見つけてね、そのツボを改革することによって全体が良くなるという、まさに妙見歴史観だよな。僕は、迫りくる食料危機にどう対応するか、それは日本の国の責任じゃないかと。これだけ耕作地を放棄して、神に対して……。新しい技術も見えているんだよ。

吉田　先ほど先生がおっしゃったいい方でいいますと、一つ解決することで他の問題もそれに伴って解決できるような方法ですね。つながっているすべてのものを一気に変えていくツボですよね。

平野　弁証法的に全部、もつれた糸がね、一つ解くことによってほぐれていくというね。

吉田　こういう発想をしている政治家は、今、名前が売れている人の中ではいませんね。

平野　知らないよ、僕は。

吉田　石破さんも岸田さんも、自民党総裁選で何もこういう話をしていませんでした。

平野　いないとかいっちゃダメよ。考え方を変えてもらえばいいだけで。嫌われることをいってはいかんということよ。僕は今まで嫌われることをいってきたからね、はははは。

吉田　ちょっと分かってきました。仮に政権交代できた場合に何をするか。反省も大事ですが、これは立憲民主党の活動をしている地方議員たちも目を覚まして、やらないとダメですね。
平野　材料はあるんだよ。地方の人の方が喜ぶと思うよ。
吉田　国会議員だけじゃなくてですね。
平野　ここだけの話だけど、小沢さんは自分で具体的な構想を持っていてもいわないんだよ。立場が立場だからね。それはやっぱり立憲の方から小沢さんに、こうやろうじゃないかと持ち掛けて欲しいんだよな。
吉田　枝野さんや福山さんがこういうことを考えていればいいんですけど。
平野　先方は平野の名前を出すだけで拒否反応を起こすと思う。だから僕は枝野とか彼らに会うことはないからね。彼らがやればいいことであって。
吉田　そうですね。私は枝野さんを悪くいうと私も立場がまずくなるかと思ったんですけど、こういうふうに二年前、三年前と……。
平野　そのことは反省したと言っているからいいけどね。
吉田　あと先生、今半歩先と一〇歩先の話をされましたけども、当時、自民党の悪しき体質、談合体質を変えるためには、選挙制度を変えることで全部変わるんだという発想が小沢先生にもあったでしょうし、当時の改革派といわれた側としては皆さん同じ意見だったと思うんですけど。
平野　いや、選挙制度を変えるから全部変わると、そんなことはいってないよ。
吉田　そこまでは思ってなかったということですか。
平野　要するに派閥解消を選挙制度改革でやらねばならないということでしたね。皆さんね、左派系の人というのはすごく誤解しているけどね。次に政権交代をしやすくするために小選挙区を中心として比例区で小選挙区の欠点を是正することなんだよ。そこでね、五五年体制の一番の問題点というのは、米ソ冷戦下で日本のデモクラシーの一つの流れをつくるのにはそれで良かったけど。

吉田　いい所も多少はあったわけですよね。

平野　いい所とか悪い所とかいういい方をしちゃダメなんだよ。

吉田　日本らしいというべきなのでしょうか。

平野　いや、結局はそれしかなかったんだよ。いい悪いというのでいえば、それはもちろん悪いですよ、デモクラシーのモデルからいえば。

吉田　でも今の政治と比べると、まだ与野党の話し合いとかがされていて、悪い部分だけでもなかったようにも思えてきます。もちろん、カネが動くとか、野党が永久に野党であることを前提で自民党政権にたかっていたと、前回にお伺いしたようなことはあってはいけないことですけどね。

平野　それもあったけど、まあ機能していたわけだよ、ある意味では、デモクラシーもそれなりに。しかし社会党は、権力から金を貰って政権につかないという悪習を変えなきゃね。

吉田　そうですね。

平野　悪習を変えなきゃこれ、デモクラシーにならんわけだよ。

吉田　そこを以前のインタビューでお聞きしまして、早く世に出さなければと思いました。

平野　今もある意味では因習がつながっているからね。

吉田　それは、森山さんと安住さんですか。

平野　まあ、はっきりとはわからんが疑われているようだ。

吉田　でもそっち側には絶対に戻ったらダメということですね。もう。

平野　さすがに僕も、そこまでは戻らんとは思うけどね。そのためには権力を集中する部分と、民意を汲む部分を合わせた政治制度じゃないと、中選挙区制度をやっていたらもう日本は滅ぶよ。それはいまだに左の人間はいうんだよ、元の中選挙区制度に戻せって。それは自分らが安心してさ、責任を取らずに政治で食っていこうとするからね。

吉田　それは私もよくないと思うんです。その発想では、永久に三分の一政党でも良いという結論になってしまいますから。

平野　デモクラシーの心のもう一つはね、参加と責任なんだよ。

吉田　後者の責任というところがないですね。市民運動にもありません。「参加」部分の重要性は皆さん、いいますけれども……。責任は市民運動以外のどんな組織にもあるのにな、と何回も思うことがありました。

平野　平等ですよ。参加と責任ですよ。当然ですよ、それは。一票を持っている選択というのは、そういう責任が出てくるんですよ。責任ということも、みんなが考えないといけないことだよ。だから政党政治なんかは大いに変えなきゃダメだ。これをやったら変わりますよ。

吉田　そうですね。妙見史観からいくと、二項対立で黒か白か、AかBか、右か左かというものの見方が全部なくなりますね。私自身、どうしてもまだ従来の対立の枠組みにこだわっている部分がありまして、反省しています。

平野　そう、弁証法とちょっと違うんだよね。
吉田　弁証法は正反合ですけど、妙見史観から見ると距離感の問題なんですね。
平野　そう。距離感ともいえるしね……。
吉田　ただ先生、さっきの半歩先を行くのがいいというのと、すごく大きな理念でいうとですね、安倍政権から菅政権のこの八年から九年でだいぶ劣化した部分はゆっくり直すしかないわけですね。
平野　僕はもう過去の人間だから偉そうなことといえんけど、これからの政治家がやらないといけないのはね、劣化したことをより劣化させないように。それを教訓として、向上させるということが大事なんだよ。劣化した劣化したと批判するばっかりじゃダメですよ。
吉田　そうですね。それは思います。批判だけなら別の選択肢が見えてきません。かなり理想主義の側に立つとしても、実現可能な範囲内で道筋は示さなければなりませんね。
平野　弁護士的発想ばっかりでは、前に進まない。
吉田　そうですね。そこで野党は止まってしまうからダメだという意見が結構、一般の人にも広まってしまっていますね……。
平野　例えば乱暴なことをいうけど、食料危機、これが来るよと。これは、コロナじゃなくても来るんだから……。このままの政治を続けていたら自立できないよと。それを立憲として、素案として表へ出すわけだ。大騒ぎになるよ。
吉田　そうですね。これは大騒ぎになりますし、前回の政権交代とは全く違って、新しい文明観と国家像を提示することになりますね。

平野　大論争になるよ。現実論の中に理想を入れる発想が必要だ。

吉田　これを感性のレベルで理解できる人が、ある程度いないとダメですよね。すぐ理屈で、可能かどうかとかいう話になるんじゃないかと。

平野　これは理屈じゃない。これ、「オリーブ千葉」という小沢さんを支援していた人たちの勉強会で僕が作ったわけですよ。友人に社民党の柏市の代表の人がいるんだよ。その人にこの間会ったからね、何かおもしろい話ないかというんで、食料危機等の話をしたら喜んでね。それでね、やろうやろうというわけ。なんでそんなにあなたはいうのかといったらね、私は司法書士だというわけ。この耕作放棄地の整理をやったら、司法書士の仕事ができるというわけよ。区画整理とかあれば、そういう末端の仕事が増えるって（笑）。でもそれでいいんですよ。

吉田　それに先ほど先生がおっしゃったように、地方議員の方が国会議員よりもみんな実感しますよね、この重要性を。

平野　米作りがいかに日本人を育んできたかというね。だから僕は、「教育勅語と原発のない瑞穂の国をつくろう」といっているんですよ。これをいってごらんなさいよ、選挙になるでしょう。

吉田　なるほどですね。瑞穂の国というところが大事ですね。

平野　キャッチフレーズになるだろう。瑞穂の国といえば右翼になっちゃうからね。そういうものを取り入れなきゃダメなんだよ。瑞穂というのはきれいな言葉だからね。

吉田　瑞穂というと保守の人もある程度までは納得しますし、瑞穂というのはきれいな言葉で稲ですからね。左派の人も批判できないと思うんですよね。左派の人もお米を食べているわけですから。この言葉は保守だから気に食わないとはいえませんね。

平野　それと、子どものゲームの中に入ってきているからね。サクナヒメが縄文時代から稲作りで、稲作ることは日本人の……。

吉田　原発のないというところもミソですね。そうすれば保守層の中にも本来の日本を取り戻すためには、きっとおられるんですね、国土を汚したらいけないという立場から。

平野　そうそう。

吉田　保守も反原発の人が少しだけはおられるようですね。反原発はずっと左派の人が主導してきましたが、保守の立場から父祖伝来の土地を汚してはならないという考えの方も少しはおられますね。瑞穂を大事にしてきた保守の人と反原発の左派の人も、対話をすれば同じ認識に到達できると思います。ここが一体化すると大きな流れができるような気がします。「教育勅語」の方は日本会議の人のように復活させたい右寄りの人々もいますが、ここは戦前回帰をしてはいけないという思想ですね。

平野　そう。

吉田　何でこんないいことをみんな気が付かないんですかね、先生。

平野　これね、立憲のキャッチコピーにしてごらん。

吉田　私が政策責任者や党のキャッチコピーを作る責任者なら、すぐにでもこのコピーを使わせて頂きたいです。かつての五五年体制の保革対立を乗り越えると共に、新自由主義プラス戦前賛美の安倍政権から今日までの政治に対抗する考え方を端的に表現するキャッチコピーだと思います。本日はありがとうございました。

［注］

1 『3ジジ放談』はデモクラシータイムスによるインターネットテレビ。元朝日新聞記者で桜美林大学名誉教授の早野透氏、評論家佐高信氏と平野貞夫氏が鼎談する番組。

2 原健三郎：明治四〇年～平成一六年。兵庫県出身。昭和六年早稲田大学政経学部卒業。コロンビア大学大学院、オレゴン大学大学院修士課程修了。昭和二一年戦後初の総選挙で日本進歩党から初当選。四三年第二次佐藤内閣の労働相、四六年再任。五五年鈴木内閣で国土庁長官に就任。六一年衆議院議長に就任。平成八年には尾崎行雄、三木武夫元首相に続く三人目となる衆議院議員在職五〇年を記念する永年在職特別表彰を受けた。平成一二年九三歳で政界引退。

3 河野洋平：昭和一五年～。神奈川県平塚市出身。昭和三四年早稲田大学政経学部卒業。河野一郎元農相の次男。四二年衆議院議員に当選。五一年六月ロッキード事件で金権体質を批判し自民党を離党し新自由クラブを結成し代表に就任。六〇年自民党と連立を組み中曽根内閣の科学技術庁長官に就任。六一年新自由クラブを解党し自民党に復党。平成四年宮澤内閣の官房長官。五年七月野党となった自民党の総裁に就任。六年六月社会党、新党さきがけとの連立で与党に復帰。村山内閣の外相兼副総理となる。一〇年一二月宮澤派の加藤派への継承を機に離脱し河野グループを結成。一一年一〇月小渕第二次改造内閣の外相。一二年四月森内閣、七月第二次森内閣でも外相に留任。一五年から二一年まで衆議院議長を務める。

4 前尾繁三郎：明治三八年～昭和五六年。京都府与謝郡宮津町（現：宮津市）出身。東京帝国大学法学部卒業。大蔵省に入省。翌年、結核性肋膜炎で休職。五年間の療養後、復職。和歌山税務署長を務める。戦後昭和二四年衆議院議員に京都二区（当時）から立候補し当選。池田勇人を支える。四五年の総裁選では出馬を検討するが佐藤栄作から四選後は前尾派を優遇すると約束したために出馬を見送った。だが、佐藤は約束を反故にしたため、前尾派の若手が反発。派閥（宏池会）を大平正芳に譲った。四八年衆議院議長に就任。五四年の総選挙で落選し引退を決意したが、高松宮が前尾邸を訪れ昭和天皇の「これからも国に尽くすように」との内意を伝えたため、引退を撤回。五五年の選挙で復活。五六年死去。

5 宇野重規：昭和四二年～。政治学者。専門は政治思想史、政治哲学。東京大学教授。令和二年九月、菅義偉内閣による日本学術会議会員へ任命拒否された六人の中の一人。著書に『保守主義とは何か――反フランス革命から現代日本まで』（中公新書、二〇一六年）、『民主主義とは何か』（講談社現代新書、二〇二〇年）など。

6　小此木彦三郎：昭和三年〜平成三年。神奈川県横浜市出身。昭和二七年早稲田大学文学部卒業。昭和三八年横浜市議を経て四四年衆議院議員に当選。五八年中曽根内閣の通産相、六三年竹下改造内閣の建設相に就任。平成三年衆議院政治改革特別委員長に就任。政治改革関連法案の廃案を宣言した。

7　中村梅吉：明治三四年〜昭和五九年。東京府（当時）出身。大正一二年法政大学卒業。昭和三年東京府議。昭和一一年立憲民政党から衆議院議員に当選。三木武吉と政治行動を共にする。二一年から二六年まで公職追放。保守合同後は河野（一郎）派から中曽根（康弘）派に所属。三一年石橋内閣で法相、三二年岸内閣で引き続き法相。四〇年第一次佐藤内閣で文相に就任。四七年衆議院議長に就任。

8　小泉純一郎：昭和一七年〜。神奈川県横須賀市出身。慶応大学経済学部卒業。福田赳夫の秘書を経て昭和四七年衆議院議員に当選。自民党では福田派—安倍派—三塚派—森派（清和会）に所属。竹下内閣で厚相として初入閣。宇野内閣でも厚相を務める。宮澤内閣は郵政相に就任。その後、橋本内閣でも厚相を務める。平成一三年自民党総裁・内閣総理大臣に就任。小泉ブームを巻き起こす。在任中、郵政民営化を中心とする「構造改革」路線を進める。二一年息子の進次郎に地盤を譲り政界引退。

9　エドワード・ハレット・カー：一八九二年〜一九八二年。イギリスの歴史家、政治学者、外交官。一九三二年に刊行された『危機の二十年』は現実主義の重要性を説いた書として知られている。

10　『危機の二十年』はイギリスの歴史家、政治学者、外交官であったエドワード・ハレット・カーの代表的な著作。第二次世界大戦前の一九三〇年代に執筆され、一九三九年に刊行。一九四五年に第二版が刊行された。

11　イギリスの経験主義は経験論ともいわれる。人間の全ての知識は経験に由来するとする哲学上、心理学上の立場。唯物論や実証主義とも結びつきがある。経験論は理性主義（合理主義）や直感主義、神秘主義、形而上学とは対立する。

12　弁証法は今日ではヘーゲルによって提唱された弁証法やそれを継承したマルクスの弁証法を指す場合が一般的。事物の変化や発展の過程を理解するための方法や法則とされている。ヘーゲルの弁証法では正（テーゼ）と反（アンチテーゼ）が止揚されて合（ジンテーゼ）と発展するとされる。

13　濱口雄幸：明治三年〜昭和六年。土佐国（現：高知市）に生まれる。明治二八年帝国大学法科政治学科卒業。大蔵省に入省。逓信次官、大蔵次官を務める。大正四年立憲同志会に入り衆議院議員に当選。同志会、憲政会を経て憲政本党が合併した立憲民政党の初代総裁。田中義一内閣が張作霖爆殺事件で退陣後、内閣総理大臣に就任。金解禁や緊縮財政を断行。外交政策では幣原喜重郎を起用し米英を重視する協調外交を展開。昭和五年東京駅で愛国社社員に銃撃される。一命は取り留め六年退院したが、国会への登壇要求に応じ体調が悪化。同年四月首相を辞任。八月死去した。

14 五・一五事件は昭和七年五月一五日に起きた反乱事件。海軍青年将校が首相官邸を襲撃し犬養毅首相を暗殺した。当時の日本は世界恐慌から始まった大不況によって社会が疲弊。政党政治も大財閥とともに敵視されていたことから起こった。

15 二・二六事件は昭和一一年二月二六日から二九日にかけて陸軍青年将校たちが起こしたクーデター未遂事件。この事件の結果岡田内閣が辞職。

16 立憲政友会は戦前の帝国議会で初の本格的政党内閣を組織した政党。明治後期から昭和前期に活動した。昭和時代初期に立憲民政党と二大政党を形成。初代総裁は伊藤博文で国家利益や国家との一体感を優先したことが特徴。

17 立憲民政党は昭和時代初期の政党。昭和二年に憲政会と政友本党が合併して誕生。立憲政友会と二大政党を形成した。昭和三年に発表された「七大政策」では社会政策の実施、電力の国家統制、緊縮財政、行政改革などを掲げた。自由と進歩を党の理念に掲げ、政友会に対してはリベラルな政党であったが一五年には大政翼賛会に合流。

18 吉野作造：明治一一年～昭和三年。宮城県出身。大正時代を中心に活躍した政治学者、思想家。明治三八年東京帝国大学法科大学卒業。大学院進学。明治三九年中国にわたり袁世凱の長男の家庭教師などを務める。明治四二年東京大学法科大学助教授就任。大正三年『中央公論』に「学術上より見たる日本問題」を寄稿。四月号には「民衆的示威運動を論ず」を寄稿。大正四年『中央公論』七月号に「大正政界の新動向」を発表。『中央公論』大正五年一月号の「憲政の本義を説いて其有終の美を済すの途を論ず」ではデモクラシーに民本主義という訳語を与えた。

19 大内兵衛：明治二一年～昭和五五年。大正・昭和時代の経済・財政学者。兵庫県出身。東京帝国大学法科大学経済学科卒業。大蔵省勤務の後、東京帝大経済学部助教授。財政学担当。大正九年森戸事件により退官、一一年復官。昭和一三年人民戦線事件で労農派教授グループの一員として検挙され休職。一九年無罪確定。第二次政界大戦後復職。法政大学総長、社会保障制度審議会会長、統計審議会会長、日本統計学会会長などを歴任。

20　天皇機関説は大日本帝国憲法下で確立された憲法学説。憲法学者美濃部達吉らが提唱。統治権は法人である国家にあり天皇はその最高機関として内閣や他の機関からの輔弼を得て統治権を行使するとの学説。天皇主権説と対立する。一九〇〇年代から一九三五年頃までの憲法学上の通説とされた。

21　社会大衆党は昭和初期の無産政党。昭和六年に労農党、全国大衆党、社会民衆党の合同賛成派が合同し全国労農大衆党が結成。七年全国労農大衆党と社会民衆党が合同して社会大衆党が結党。立憲政友会と立憲民政党に対する第三極の立ち位置であったが軍部との関係を強化して二大政党より早く大政翼賛会に合流した。

22　大政翼賛会は昭和一五年から二〇年まで存在した政治結社。昭和一五年立憲政友会と立憲民政党などの保守政党から、当時は非合法だった日本共産党を除く無産政党まで全ての政党が解散して大政翼賛会に合流した。

23　鳩山由紀夫:昭和二二年〜。東京都文京区出身。昭和四四年東京大学工学部を卒業後、スタンフォード大学大学院に進学。博士号取得。東京工業大学助手を経て昭和五六年専修大学経営学部助教授。昭和六一年自民党公認（田中派）で北海道旧四区から衆議院議員に当選。六二年竹下派に参加。平成五年自民党を離党し新党さきがけに参加。八年菅直人らと民主党を結成。一〇年民主党の再編結成で幹事長代理に就任。一一年民主党代表。その後、代表を辞任、幹事長などを経て二一年民主党代表。二一年九月内閣総理大臣に就任（民主党、国民新党、社民党による連立政権）。普天間基地移設問題で迷走し二二年に辞任。二五年政界引退。

24　抜本塞源論は物事の根本の原因から取り除いて弊害を改めるという思想。元は『春秋左伝』の中にある「木を根本から引き抜き、水の流れを水源を塞いで止めること」から来ている。陽明学の中にもこの思想は引き継がれた。

25　陽明学は中国の明代に王陽明を祖とする新儒学の一派。その当時、形骸化していた朱子学を批判的に乗り越える儒学として王陽明が提唱した。陽明学も孟子の唱えた性善説の流れにあり、人は元々、有している良知を発揮することの重要性を説く。心即理、知行合一、事上磨錬、致良知を主要な思想とする。

26　毛沢東:一八九三年〜一九七六年。中華人民共和国の初代最高指導者。中国共産党の設立党員の一人。長征と日中戦争を経て共産党内の実権を握る。一九四五年から中国共産党中央委員会主席・中央軍事委員会主席。日中戦争後の国共内戦では蒋介石を破り一九四九年中華人民共和国を建国。一九六六年から七六年まで文化大革命を指導。「封建的文化、資本主義文化を批判し、社会主義文化を創生する」ことを名目としていたが中国全土で多大な犠牲者を出した。一九七六年死去。

27 『矛盾論』は一九三七年に発表された毛沢東の論文。『実践論』についで発表された。共産党内の教条主義を克服することを目的として書かれたもの。対立する二つの世界観の矛盾から物事が発生することなどが説かれている。

28 『実践論』は一九三七年に毛沢東によって発表された論文。教条主義や経験主義を批判するとともに、革命の実践には理論が重要であることが説かれている。

29 坂本龍馬：天保六（一八三五）年〜慶応三（一八六七）年。土佐藩出身。嘉永六（一八五三）年江戸に遊学。北辰一刀流で修行する。土佐に戻り武市半平太の作った土佐勤王党で活動。水戸、長州、薩摩などの志士と交流。文久二（一八六二）年土佐藩を脱藩。勝海舟から海軍の技術を学ぶ。勝の下で神戸海軍操練所設立のために奔走。亀山社中（後の海援隊）を設立。慶応二（一八六六）年薩長両藩が盟約（薩長同盟）を結ぶが、この時、両者をまとめた立役者ともいわれている。慶応三年近江屋で暗殺される。

30 妙見信仰はインドから発祥した菩薩信仰が中国で道教の北極星・北斗七星信仰と集合して仏教の一つとして日本に伝わったもの。中国古代の思想では北極星（北辰）は天帝と見なされていた。これに仏教思想が合わさって菩薩となり妙見菩薩と称するようになったとされる。妙見とは優れた視力の意味。

31 陰陽五行道は中国の春秋戦国時代頃、陰陽説と五行説が結合して生まれた思想。陰陽五行説、陰陽五行論とも言われる。日本には五世紀から六世紀に伝わったとされ、その後、道教の影響も受け陰陽道へと発展した。陰陽思想においては陰と陽（例えば月と太陽、女性と男性、明と暗、晴と雨、動と静、剛と柔、光と闇、表と裏など）の調和を重視する。

32 MMT（現代貨幣理論）は政府の通貨発行権に焦点を当てている。現代貨幣理論によれば、政府に通貨発行権があれば、政府が通貨を発行できるのだから、政府が自国通貨の財源不足に直面することはあり得ないとされる。このため財源のために政府が徴税をする必要もないと説く。主流派経済学の見方に対抗する理論で、現在、多くの論争が起きている。

33 失業対策事業は日本においては大正一四年に六大都市で行われたものが最初とされる。昭和二一年には知識階級失業応急救済事業、失業応急事業が開始。二四年には民間企業、官公庁の人員削減に直面して緊急失業対策法が制定された。

34 ベーシックインカムは最低限の所得を政府が全ての国民に保障する制度。基本所得制、基礎所得保障、最低生活保障な

ど と称される。国民の生存権を保障するために国民に低額で現金を給付するという構想。社会主義・共産主義的と批判されることもあるが、ベーシックインカムは通常、自由主義・資本主義経済を前提として構想される。

35 ジョン・メイナード・ケインズ：一八八三年〜一九四六年。イギリスの経済学者。二〇世紀を代表する経済学者の一人。『雇用・利子および貨幣の一般理論』で完全雇用を実現するための理論を提唱した。有効需要の原理を基礎として、有効需要の不足による非自発的な失業の原因を明らかにしたことで知られる。

36 貨幣的支出の裏付けのある需要。ケインズは雇用の量は総需要曲線と総供給曲線の交点において決定されるとした。

37 宮澤喜一：大正八年〜平成一九年。広島県福山市出身。昭和一六年東京帝国大学法学部卒業。昭和一七年に大蔵省に入る。二八年三三歳で参議院議員に当選。池田、佐藤、福田、鈴木の各内閣で経企庁長官、通産相、外相、官房長官を歴任。昭和六一年蔵相となり鈴木派を継承して宮澤派の領袖となる。六二年一一月竹下内閣の蔵相兼副総理に就任するがリクルート事件に連座して蔵相を辞任。平成三年一一月内閣総理大臣に就任。五年六月内閣不信任案が可決され衆議院を解散。自民党から約五〇名の離党者を出し衆院選では史上最低の二二三議席にとどまり退陣。その後、一〇年七月には小渕内閣の蔵相に就任。一二年四月の森内閣、七月第二次森内閣、一二月の第二次森改造内閣でも留任。一三年一月の省庁再編では初代財務相に就任した。平成一五年政界引退。

38 田中角栄：大正七年〜平成五年。新潟県西山町出身。昭和一一年中央工学校卒業。高等小学校卒業後上京し、一九歳で設計事務所を設立。田中土建を設立し成長させる。昭和二二年衆議院議員に当選。佐藤派に所属。法務政務次官を経て三九歳で郵政相に就任（池田内閣）。その後、蔵相、自民党幹事長、通産相を歴任。四七年田中派を結成。七月の総裁選で福田赳夫を破り首相に就任。日中国交正常化を実現し日本列島改造に着手。しかし、四九年『文藝春秋』で金脈問題を追及され一二月内閣総辞職に追い込まれる。五一年八月にはロッキード事件、五億円収賄容疑で逮捕起訴される。首相退陣後もキングメーカーとして自民党に君臨するが、六〇年二月脳梗塞で倒れる。平成二年引退。

39 竹下登：大正一三年〜平成一二年。島根県掛合村出身。昭和二二年早稲田大学商学部卒業。学徒動員で陸軍飛行隊に入る。少尉で終戦を迎える。島根県議を経て昭和三三年衆議院議員に当選。三九年内閣官房副長官、四六年内閣官房長官（佐藤内閣）、四九年内閣官房長官（第二次田中内閣）、五一年建設相（三木内閣）、五四年蔵相（第二次大平内閣）、五七年一

一月の第一次中曽根内閣から六〇年一二月の第二次中曽根第二次改造内閣まで蔵相を四期連続務める。六二年七月竹下派を結成。一一月内閣総理大臣に就任。在任中は税制改革に取り組み平成元年に消費税を導入。昭和天皇崩御により元号を「平成」に改める。リクルート事件で政治不信が広まり平成元年六月首相を退任。

40 『アナザーストーリーズ』は平成二七年から始まったNHKBSプレミアムのドキュメンタリー番組。様々な大きな出来事を取り上げ、その出来事に関わった人々について三つの視点から紹介する番組。消費税導入について取り上げられた回で平野氏から見た視点が取り上げられた。

41 ジャパンハンドラーは一般的に日本をコントロールする人々を指し、特にアメリカにおいて日本をコントロールしているとされる人々を指す。実態は一般には知られていないが、アメリカの意向に反する行動をとる日本の政治家が日本国内で失脚する背景にはジャパンハンドラーの工作があるのではとの見方は以前から一部に根強く存在している。

42 ジョン万次郎：文政一〇（一八二七）年～明治三一年。土佐国中ノ浜村（現：高知県土佐清水市中浜）に漁師の子として生まれる。天保一二（一八四一）年一四歳の時、漁の途中に漂流し遭難。アメリカの捕鯨船に助けられる。捕鯨船員となりアメリカに渡る。渡米後、一八四三（天保一四）年オックスフォードスクールで英語を学ぶ。一八四四（天保一五）年バートレット・アカデミーで英語、数学、測量、航海術、造船技術を学ぶ。嘉永四（一八五一）年琉球に上陸を諮り取り調べを受けた後、薩摩藩に送られる。長崎に送られ尋問を受けた後、土佐藩に引き取られる。帰郷後は士分に取り立てられ藩校の教授に任命される。万延元（一八六〇）年、日米修好通商条約の批准書交換のため遣米使節団の一員として咸臨丸に乗り渡米。慶応二（一八六六）年土佐藩開誠館教授。明治維新後は明治二年開成学校の英語教授に任命される。明治三年大山巌らと普仏戦争の視察のために欧州に派遣される。

43 石橋湛山：明治一七年～昭和四八年。東京都出身。父は日蓮宗僧侶。明治四〇年早稲田大学文学部卒業。四四年東洋経済新報社に入社。自由主義的論説で知られ、帝国主義批判の立場を強める。昭和一四年社長に就任。第二次世界大戦後の昭和二一年四月の総選挙に日本自由党から立候補したが落選。吉田内閣の蔵相に起用される。三一年一二月の自民党大会で岸信介、石井光次郎と総裁の座を争う。第一回投票では二位にとどまったが決選投票で岸を破って総裁となり、内閣総理大臣に就任。しかし翌三二年一月病に倒れ首相を辞任した。以後、中ソ両国との関係改善に尽力した。

44　大日本帝国憲法は明治二二年に公布され、二三年に施行された。「帝国憲法」または「明治憲法」とも呼ばれる。明治二二年明治天皇から「大日本帝国憲法発布の詔勅」が出されるとともに国民に公表された。明治天皇が黒田清隆に手渡す欽定憲法として発布された。

45　大平正芳：明治四〇年～昭和五五年。香川県出身。昭和一一年東京商科大学卒業。大蔵省に入省。第二次世界大戦後、池田勇人蔵相の秘書官を務めた後、昭和二七年香川二区から衆議院議員に当選。自由党、保守合同後は自民党池田派に属する。三五年池田内閣の官房長官、後に外相に就任。佐藤内閣の通産相、田中角栄内閣の外相、三木内閣の蔵相などを歴任し福田内閣では自民党幹事長に就任。五三年一一月自民党総裁選で福田赳夫を破り総裁、内閣総理大臣に就任。翌五四年の総選挙で自民党は過半数を割り辞任要求が出るがこれを乗り切る。五五年五月野党提出の内閣不信任案が党内の造反で可決される。衆議院を解散し衆参同日選に踏み切ったが選挙戦の最中、心筋梗塞のため急死した。

46　宮本顕治：明治四一年～平成一九年。山口県熊毛郡三井村出身。昭和六年東京帝国大学経済学部卒業。卒業後の昭和六年日本共産党入党。党員文学者の中條百合子と結婚。まもなく地下活動にもぐる。八年二月『レーニン主義文学への闘争』を刊行。五月党中央委員に就任。一一年スパイ査問事件で検挙され、治安維持法違反で終身刑となるが、非転向を貫く。戦後、網走刑務所から釈放される。共産党中央委員、政治局員となるが、二五年六月レッドパージにより公職追放。三三年日本共産党中央委員会書記長、四五年幹部会委員長に就任。不破哲三らを要職につけ宮本体制を確立。昭和五二年から参議院議員を二期務める。五七年中央委員会議長。平成元年議員を引退。九年九月中央委員会議長を引退。

47　野中広務：大正一四年～平成三〇年。京都府園部町出身。昭和一八年園部中学校卒業。国鉄勤務の後、二五歳で郷里に戻り園部町議三期、園部町長二期を経て京都府議三期。昭和五三年林田京都府政誕生時に副知事に就任。五七年水平社大会で自身が被差別部落の出身であることを公言。五八年補選で衆議院議員に当選。平成六年村山内閣の自治相・国家公安委員長、一〇年小渕内閣で官房長官に就任。一一年小渕改造内閣でも留任。一二年四月から一二月自民党幹事長を務める。平成一五年一〇月自民党総裁選で候補者擁立をめぐって橋本派が分裂した事態を受けて政界を引退。

48　仙谷由人：昭和二一年～平成三〇年。徳島県徳島市出身。東京大学に入学し全共闘の新左翼系学生運動の活動家となる。大学五年次の昭和四三年司法試験に合格して大学を中退。四六年から弁護士として活動。平成二年社会党公認で旧徳島県全県区から立候補し衆議院議員に当選。五年には落選。その後、社民党を離党し旧民主党に参加。八年政界に復帰。一六年民主党政調会長に就任。二一年鳩山内閣で内閣府特命担当相。二二年菅直人内閣で官房長官に就任。二二年法相を兼任。二三年野田代表の下で民主党政調会長代行。二四年衆議院議員選挙で落選。二六年政界引退を表明。

49 細川護熙：昭和一三年〜。東京都出身。昭和三八年上智大学法学部卒業。旧熊本藩主細川家第一八代当主。朝日新聞記者を経て昭和四六年から二期参議院議員を務める。五八年熊本県知事。平成四年五月に日本新党を旗揚げし参議院議員に復帰。五年の衆議院選挙では熊本一区から衆議院議員に当選。この選挙で日本新党は一挙に三五議席を獲得する。八月非自民連立政権の内閣総理大臣に就任。武村正義率いる新党さきがけと院内会派を組む。在任中は政治改革関連法案を成立させる。内閣総辞職後、新進党に参加。一〇年に新民主党の結成を機に政界引退。その後は陶芸家となる。

50 塩川正十郎：大正一〇年〜平成二七年。大阪府布施村（現：東大阪市）出身。昭和一九年慶応大学経済学部卒業。市役所助役などを経て四二年衆議院議員に当選。福田派に所属。自民党総務会長（第一次橋本内閣）、運輸大臣、文部大臣、内閣官房長官、自治相、国家公安委員長、財務相などを歴任した。平成一五年に政界引退。

51 明治一七年は第一次伊藤博文内閣の発足する前年にあたる。第一次伊藤内閣は参議であった伊藤が初代内閣総理大臣に任命されて発足した。

52 伊藤博文：天保一二（一八四一）年〜明治四二年。長州藩出身。幕末の志士。明治期の政治家。松下村塾で吉田松陰に学ぶ。尊王攘夷運動に参加。明治維新後、政府に出仕。明治四年岩倉使節団に参加。六年、征韓論に反対。大久保利通を支え参議・工部卿に就任。一九年内閣制度発足時の初代内閣総理大臣。明治憲法起草の中心人物。立憲政友会を結党して初代総裁となり、政党政治の道を開く。初代枢密院議長、初代貴族院議長（二四年）、初代韓国総監、元老などを歴任。

53 人返しの法は江戸時代の天保の改革において、増えすぎた江戸の人口を減らして農村部の人口を確保するために発令された法のこと。人返し令とも呼ばれる。

54 梶山静六：大正一五年〜平成一二年。茨城県常陸太田市出身。昭和二四年日本大学工学部卒業。三〇年茨城県議に当選。四四年旧茨城二区から衆議院議員に当選。六二年竹下内閣の自治相、平成元年宇野内閣の通産相、二年海部内閣の法相、四年自民党幹事長を経て八年橋本内閣の官房長官に就任。第二次橋本内閣でも留任。一〇年七月自民党総裁選に出馬するが小渕恵三に敗れる。一二年一月追突事故に遭い入院。四月政界引退を表明。六月死去。竹下内閣時代には竹下派七奉行の一人として「武闘派」、「大乱世の梶山」といわれた。

55 田村元：大正一三年～平成二六年。三重県松阪市出身。昭和二五年慶応大学法学部卒業。衆議院議員秘書を経て昭和三〇年衆議院議員に当選。四七年労働相（田中内閣）、五一年運輸相（福田内閣）、六一年通産相（第三次中曽根内閣・竹下内閣）、平成元年六月衆議院議員に就任。平成八年引退。

56 谷川寛三：大正九年～平成二七年。高知県出身。東京帝国大学法学部卒業後、昭和一八年大蔵省入省。東京国税局長、関税局長を歴任。昭和四一年高知全県区から衆議院議員に当選。五四年に落選後、五五年に参議院議員に鞍替え。自民党内では福田派―安倍派―三塚派（清和会）に所属。平成三年宮澤内閣で科学技術庁長官に就任。四年政界引退。

57 待鳥聡史：昭和四六年～。福岡県出身。政治学者。平成八年京都大学大学院法学研究科博士課程退学後、大阪大学法学部助手。一九年京都大学法学研究科教授。著書に『財政再建と民主主義――アメリカ連邦議会の予算編成改革分析』（有斐閣、二〇〇三年）、『首相政治の制度分析――現代日本政治の権力基盤形成』（千倉書房、二〇一二年）、『政党システムと政党組織』（東京大学出版会、二〇一五年）、『代議制民主主義――「民意」と「政治家」を問い直す』（中公新書、二〇一五年）など。

58 山岸章：昭和四年～平成二八年。大阪市出身。昭和二三年金沢逓信講習所卒業。五七年全電通委員長となる。六〇年の電電公社民営化に際しては民営化賛成、分割反対の姿勢で臨む。六二年全日本民間労働組合連合会の副会長・会長代理。平成元年日本労働組合総連合会（連合）が結成され初代会長に就任。組合員八〇〇万人を背景に政治改革に乗り出す。第八次選挙制度審議会の委員も務めた。

59 筒美京平：昭和一五年～令和二年。作曲家、編曲家。東京都出身。青山学院大学卒業。一九六〇年代後半のグループ・サウンズから歌謡曲、アイドル歌謡曲、J-POP、アニメ主題歌など多数のヒット曲を作る。一九六〇年代から二〇〇〇年代まで半世紀にわたってヒット曲を世に送り出した。

第二章　政治家の持つべき価値観とは

二〇一八（平成三〇）年三月二七日

前尾繁三郎さんの思い出

吉田　本日は、お忙しいところお時間を頂きまして、ありがとうございます。先生は原稿をお書きになる時は、全部、原稿用紙に手書きですか。

平野　私は超アナログでワープロができないんですよ。ワープロを打っていたら言葉が出てこないんです。

吉田　最近、若い作家でも万年筆を使う人が増えているらしいですね。最近テレビでみたのですが、ある芥川賞の選考委員の方がテレビでいっておられまして、過半数より一人多いくらいが万年筆で執筆しておられて、今は万年筆派が盛り返しているということでした。

平野　私は前尾（繁三郎）さんが衆議院議長の頃、事務局から出た秘書でしたけどね。前尾さんも原稿を書かれる時は鉛筆と消しゴムでした。消しゴムで消している間に言葉が出てくるんですよ。ところが消しゴムのカスばっかりで（笑）。

吉田　前尾先生といえば、読書家としてもすごく有名だったらしいですね。

平野　蔵書を四万冊は持っていたかな。

吉田　これは私がある本で読んだ話ですけど、宮澤喜一さんが大平正芳さんとあんまり仲が良くなかったという話の中で読んだのですが、大平さんも読書家で有名な方でしたが、ある方が「大平先生もたくさん本を読まれますね」と宮澤さんにいうと、宮澤さんは「大平君なんか、前尾先生に比べたら全然ダメだよ」といっていたようですね。やはり前尾先生は当時の政界でも突出して教養が高かったみたいですね。

平野　彼は大正時代旧制一高の人でしょう。ラテン語を読んでおられました。彼はやっぱり東大で法学部で学者として残りたかったんですね。結核で辞めましたが。

吉田　確か三賢人の会というのが昔、ありましたよね。学者との付き合いはどうでしたか。

平野　彼は京都大学の高坂（正堯）[1]さんと矢野（暢）[2]さんをかわいがっていましたね。

吉田　矢野暢さんですね。矢野さんは東南アジア研究で有名な方ですね。

政権交代の一年前ごろの様子

吉田　では、今から質問に入らせて頂きます。まずは、民主党政権の失敗に関わる部分なのですが、鳩山政権が新しい構想として、「東アジア共同体構想」というのを高らかに掲げましたが、あっという間にダメになってしまいました。このあたりは川内博史議員から少しお聞きしたことがありますけれども、普天間基地移転問題の時に、外務官僚や防衛官僚がアメリカの意向を自分から勝手に忖度して鳩山さんを飛ばすというか、首相であった鳩山さんを無視して岡田外相や北澤防衛相を取り込んでいったというふうなことをお聞きしたことがあります。川内先生は小さい講演会でそういう話をされていましたけれども、これは事実と考えてよろしいのでしょうか。

平野　あれは平成二一年ですかね、民主党政権ができたのは。その一年ぐらい前にリーマンショックがあって、自公政権が適切な政策をやっていなくてね。それでいろいろな問題が噴き出て、選挙をやったら民主党が政権を取れるぞというのが、一年ぐらい前からの流れでしたかね。その時にある日曜日に小沢さんが、私の意見が聞きたいというので、小料理屋が休んでいるのを開けてもらって、二人だけで話をしたんです。それが平成二〇年の秋、リーマンショックの直後でした。これで選挙をやれば民主党の政権になるぞと。そこで小沢さんから、総理を鳩山にするか、菅《かん》（直人）にするかという相談を受けました（笑）。

吉田　どちらが首相にいいかという相談を先生が受けられたんですね。すごいお話ですね。

平野　その時の民主党の代表は小沢さんですよ。代表代行が菅さんで、幹事長が鳩山さんだった。それで僕は小沢さんに文句をいったわけですよ。自民党政権がずっとたらい回しでやってきていたでしょう。それを、まだ政権を取る前からたらい回しすることを考えるのはおかしいと。それはあんたが、嫌でもやらなきゃダメだよといったんですよ。腹決めなきゃダメだってね。それで腹を決めて、年が明けて陸山会事件[3]が起こりましたね。それでね、実は平成二〇年の正月に菅さんから話があってね。その時小沢さんは代表で全国を回らなきゃいけないから、国会対策と政局の問題は菅代表代行に任せたと。そこで、政権交代したら、どういうふうな考え方でどういう風に手を打っていくか。官僚たちを使うことについてね。

吉田　政治主導のやり方についてですね。

平野　それをね、菅さんが私に相談したいというので、菅さんから小沢さんに話してもらいました。菅さんは私を民主党で役職を付けて、それで正式に動かしたいというんですよ。でも私は反対したんです。私がそうやって民主党の役に付いたらそれだけで自民党が緊張すると。

吉田　自民党に警戒心を与えるということですね。

平野　これは内緒にしておかなければならないと。だから、ちょっとその辺は小沢さんに相談したらと菅さんにいったんです。それで菅さんが小沢さんに相談したら、小沢さんもそうだということで、それでは諮問官として菅さんの相談に乗ってやってくれということになりました。それでしょっちゅう、菅さんとは民主党に政権を交代した時のいくつかの問題点も合わせて議論したわけです。

その時に、何といっても大事なのは官僚対策だという話をしました。それから、当然、議院内閣制ですから、イギリスを参考にしなければならないということで、ひと月に二回ぐらい、菅さんと個人的に話をしていたんですよ。ところがね、菅さんは全くズレているんですよ。要するにね、菅さんはイギリスをモデルにしてやればいいとだけ思っていたんですね。それから、政権を取ったら官僚改革をやるということね。この二つを菅さんがいうからね。

吉田　当時、政治学者の山口二郎さんなんかがしきりにいっていたことですね。

平野　僕は山口さんもいろんな形で知っとるけど、ああいう人たちのいうこと聞いたら実行不能になるだけですからね、はっきりいって（笑）。
吉田　ズバリおっしゃったわけですね。
平野　とにかく菅さんはマスコミに、画期的なことをやるとそれをＰＲするというイメージがあるわけですよ。僕は衆議院の事務局時代に何回もイギリスに行って、イギリスの議会制度の本当のところを知っていますから、「イギリスでも本当のことはあんたら政治家には見せないよ」と話しました。そして、「イギリスの議会制度ほとんど八百長はないよ」ともいいました。「『Gentleman's agreement』というものがあって。だから、むしろイギリスが日本のことをこっそり真似しているようだよ。それが実態だよ」と菅さんに教えました。だから「イギリスをモデルにするというのは、多少、参考にすることは大事だけど、そんなのは看板にはならんよ。それから、骨格となる官僚の使い方というのは、少なくとも政権交代してから半年間、何にもいわずに彼らのやることを見るべきだ、できれば一年。そうでないと、とんでもない失敗をするよ」ということを僕は菅さんにいったんですよ。それがね、菅さんは理屈だけ、パフォーマンスだけで、市民運動だけで政治家になったもんだから、この辺りが分からないわけよ。
吉田　菅さんは、鳩山内閣では副総理兼国家戦略担当大臣という大げさなポストに就いて、予算編成も含めて全部そこでやると最初はいっておられましたね。
平野　それでいきなり「役人いじめ」をやりましたでしょう。
吉田　仙谷（由人）さんなんかとガンガン、役人いじめをやっていましたね。
平野　それで、今さら僕は実務者じゃないからね、この時はまあしょうがないわと思って見ていましたが……。平成二一年の三月に西松建設問題から陸山会事件が起きて、それで小沢さんが代表を辞任することになって代表選挙で鳩山さんが新代表になったわけです。そこで政権交代した民主党の政権は鳩山政権になったわけですね。

小沢・陸山会事件の真相について

平野　これは政権交代前ですが、大事なことは、自民党政治の族議員とかそういう弊害をなくするために、民主党の政権は「政府で決めることと党で決めることとを一体化する」といったんです。これは非常に大事なことなんですよ、うまくいけばね。それで主要なポスト、つまり閣僚と党の役員を兼務するという方針を固めました。なぜこんなことをするかといいますと、自民党の悪さは、党にいる議員が合法・非合法の資金をもらって政策をつくるということをしてきたからです。

吉田　かつてはよく「党高政低」とかいわれましたね。実力者は与党内に残っており、大臣になる人は年功序列でなっていました。あまりその分野では力のない人も含めて派閥順送りで入閣していましたね。もちろんみんな、大臣にもなりたいのですけれども、元閣僚でその内閣には入閣していない実力者が自民党側の部会などにいて存在感を発揮していました。

平野　裏で悪いことをさせないようにするためには、与党の役職者を入閣させる必要があるわけです。

吉田　汚職の基準も一議員でいるのと閣僚とでは違いますからね。入閣はしていない、つまり大臣ではないある政策分野の実力者が業者から裏でお金をもらって、政府に圧力をかけて法案を作らせても、自分はその政権では全く職務権限がなかったといえば、そのお金は賄賂にはならず、収賄罪にならないということもあったのだろうなと前から思っていました。

平野　政府の閣僚と与党の幹部を一本化した方が、政治家の倫理が保てるというメリットがあります。けれど結局、小沢さんが陸山会事件で葬られたから、この構想は実現できませんでした。本当のことをいいますとね、麻生政権はストレートに解散総選挙をやったら自民党は負けると思っていたんですよ。政権交代をさせないためには、小沢とか民主党を徹底的に叩くということですね。もう一つは、民主党の候補者というのはお金がないから、徹底的に日干しにすることだと麻生は考えていました。

吉田　解散を引き延ばして、運動費が枯渇するようにということですね。

平野　そこで任期満了が近くなったでしょう。解散は結局八月の二〇日過ぎになった。その時、警察の情報や内調（内閣情報調査室）の情報では、民主党の連中は八〇人ぐらいは資金がなくなっていて、事務所の経費もなくなっているということでした。

吉田　警察はそこまで掴んでいるんですか。

平野　うん。だからこれで勝てると……。

吉田　麻生氏は勝てると見込んで解散を決めたのですね。

平野　そう思ってやった。ところが、解散を打った次の日に八〇人に対して一人五〇〇万円が配られたんです。数人は額が少なかったかな。合法的な資金です。

吉田　小沢先生から候補者に活動費が配られたんですね。

平野　小沢さんは結局、代表は鳩山さんにして、自分は選挙対策の責任者になったわけです。その金の出所に菅さんも民主党内もおやと思ったし、それが誤解を与えることになってしまった。

吉田　八〇人に対して五〇〇万というのはすごいですね。

平野　それで反省的にいえばね、小沢さん側も説明が足りなかったんですよ。一人平均して五〇〇万。一〇人ぐらい、少し余裕があった人は加減して三〇〇万ぐらい配りました。

吉田　全部で四億円ですね。すごいことですね。

平野　四億ちょっとだったかね。そのお金はどこからのお金だったかというとね、私が政治団体の代表をやっていた改革国民会議というところがお金を貯めていたんですよ。そのお金は新生党[4]をつくった時や細川政権をつくった時に合法的な献金が来た時のものだったんです。それで後に新進党をつくった時に自分の党で持っている金は新進党[5]に持っていかなくてもいいと。政党助成金がまた出るからということで、新生党で持っていたお金はグループで管理したんですね。それで、羽田・小沢グループ[6]のお金は改革国民会議ということで、結構大きなお金を貯めておいたんです。ところが新進党でね、羽田グループと小沢グループの対立が起きて、別々になったので、そのお金で活動できなくなっちゃったわけよ。

吉田　羽田さんが太陽党[7]、小沢先生が自由党[8]で、対立して袂を分かっていた時がありましたね。

平野　だから小沢さんは、この金は使っちゃいかんということで、その当時、私は参議院議員になったばっかりだったけど、金庫番がいて管理していたわけですよ。それで結構な金があった。その後、民由合併して、その時に金庫番が亡くなって、私が引退していたから代表になって、そこの会計責任者になって管理するようになったんです。それで、これは新生党の時にみんなが期待してくれたお金だから、特定のグループで使っちゃダメだと。
狙いはね、私の想像ですけどね、新生党の頃、小沢さんは岡田克也を将来総理に期待していましたよ。そのお金をいくらぐらいかな、三億ぐらい使って、他に一億ちょっとかな、具体的な金額は忘れたけど、小沢さんの個人の事務所から合法的なお金を出して、それを候補者に配ったわけですよ。でもこれを配ったことによって、民主党内からものすごく誤解が出たんですよ。
吉田　この小沢さんのお金はどこから出たのかということですね。
平野　それと、小沢さんがお金を配って民主党を独り占めするつもりじゃないかという疑念ですね。これは前原も誤解したし、菅もみんな誤解しました。その時に私が反省したのはね、私が引退してなかったら、このお金のことを説明できたんです。そこら辺はちょっと、きちんと説明した方が良かったんだけどね。小沢さんは、自分で党を支配するような人じゃないからね。

鳩山由紀夫政権失敗の原因

吉田　それに関連してなのですけど、政権交代よりも前に西松事件[9]が起こって小沢先生が代表を退かれて、鳩山さんが代表になられましたね。小沢先生は鳩山政権の発足時にはまた幹事長になられて、完全には失脚されなくてナンバー2になって影響力は残されました。実際にはあれは、誰が仕掛けているんですか。西松事件に火をつけたのは国内なのか、アメリカなのか。
平野　西松問題とは陸山会への献金で、陸山会事件の始まりは二〇〇九年三月です。麻生ですね。アメリカがストレートに関わるということはないですよ。しかし、そうあって欲しいという環境づくりはあったかもしれません。それでね、麻生政権の森（英介）法相も使われているんですよ。それを仕組んだのはね、麻生政権の官房副長官の漆間（巌）ですね。漆間が「民主党への政権交代はない」と二月に私の友人に語っています。

吉田　警察出身の人ですね。

平野　それと検事総長だね。これが西松事件を仕組んだんですよ。それから、あの西松のお金だって正規の合法的な金ですからね。起訴もされていませんよ。しかし、この事件が起こされて小沢さんが代表を辞任することになり、それで民主党で考えていた政府と党がいい意味で一体化して政権を運営しようということができなくなったんですよ。小沢さんに対しては非常にバッシングが多くってね。それで岡田も立候補して、鳩山さんも立候補して代表選挙やったわけですから。

吉田　そこで鳩山さんが代表選挙で当選して、新しく代表になった鳩山さんが小沢先生を幹事長に任命する形になりました。

平野　その幹事長に任命する時に、幹事長を例えば無任所国務大臣とか副総理とかそういう形で政権に入閣させるという話をチャラにしたわけよ。

吉田　非小沢派、反小沢派がそれをしたのですね。

平野　それで選挙が終わって、特別国会を召集せにゃいかんとなってね。

吉田　これが二〇〇九年の九月、鳩山政権発足の時ですね。

平野　その時に、僕は長野県の茅野に磐座《いわくら》学会という古代の信仰を研究する学会のシンポジウムに行っていたら、そこに小沢さんから電話がかかってきて、これから鳩山に会うということでした。政権を取ったはいいけど、どうやって政権をつくるかということについて相談すると。ついては、特別国会をなるべく短くして、本格的な政権構想はその次に立てるという方向で考えていると。自分は菅とか反小沢連中とか、政策にかかわらず、選挙だけの幹事長だといっていました。

吉田　小沢さんは岡田さんに期待していたと今先生からお聞きしましたけど、岡田さんと小沢さんは新進党が解党した時に仲が悪くなったんですよね。映像などでも新進党が解党した時に岡田さんが抗議している場面を見ましたが。

平野　いやいや、ぎりぎりまで小沢さんは岡田をかわいがっていたんですよ。しかし、岡田が致命的なことをいうんです。政治改革なんかでもね。まあ、小沢さんの親心を知らんわけだよ。

吉田　岡田さんがやっぱり小沢切りみたいなことを匂わせたわけですか。

平野　いやいやいや。僕は「将来、岡田を総理にしたいから鍛えてくれ」と小沢さんにいわれたことがあるんです。でもなかなかそんなわけにいかない。それで最終的に小沢さんは、代表選挙で鳩山さんを応援するんですよ。

吉田　そこから、いわゆる「小鳩ライン」になるわけですね。

平野　ところが、小沢さんを幹事長に就けるのはいいと。いいけど、小沢幹事長は選挙対策だけだというような枠を作ると反小沢の連中がいい出すわけです。ところが僕がいったのは、それはいいけど、国会対策を官邸がやるわけにいかんぞと。というようなことで、国会運営と選挙は小沢さんがすべきだといいました。ところが、反小沢の連中から、政策には口を出すなという一札が入れられるんですよ。僕が長野県にいる時に電話があったから、そういう形で小沢さんは幹事長を引き受けるというわけね。僕は、そんなことでは、鳩山さんは半年持たんよといいました。

吉田　すでに先生は政権発足の前に警告を発してらっしゃったわけですね。実際に九か月でしたけど。

平野　だってさ、明快じゃないですか。そうしたら小沢さんはこれはもうOKしたからというんだよ。それで小沢さんが、これから鳩山と会うから、特別国会というものを憲法上必要な決定事項、業務は何があるか、特別国会について注意しとかなきゃいかんものは何かということを鳩山に教えておきたいというわけよ。いろいろありますけどね。最小限度やっとかなきゃいけないということを私から確認するわけよ。それで、これとこれとこれは憲法上必要だと、ボーダーラインのものはこれとこれだということをいいました。それで小沢さんは鳩山に会いに行くわけよ。

僕は、このままの変てこな幹事長の立場で、議院内閣制で政策の基本について総理が幹事長に相談もできないような仕組みを作って、政権交代した政権がやっていけるかと思いました。ところが、イギリス型が何とかといって、菅さんが鳩山さんのところに行って幹事長をいじめてね。これじゃ新しい政権は半年もたんよということを僕はいったんですよ。僕はやっぱり沖縄の問題の失敗の原因は、そこの鳩山内閣の基本構成に問題があったと思うんですね。

吉田　なるほど。そこに戻ってくるわけなんですね。つまり政官関係以前に与党と内閣の関係をどうするのかという問題ですね。

平野　長いこと前段をいったけど、前段をいっとかなきゃ分からんわけですよね。

吉田　では先ほどのところで、四億円の出所が民主党の反小沢派の前原氏や菅氏が分からなかったことですごく警戒心が広がったとのことでしたが、そのために、小沢先生が西松事件で批判されている時にみんな応援せずに、むしろ梯子を外すようなことになったのですね。

平野　西松問題は、その頃は合法な献金だと分かっていましたよ。小沢代表を潰したことで麻生政権の目的は達していた。

吉田　陸山会の時ですけど、むしろ後ろから鉄砲玉を打つようなことを民主党の人がして、小沢先生は最近出た本でも、「ああ、こんなことするのかと思った」といっておられますね。

平野　ちょっと時期的にそれは飛び過ぎ。それは政権交代した後だね。

吉田　小沢先生が党員資格停止に追い込まれた、陸山会事件は政権交代の後ですね。

平野　それで選挙の時に何が起こったかというと、党内の反小沢の連中は、小沢が金で民主党を牛耳ろうとしていると言い出したのです。だから小沢と鳩山と密着させたらいかんと。そういうのもおかしいけど、原因をつくっているのはこちらなんだな。よく説明をしなかったからね。この時に、もし私がバッジを付けていたらいえたんですよ。だから僕の責任もあると思います。それで鳩山さんは人がいいから、さはさりながら相談するけど、小沢さんにしてみりゃ責任が取れないんですよ。

そこで真っ先に起こった問題は予算編成です。まず私のところに文句が出たんですよ。全国知事会とか市町村長会とか連合なんかが、予算要求を陳情するのに、いきなり各省に行ったって相手にされないので困るということです。まず、どこか調整するところがどこか要るでしょうと。

吉田　これが、与党である民主党幹事長室への一本化になっていくのですね。

平野　ところが党が知らない間に、様々な混乱が起こったわけですよ。それで小沢さんも真面目な人だから、自分は「政策に関わるなと言われている」というわけですよ。

吉田　ご本人がそうおっしゃったんですか。民主党の幹事長室で陳情を一本化した時に、マスコミは「また小沢支配が強まる」みたいな報道をしましたよね。

平野　だから、もともと、そこの仕組みを進言したのは僕なんです。本当にみんな困ったんですよ。それで僕が、こんなことじゃダメだといってね。やっぱり議院内閣制だから、団体からの陳情はまずは与党と調整しないとね。

吉田　議院内閣制の下では与党と政府は一体ですからね。

平野　与党の考え方が必要だというので、僕の理屈は国会議員には国民からの請願を審議する制度があると。請願を住民が国会にすると。請願を整理して、採択するか採択しないかということをやる。だから広い意味で各団体の予算要求、これはその請願活動じゃないかと。請願と請願を処理する活動と同質だと考えました。各省は全然、官僚も協力しないし、まとめられないわけです。そこで党に請願受付と称する仕組みを作って、いろいろな団体からの陳情を受け付けることにしました。ところが、それがまた誤解されるわけです。

吉田　それが、幹事長窓口一本化といわれたのですね。

平野　あれは小沢さんがいい出したんじゃなくて、そういうふうにしなければ議院内閣制はやっていけないよと私が助言したんです。

吉田　直接省庁に、直接大臣に持っていくわけにいきませんものね。業界団体としてもね。

平野　普通の請願はそれでもいいんだけど、ガソリン税の問題で大問題が起きました。ガソリン税をカットしたけど、その範囲で特例措置を行使しなきゃ予算編成ができなくなっちゃった。それを誰が仕切るかということになったけど、仕切れる政治家が政府にいないわけよ。政府があれじゃあね……。

吉田　このお話をお聞きしてやっと分かりました。普天間問題だけを切り離して考えるのではなく、全部同じ理由だったのですね。与党と内閣との関係が整理できないままで政権がスタートした。普天間問題だけが突出して大きく見えているだけだったんですね。

平野　そう、普天間問題だけじゃないんだよ。ガソリン税の問題はやっぱり生活関係では一番重要な問題でした。

吉田　先ほど先生は、政権交代の前に、二〇〇九年の選挙の前ぐらいから菅さんに助言をされていて、政権を取ったら半年間は官僚がやることをじっくり見てなさいといったにもかかわらず、すぐに、気象庁の長官の記者会見すらやめさせるような具合でした。今の安倍さんはちょっと悪い形で権力を握り過ぎていますけど。民主党も最初からあそこまで官僚をいじめてしまったので、官僚も全然、協力しなくなったというような感じもしたのですけども……。なんで民主党政権というか最初の鳩山政権は、あそこまで官僚排除をしたのですか。副総理だった菅さんのパフォーマンスがあったのですかね。

平野　事務次官会議をやめました。これは一つの評価があるけども、とにかく役人を徹底的にいじめたでしょう。菅さん自身がね。

吉田　そういうイメージが残っていますね。あれだけいじめてしまうと与党の政策も実現できなくなってしまうのではないかと思いました。

平野　今の内閣人事局の忖度とは別の意味での問題が起きましたね。これはイギリスの表側の内閣と議会の関係を表面で当てはめようとするから、そうなったんですよ。

吉田　そのあたりは私もすごく気になっていました。先ほど山口二郎さんの話が出ましたが、政権交代のための小選挙区制という考え方を、単にイギリスモデルを念頭において導入を支持した人というのは、ものすごく違う国なのに、制度だけそのまま持ってくると理想の政権交代ができるという風に思っておられる感じでした。多分、菅さんと山口さんは同じようなことをいっていたような気がするんです。鳩山さんや小沢先生のように菅さんとはちょっと違う方々も、確たるビジョンはそこまで持たないままに政権交代をしたということでしょうか。

平野　まああの頃の山口二郎さんはね、私は昔からよく知っているから。彼はドイツ政治史でしょう。

吉田　もともと行政学から出発している方ですね。

平野　理屈でしか割り切らないんですよ、論理でしかね。だから憲法九条護憲の話を聞いていてもね、上から目線で市民を説教するというような感じでね。

吉田　今は市民連合の代表で自ら活動家にもなられていますけども。

平野　私も陰に陽に彼にはいろいろいってますけどね。やっぱり心に染みこんでいかないんですよ。

吉田　私からは何ともいいかねますけれども、例えば陸山会事件の時に山口二郎さんが小沢先生を批判されたのも、やっぱり分かってないなという感じがしたんですよね。民主党政権が失敗した後、『政権交代とは何だったのか』（岩波新書、二〇一二年）という本の中でも、山口さんは小沢さんも反小沢も全部批判しておられます。全て期待外れだったというのも分かりますが、全部批判しているにもかかわらず、ではどういう政治をやったらよかったかというと、そこはあまり答えがないんですよ。

平野　それであの反動政権の自社さ政権[10]のブレーンだといって今でも自慢しているんだからね。

吉田　自社さの村山内閣ですね。その前、もともとは社会党右派のブレーンでしたね。一九九六年の鳩山さんと菅さんの共同代表の最初の民主党のブレーンだったというのも同時代的に覚えています。非常にリベラルな方で市民運動に近い思想ですね。政党でいえば社会党右派から最初の一九九六年の民主党ですね。その辺までは、私自身も大体同じでしたから、どの辺の勢力に肩入れされていたのかは分かるんです。そこは分かるんですけども、民主党全体が同じ考え方ではない人たちの雑多な政党になっていたにもかかわらず、民主党の中で自分と同じ考えの人だけを民主党だと思って文章を書かれているようなきらいがありますね。政権交代の前も政権交代の後も、同じように書かれている感じがします。失敗の検証も何かちゃんとできてないなあという感じがします。

　そもそも、第二次民主党では民社党の流れと一緒になっていますし、その後、自民党に入れない政治家志望の若手がどんどん民主党から出馬して議員になりましたからね。政権を獲得する前に、山口先生が思っている民主党などというものは変質していたと私は思っています。ですから、民主党は全部、自分が好ましく思う政策を実現する集団だと思っておられた時点でおかしいと思いますね。党内の力学とか派閥の関係とか思想の違いとかは、あんまり気にしてらっしゃらないですかね。そこが一番私は気になるのです。

平野　政治が形式論理で動くと思っているところに問題があるわけですね。政治はね、いくらいいことといったって、人間が納得しなきゃ動かないんだから。

吉田　数学や物理学のようにいかないわけですね。

普天間飛行場移設問題の失敗の原因

平野　だから、普天間問題とガソリン税問題は同質でしてね。それはあれだけの大きなものをね、鳩山さんの思いを代弁すれば、やっぱり党の小沢さんにじっくりと相談しなきゃダメだったんですよ。我々は平成九年の特措法、沖縄の普天間基地の期限が切れたあの時に、橋本総理と小沢新進党党首、橋本さんと小沢さんが党首会談をやって、新進党が賛成しました。野中にぼろくそにいわれて。

吉田　ええ、思い出しました。橋本総理の時の野党第一党の党首は新進党時代の小沢先生でしたね。

平野　その時に、橋本・小沢党首会談の合意事項を書かされたのは与謝野官房副長官と私なんですよ。

吉田　少し前にお亡くなりになった与謝野馨[11]さんですね。

平野　私は沖縄復帰の頃から、衆議院の事務局で沖縄問題には関わってきていますから、沖縄については分かっているわけですよ。

吉田　佐藤政権の頃からですね。楠田實秘書官なんかも先生はよくご存じなんですね。

平野　それでね、私の所は足摺岬だからね、足摺岬は古代から糸満とも付き合いがあるんです。沖縄の血も入っているんですよ。

吉田　琉球の流れですね。

平野　それでね、普天間特措法で借地期限を延ばした時に、沖縄の基地をどうするかということが書いてあるわけですよ。鳩山さんはそんなことも勉強せずに演説をぶったわけだから……。

吉田　そこですが、鳩山総理がまだ民主党代表だった時の二〇〇九年の総選挙で、民主党のマニフェストとしては普天間の県外移設のことは正式には書いてはなくて、これは党首としての発言だといいながらも、政権交代後にマニフェストと同等な扱いになっていきました。普天間移設問題は野党の党首発言ではなくて政権公約みたいに徐々になっていったわけです。あの時点で鳩山さんは、一九九六年の橋本・クリントン合意[12]とか、ああいうことも分からずに、「最低でも県外」というような発言をされていたのでしょうか。橋本・クリントン会談の少し前に、橋本首相と当時のモンデール駐日大使[13]が共同で記者会見をして、普天間基地の移転に合意したということを発表していました。

平野　おそらく与謝野さんと私が書いた合意事項を、鳩山さんは知らなかったんですよ。

吉田　ここは非常にお聞きしにくいところですけど、鹿児島に応援演説に来られた時に私も演説を聴きに行ったんです。川内先生の応援で来られた時です。その時も、鹿児島中央駅の前で鳩山先生は「最低でも県外」と叫んでおられました。私は本当にできるのかなと心配しながら聴いていました。

平野　それはね、主張は大事ですよ。そういう方向に持っていきたいというね。

吉田　主張はすごく大事です。東アジア共同体も理念は素晴らしかったんですけど。

平野　理念は大事なことだけど、それを政策の中で実行していく時には、これは慎重でなくちゃダメなんですよ。それで僕は小沢さんに、これは危ないよといいました。だから、沖縄の基地問題の経緯を説明に行こうと思いました。例えば川内さんとか鳩山内閣で官房副長官やっていた、維新の会に行った熊本から出ていた松野（頼久）だね。二人を知っているから説明しに行こうかといったけど、いやもう今から行ったって無理だというわけよ。僕はそれでも説明すればよかったと思っているんだけど。沖縄の基地問題はもっと以前、私が国政に出た頃、私の田舎に沖縄の基地を持ってくるという話もあったんですよ。

吉田　高知に飛行場を移転という案ですか。すごいお話があったわけですね。

平野　防衛庁が基本設計していたんですよ。海部政権だったか……。

吉田　一九九二年から九三年頃ですね。細川政権になる直前が宮澤政権ですからね。

平野　その時に湾岸紛争が起こって、国連が機能した。沖縄の米軍基地を持ってくるといったら揉めるから、ＰＫＯセンターとして足摺岬に持ってこようと私は思ったのです。

吉田　沖縄での移設なら自然破壊で大変なことになりますね。

平野　四〇〇〇メートルの滑走路を取れる国有地があるんですよ。それで実は私が衆議院事務局の委員部長をやっていた時、防衛庁の担当参事官がね、山口の岩国基地に持って来ようと思っているといっていましたね。あの頃は沖縄の基地を減らそうとする動きだったんですね。ところがその代わりの土地が狭いから海岸を埋めたり、漁業補償をやったりね。漁業補償をやると一兆いくらかかるというんですよ。それであんたのところの国有地だったらものすごく安く上がるので、何とかそこに持って行けるよう知恵を出してくれと担当の参事官から頼まれました。それで僕が出した案は、高知県でも飛行場が欲しかったから、ＰＫＯ訓練センターという名前でやればどうだろうかと……。

吉田　ちょうど海部政権[14]の時に湾岸戦争でＰＫＯ法案[15]を出して継続審議となり、宮澤さんの時に成立していますものね。

平野　ＰＫＯ法案というのは、社共を除いてつくったわけですからね。

吉田　公明・民社が賛成に回って成立しました。国内的には政治改革の時期ですね。海部さんと宮澤さんが取り組んだ問題というのは政治改革とＰＫＯでした。外交と内政がほとんど同じテーマでした。

平野　それでね、その時に僕は当時の中内（力）[16]高知県知事に話してね。知事はよかろうというわけでね。県が特別の金を出して作らせた基本設計があるんですよ。三八〇〇億ぐらいでできるんですよ。

吉田　基地というと反発があるので、ＰＫＯ訓練センターという名称を考えられた。米軍の兵隊の訓練もしていいということですね。

平野　米軍の基地もいい、自衛隊の基地もいい。それからＰＫＯも。教育的な訓練場所にしようという構想でした。というのは、そこを東アジアの空と海の拠点にするんですよ。その国有地近くに八〇〇メートルぐらいの山があって、子どもの頃遊んだんだけどね。そこへ今、航空自衛隊のレーダーがあるんですけども、シベリアの真ん中からフィリピンまで見えるんですよ。

吉田　そんな所まで見えるのですか。

平野　下にはね、帝国海軍五〇隻全部入っていた宿毛湾があるんですよ。

吉田　ちょうど時代的にいいますと、まだ海部・宮澤政権の頃ですから、小沢先生が自民党の幹事長をされた海部政権と、都知事選の責任でちょっと一線を退いておられた宮澤政権のＰＫＯの頃ですね。ちょうど小沢先生が『日本改造計画』（講談社、一九九三年）で「普通の国」論をいわれていた時期にあたるわけですね。

平野　ええ。そこで、共産党以外の党はこのＰＫＯ訓練センター構想に乗ってきたんですよ。予算委員会でも話題になってね。

吉田　公明・民社だけではなくて社会党も乗ってきたと。軍事色をちょっと薄めたんですね、米軍高知基地というと大反発になりますが、訓練センターというと兵隊が体を鍛えるというイメージですね。

平野　発想を変えるわけです、その頃は国連が機能していた時だったから。それで、東アジアで紛争とか災害があった時の救助やそれからＰＫＯ活動の基礎的教育というようなことで、衆議院予算委員会で宮澤総理も、渡辺美智雄外務大臣も賛成、社会党も公明党も民社党もみな賛成ということだった。

吉田　その頃社会党は土井（たか子）[17]さんの次の田邊誠[18]さんが委員長ですね。社会党もこの構想は良いといったんですね。ＰＫＯ法案はみんなボイコットして牛歩までして反対しましたけど。訓練センターの時はもう決まったことなんでいいだろうという感じですか。

平野　いや、その頃はもう社会党にも反省があったからね。沖縄の基地移転を主張するなら具体的な移転先もよく検討した上でというね。それを利権で自民党が潰すんだよ。

吉田　自分の所に訓練センターなら誘致したいと思っている代議士がいたわけですかね。

平野　いやいや、国有地に基地を移転させたら自民党の利権がなくなるからだよ。そういうので、沖縄の基地を国内に持ってくるについては、いろいろ工夫が要るわけよ。

吉田　その構想が無理になったので、普天間飛行場は辺野古に移転させようという流れが出てきたのですか。

平野　いや、直接はそれとはつながってないです。つながってないけど、我々が遮断したわけよ。自民党が潰したからね。そして普天間の措置をやる時には事実上、辺野古へということは固まっていたんだからね。

吉田　クリントン・橋本会談で合意しましたね。鳩山さんが動かそうとしたことも、元々はいわゆる日米合意があったことですね。

平野　ですがね、普天間を移そうという話の時には、沖縄の経済界の利権で辺野古に移そうということは大体、先に固まっていた。

吉田　その頃の知事は稲嶺（恵一）[19]さんですね。大田（昌秀）[20]さんの後ですよね。大田さんの時は、代理署名の問題で、総理大臣だった村山（富市）[21]さんが署名を拒否した知事の大田さんを訴えるということがありました。その後、稲嶺さんは保守系で経済界の後押しで出てきて当選した人でしたね。

平野　だからもう少しいうと、橋本がクリントンと会談した時に普天間はなくそうとなったわけだけど、その次には辺野古に移そうということはもう内々の関係者の合意があったのね。だから僕らはその時に、前の案を出そうとしたわけよ。足摺岬に持ってくればいいいんじゃないかということを。でもそのタイミングじゃなかったわけですよ。

吉田　そうすると、先ほど先生は訴えることは大事だとおっしゃいましたけど、やっぱり、あの二〇〇九年の衆議院総選挙で鳩山さんが、いきなりいいだしたのには無理があったということですね。結局は九か月経って、ぐるりと回って鳩山さんは「抑止力の重要性が理解できた」とかいいましたけど、やっぱりあれは変でしたよね。最初からそれは分かった上で敢えて、新しい合意に持って行こうとしていると思っていました。

ちょっと私が疑問に思ったことは、当時の鳩山さんは野党の党首でしたから、官僚の方が知恵をつけてくれないのは分かるんですけど、民主党の中央の党本部政策調査会の職員とかにそういうことを知っている人はいなかったんですかね。「代表、これはまずいですよ」とか「政権を取ってもこれは簡単にはいきませんよ」と教える方が。

平野　要するに政策としても、理論的になされてなかったということじゃないですか。

吉田　でも政府の官僚の人たちは鳩山さんが演説をしていた時から、おかしなことをいっているな、こんなことはいっても無理だなと腹の中では思っていたんでしょうね。必ずしもそうともいい切れないのでしょうか。

平野　ただね、いわゆる沖縄県外移転という構想自体は大事な構想ですから、この柱は立てるべきなんですよ。しかし、それを具体的にどう実行していくかということについては、やっぱり熟慮がなかったわけでね。当時は湾岸紛争があって、私が国政に出てＰＫＯ訓練センターを誘致するということで、国会でも共産党以外は賛成した頃とは国際情勢が違っていたんですね。同時に日本の官僚がすごくアメリカにべったりだったのが大きいね。

吉田　そこも私の一つの大きな疑問だったんです。まさに、先ほど政官関係がうまくいかなかったというお話でしたけども、外務官僚や防衛官僚は岡田外務大臣や北澤防衛大臣をすぐに取り込んで、首相である鳩山さんが反論できないような雰囲気をつくりました。岡田さんと北澤さんは鳩山総理と全く別のことを進めたかのような気がするのですが、いかがですか。

平野　ですからね、政策のこなしが不十分で、いかにもできるようなイメージをつくったところに大きな問題があるんですよ。それはやっぱり、事前によく岡田と北澤に含めていわなきゃならないですよ。僕は二人ともよく知っていますよ。僕は小沢さんにいわれて、岡田克也の政治的家庭教師だったんだから。北澤というのも一緒に僕は同期で参議院に当選したから知っています。

吉田　あの人は長野の羽田孜[22]さんの系統ですね。

平野　そう。親父は社会党の県会議員でしたね。

吉田　私はこの人事の時に、なんで参議院の人を防衛大臣にするのかなと思いました。前原誠司さんなどいかにもなりそうな人が防衛大臣になると日米同盟が前面に出過ぎるので、ちょっと鳩山さんの意向を聞きやすい、日米同盟一辺倒の人を外して北澤さんみたいな人にしたのかと思いきや、北澤さんは全然、鳩山さんの意向を聞かなかったのですね。

平野　適任の人事ではないんですよ。旧民主党にそういうものがおるわけですよ。保守本流の立場からいいますとね。もちろん、日米合意の内容をきちんと知らなかった鳩山さんに一番の問題はあったわけなんだけど、首相の方向性を全く聞かずにアメリカにコントロールされた官僚にすぐに取り込まれた岡田や北澤にも問題があったわけだね。

アメリカからの外圧はあるのか？

吉田　では、少し大きい話に戻したいと思います。先ほど私がお聞きした中で先生は、アメリカから直接何かをしかけることはないというお話でしたけれども、アメリカが直接に日本の誰かをターゲットにして「この人を操作しなさい」というようなことはないんでしょうか。よくＣＩＡがボタンを押すと東京地検が動きだすというようなことを聞きますが、それは単なる陰謀論に過ぎないのか、証拠はないけれども実際にはそう見た方が正しいのか。先生の実感はいかがでしょうか。

平野　私はね、そういうことについては現場にいる人間じゃないから分かりませんよ。しかしね、私が考えるのは、いわゆる公文書的にアメリカが「こうせい、ああせい」といっていたのは占領時代の話であって、今はストレートにはありません。あるとすれば日米合同委員会ですね。あそこでフリーディスカッションの時に、「こうなればな……」というようなことをアメリカ側がいうことはあるかも知れません。この人はやっぱり乱暴なことをいっているなとかね。そういう話の中で、日本の官僚がアメリカの意向を忖度するんじゃないんですか。そういう環境づくりはやっていると思いますよ。

吉田　以前、アメリカのルーク公使という方がおられました。その公使が鹿児島に来られた時、ちょっと私に会いたい、総選挙の情勢を教えてくれと。日本人のアメリカ大使館の方が、「よく陰謀論でＣＩＡが日本の政治に影響を与えているといわれますけど、そんなことは絶対ありませんよ」と否定されたんです。「そんなのは映画の中の世界であって、それはないですよ」と。

　しかし、どうも、親米派の方は権力を最期まで握って畳の上でお亡くなりになって、ちょっとアメリカの尻尾を踏んだ人は失脚に追い込まれているようなことは事実としてあるように思います。孫崎（享）さんも『アメリカに潰された政治家たち』（小学館、二〇一二年）という本を書いておられますけど、本当にアメリカの気に入らない政治家は消されているのか、結果論なのか。なぜ、ああいう現象が起こっているのかというのを話せる範囲でお願いします。

平野　僕はね、こういう経験がありますよ。アメリカ大使館の政治担当の参事官が僕の議員会館の事務所に朝から来てね。例の武力事態法なんか通す時に、「小沢が反対している」と。だから「小沢に賛成させろ」といわれましたね（笑）。

吉田　やはり、政界工作には来るんですね。工作に来るということはやっぱり動いているわけですね。

平野　そうそう。まあ下手な日本語でね。それでなかなか帰らんわけよ。しかし、武力事態法はある意味で集団的自衛権の行使以前の問題だから、やっぱり政府としてもやるべき部分もあるわけです。民主党でも賛成したわけだから。小沢さんは筋をいっているわけで、「心配するな」と僕はいってね。フォスターという参事官だったんだけどね。彼なんかＣＩＡだったんじゃないかって思いますね。

吉田　やはり、一概に否定はできないわけですね。

平野　いや、一方的に押し付けたりするようなことじゃないですよ。工作には来ますが、私の方が怒るんですよ。

吉田　何となく分かります。映画みたいな、盗聴とか陰謀とかじゃないですけど、堂々と働きかけるような、あの議員の意見を変えるようにしてくれというようなことは、やはりあるんですね。

平野　アメリカ側は希望はいいに来ますよ。

吉田　そうしますと、あまり陰謀論の方向には行かない方がいいかもしれませんけど、よく小沢先生が、一般に第七艦隊発言[23]といわれている、あれも虎の尻尾を踏んだんじゃないかなどという人もおられますが、その件についての先生のお見立てはいかがでしょうか。

平野　要するにアメリカの軍、官僚の仕組みに問題があるわけですよ。小沢さんはパパ・ブッシュ（第四一代ジョージ・Ｈ・Ｗ・ブッシュ大統領[24]）の時、自民党幹事長の頃でしたが、ＣＩＡ出身のあの頃の日本大使は何といったかな……。大物ですよ、あの人たちとは親しい。今でも親しいですよ。

それから確かにアメリカに日本を従属させようというグループはあります。しかし、政治を保守本流として考える人たちは、逆にそれではアメリカが悪くなるよと、やっぱり対等にやった方がいいという人たちもアメリカにはいますよ。

吉田　それでは、日本もいい返すことはできるし、アメリカの中でも対等な関係の方が良いと考える人たちもいるんですね。

平野　まともな人はいますよ。それから、ジョン万次郎財団の活動というのは、そういう人たちが向こうでフォローしているんです。まともな人はアメリカにもいるんですよ。

吉田　これは、民主・共和、両方ともいるんですか。民主党だからこう、共和党だからこうというのはないのですね。

平野　それはないね。民主党にも共和党にもまともな人はいます。だから一番の問題は日本の中の安保マフィアなんですよ。これがマスコミを使って余計なことをいって、そういう風にさせている。

憲法第九条と東アジア不戦構想

吉田　なるほどですね……。アメリカという一つの国家が全体として日本に圧力をかけているわけではなく、アメリカにも様々な人たちがいるのですね。

平野　それでね、小沢さんの第七艦隊の発言は、アメリカでは賛成する人が多いんだから。

吉田　賛成する人たちは、安保ただ乗り論[25]を主張して日本を批判する人たちですか。もう日本にいてわざわざ守ってやる必要はないから出ていこうという意見ですか。あるいは基地が沖縄にあることが歓迎されていないので縮小した方が良いと考える人たちですか。

平野　海兵隊は沖縄に要らないという人たちと同じだね。アメリカもね、悪い人ばっかりじゃないんですよ。

吉田　常時駐留なき安保論[26]という議論が昔からありますよね。安保条約自体に反対するわけではなく、旧社会党のように安保廃棄を声高に叫ぶわけではないけれども、さらなる深化ではなくて、場合によって、駐留してもらうのはいいのですがずっといなくても良いという考え方ですね。最近、この常時駐留なき安保論は後退していますね。かつて重光葵[27]外相はもう米軍の撤退の時期までいっていたんですよね。岸（信介[28]）さんが首相になる前の頃ですけど。

平野　ですから、東アジア共同体構想が成立すれば、そもそも要らないんだよね。

吉田　鳩山さんが東アジア共同体構想を掲げておられましたが、現在、自民党ではこれをいう人は全くいませんし、野党の中にも残念ながらほぼ、いや皆無といって良い状況かもしれません。もっといえば鳩山政権の民主党の中にもこれに賛同した人は全体でいえば極めて少なかったと思います。私がかつて秘書をやっていた前原さんは日米同盟一辺倒でした。いつからあそこまでの親米派になったのかなと思いましたが、『ＥＶＥＲ』という後援会報の中で、「私は（松下政経）塾生の時に中国に行って、この国はやがて台頭すると思った。その時から警戒心を持っていた」という内容のことをかなり以前に書いておられるのです。政治家になる前から反中派になりつつあったのだと思いました。

そこで質問なんですが、東アジア共同体構想はかなり後ろに引いていますけれども、平野先生はこれをもう一回広めうる可能性があるとお考えですか。それとも今の安倍総理が進めている日米同盟の深化という選択肢しかもうないのか。外交の選択肢が一つしかないというのは、日本にとって不幸なことだと私は考えておりますが、先生はどう考えていらっしゃいますか。

平野　戦争に負けて新しい憲法をつくったということ、そして日米安保というのはどういう事情でつくったかということですね。まず、ここから考え直さなければなりません。これを僕は直接、吉田茂[29]さんから聞いたしね。

吉田　吉田茂さんから聞かれたんですね。

平野　ええ。それから、まわりの人からも教育を受けているんですよ。

吉田　それはまだ、衆議院事務局に就職される前後ですか。

平野　高知の幡多郡という所でね。先祖が自由民権運動の同志なんですよ。私が共産党に入ろうかなとなった時に説教されたという経緯があるがね。その後、いろいろ聞かされたことがあります。まず、吉田さんはね、日米安保は乱暴ないい方をするとだけど、アメリカが日本を守ってくれているんじゃないんだと。日本列島がアメリカを守っているんだと。そういう発想だからね。

吉田　吉田元総理は、アメリカは番犬だというようなことをおっしゃっていましたね。

平野　そうそう。

吉田　門前を守らしているんだと。椎名悦三郎[30]さんも番犬だといって問題になって、「いや、『番犬様』でした」といい直していたのを読んだことがあります。その頃は、日本は平和国家で経済成長を目指すと同時に軍事から手を引いて、戦争をしないのだから、言葉は悪いですけども、アメリカ風情に守らしてやっているんだという気概があったと思うんです。今は、対米自立をすべきといっていると必ず親中派のレッテルを貼られ、メディアでも「中国の手先」などとものすごいバッシングを受けます。メディアがちょっとでも対米自立をにおわす人をたたいて潰す傾向がありますね。そんな中で、鳩山先生の構想というのが、もう一回出てくるという可能性はありますかね。

平野　もう一回出てくるのかというよりも、これを生かさなきゃ日本はやっていけないですよ。

吉田　そうですね。私も同感です。

平野　それで吉田さんが、日本がサンフランシスコ講和条約を結ぶ時に、日本の安全保障をどうするかということについて、アメリカ側から「日本から意見を出せ」といわれて三項目か四項目、自分から出したんですよね。全く無防備でやるか、日米安保をやるか、それからいろいろな状況を待って、将来は「北アジア不戦構想」を目指すということでした。そこまで吉田さんは提案しているんですよ。これは別にこの三つから選択せよというのではなくて、将来の展開をいっているわけよ。

吉田　吉田さんがその選択肢を提案したことは、今ではあまりいわれずに、むしろ安倍さんに連なる右派の人たちは、「吉田茂はあるところまで来たら憲法改正、再軍備を考えていたはずだ」という説をいう人が結構出てきていますけども。

平野　けどね、もうちょっと端的にいえば、新憲法の九条はまず天皇制との取引なんですよ。

吉田　そのことは、憲法草案をマッカーサーが考えていた時の首相の幣原喜重郎[31]さんが「まずは陛下を守るために」と考えていたということと、本人が戦前の親英米派の外交官で軍部が嫌だったこともあり、九条はマッカーサーの押し付けというよりは、幣原さんが自分の方から提案をしてマッカーサーと合意をして、そこには昭和天皇の意見も反映したともいわれていますね。九条は昭和天皇の意見も反映されていて、幣原さんとマッカーサーの合作だと。最近の戦後日本外交史の教科書にも、平和主義は幣原からマッカーサーに提案したという記述があります。安倍さんなどは絶対その部分を認めずに、松本案が拒絶されたところだけを強調していますね。過度に現行憲法を押し付け憲法だという人は、幣原さんから平和主義を提案した部分を意識的に無視している感じがします。

平野　私は役人になって、憲法問題は国会の中では実定法として研究をしましたからね。手続きを書いているわけだから。実は中谷（元《はじめ》）は憲法においては私の弟子なんですよ。だから憲法九条というもののできた経緯はよく分かっているはずなのに、防衛大臣になったらあんなになっちゃうわけですよ。しかし、あれは間違いなんです。僕は九条問題と東アジア不戦構想は一体だと思いますよ。

吉田　私もそう思っていまして、そもそも東アジアから火種がなくなれば日米安保にこれ以上頼らなくてもよくて、沖縄の海兵隊もいなくてよくなるにもかかわらず、さっき先生が安保マフィアとおっしゃいましたけど、火種がある方がありがたい人たちがいるのですね。

平野　それはね、一つは軍産共同体の資本主義の人たちですよ。とくに今はマネーの資本主義からミリタリーの資本主義に変わりましたからね。余計、火種が必要なんですよ。

吉田　ですから死の商人が跋扈しているじゃないですか。軍事資本主義ですから。ですから本来の保守の立場に立って、やっぱりこれ以上、対米追随が続くのはおかしいと考える人たちは、おのずと東アジア共同体をもう一回考え直さないといけないと行くはずだと私は思いますけどね。自民党には全くおらず、残念ながら野党側にもこの立場の人は、今はほとんどおられませんが……。

平野　これは、いわゆる新軍事資本主義になっているからですよ。要するに軍事的な経済活動で経済成長をさせようという、資本主義の根本にかかわる問題です。しかし、それをやったら核戦争になってね、これは人類破滅ですよ。

吉田　ええ、私も究極はそうなると思うんですけど。

平野　いや、究極じゃなくて、すぐそうなりますよ。

吉田　そうなりますでしょうね。安倍さんはそれを望んでいるんじゃないかというぐらいに、トランプから武器を買っていますね。一つは米朝対話を安倍さんは嫌がっていると思うんですよ。新軍事資本主義ですけど、昔の自民党は、多少なりとも戦争だけはやめようという人々がいましたね。例えば一面ではタカ派の顔もあった後藤田正晴先生にも平和主義の顔もありました。もちろんリベラル派の自民党の方もおられましたけれども。自民党の人もこれほど露骨に軍事資本主義に傾斜するのではなくて、戦争反対を貫き、九条だけは最低限は守ろうという考え方を持って、日本は戦後、平和国家として再出発したんだから、独自の道を行こうという良識派が何割かはおられたようにも思います。特に自民党でいえば宏池会[32]の流れですね。この流れはもう根絶やしになってしまい、今後、自民党内に復活してこないのでしょうか。例えば今なら岸田さんがその流れの思想を引き継いでいるはずですが、岸田さんも全然それをいわないのはどうなっているんですか。

平野　今の宏池会なんか宏池会じゃないですよ。

吉田　やっぱりそうですね。先生がそうはっきりおっしゃっていますね。

平野　ただね、この問題をもうちょっと振り返っていいますと、五五年体制で自由党と民主党が合併したでしょう。自由民主党になった。大ざっぱにいえば、自由党は九条擁護ですよ。

吉田　吉田茂系ですね。

平野　それから民主党はね、再軍備派ですよ。

吉田　鳩山一郎[33]さんですね。鳩山一郎さんと岸氏は改憲を主張して反吉田でした。

平野　今、変形して再軍備派が多数になって、変則的に安倍になっている状況なんだけど、保守本流の立場からいえば、保守本流の人間が自民党からいなくなったということですね。それから自民党は政権を守り続けていくために、再軍備派と九条護憲派が競い合ったわけでしょう。片方では独自には政権を取れないわけよ。

吉田　保守合同というのが、戦前でいえば政友会と民政党、戦後の自由党と民主党ですね。保守合同というのは二つの保守政党が一緒になって、実際にはそれぞれの路線があるなかで合従連衡をしながら政権を担当してきましたが、岸さんの流れは今の安倍総理の流れ、福田派ですが、どちらかというとずっと少数派だったじゃないですか。それが多数派になっていることが変ですね。

平野　だから護憲派も政権を確保するために多数交渉のためにも多少、改憲派を引っ張り込んでいて、それから改憲派も独自では政権を取れなくて、護憲派と組んでも保守党で政権を取らなければというところで、憲法九条に対するすきっとした議論が自民党の中でできなかったんですよ。そういう状態が続き、なぜ、今、安倍がこういうことになったかというと、やっぱり旧自由党、護憲派が九条を含めて護憲するということについての明確な理論武装ができなかったことにあるんだね。

　自由党系の護憲派も政権を取りたいがために改憲派とも組んだわけですね。その結果がこういう状況になっているわけ。それで自衛隊も感覚的にはいいなという、いい加減な理論が幅を利かせてきます。そういう意味では保守本流はなくなったとはいえ必要なのです。

吉田　先生のこれから出される本はまさに『わが輩は保守本流である』というタイトルとのことですが、私もおっしゃる通りだと思うんですけれども、私が最近の安倍総理の発言を聞いていて非常に違和感があるのは、自民党は結党以来の改憲政党だという部分です。しきりに安倍総理は自民党はもともと改憲政党だといいますけど、自民党は結党の時には改憲のことは書いてなかったらしいですね。「結党以来の改憲政党だ」と安倍さんは嘘ついていることになるのに、事実に反していると何で誰も注意をしないんですかね。

平野　そんな注意するような気分ではないでしょう。安倍のいうことはでたらめだということは、自民党の中でも分かっているわけだから。ただ、大事なことはね、私だって改憲はしなければならないという意見ですよ。やっぱり憲法は永遠に固定されるもんではないですよ。しかし、慌てて九条をいじったり、何条をいじったりというものじゃないですよ。

吉田　それは私も同感です。改憲論議すらも蓋をする人たちもおられますが、私はそういう人たちにも違和感を覚えますね。しかし、今は改憲する時ではないと思います。

平野　例えば聖路加病院の日野原重明[34]さんなんかはね、不戦では ダメだと、非戦にしろといっていま す。これは国会の憲法調査会でいっていたね。ガンディー[35]のような宗教家は日本にはいないのですがね。それから、国会の実定法からいえばね、問題のある条文は他にもいっぱいあるんですよ。

吉田　憲法と日本の実態に齟齬があるということですか。

平野　いやいや、憲法そのものの中にね。だから状況を見てそういう議論はすべきですよ。憲法の発展というのは大事なんですよ。しかし、今はこれをやる時期じゃないですよ。問題があるというよりはね、例えば基本的人権の問題ね。あれは権力からの国民の擁護として書かれているでしょう。僕らが自由党の新しい憲法構想というか政治構想として出したのはね、基本的人権をそういう風に権力と対峙させて考えるんじゃなくて、自然権的に考えるべきだとしました。あるいは一つのグループの中にも基本的人権的なものがあるという考え方です。基本的人権の一つの発展というのは、環境問題だとかいろいろな問題でも、そういう構想を基本的人権について将来は考えなきゃダメだということ。そんなことを僕が書いたらね、共産党の渡辺治[36]さん、彼が私の書いたことに目をつけてね。マルクスがこういうことをいっていたと褒めてくれました。

吉田　九条の会もされていた政治学者の方ですね。

平野　それからね、最低保障の二五条。これなんかも具体的に憲法に書かなきゃダメですよ。

吉田　「健康で文化的な最低限度の生活」とは何かは、かつて朝日訴訟[37]で争われましたね。朝日訴訟ではプログラム規定説が採用されて国の目指すべき努力目標という判決で、具体的な水準については示されなかったわけですが……。

平野　あれは解釈によって変わるからね。憲法にやっぱり書かないといけません。

吉田　最低限度とは何かということの基準についてですね。判例ではなくてちゃんと条文として入れるということですね。

平野　例えば、基礎的社会保障を整備する義務があるとかね。そういう箇所はいくつもありますよ。

しかし、そんなことを今いっても、急には進みませんからね。

政治家の劣化はどこで起こったか

吉田　先ほど先生が、東アジア共同体をするしかないとおっしゃいましたけれども、民主党政権に話を戻しますと、鳩山、菅、野田政権というのは少しずつ違っておりまして、私は菅政権になってから対米従属に戻ったと思います。例えば菅総理はＴＰＰを自分から言い出しましたね。鳩山さんと全く別のことをいい出しました。これは国内の問題ですが、消費税増税もそうでした。二〇一一年に東日本大震災があったので復興財源のために増税は仕方がなかったと菅さん自身はおっしゃっていましたけど、あれは菅さん自身の考え方によるものだったのですか。菅さんは副総理をしていて、鳩山さんがどんどん追い込まれていくのを隣から様子を見ていたので、やっぱり、もうアメリカを敵に回すようなことをいった途端に政治生命を奪われるということに気づいてあんなふうになったのですかね。

　世間では、民主党政権と一言でいいますけれど、菅政権でまず、全く変わってしまいました。菅さんは本当に民主党だったのかというぐらいでしたね。そして、最後の野田政権になって自民党とそっくりに戻ってしまったと思います。これはご自身の判断でそうされたのか。それとも無数の圧力があって、そういう選択しかできなくなってしまう仕掛けが、やっぱり日本の政界にあるのでしょうか。

平野　私が今度出す本『わが輩は保守本流である』[38]の中で、政治の理念というかそういったものを、前尾さんの話やエドマンド・バークの話なんかを入れながら、自分の意見をいっているんですけどね。

要するに今の日本の政治家の中に、政治の本質とは何かを思考している人がものすごく少ないんです。

吉田　思想レベルのことですね。みんな政策論しかないですね。

平野　政策理論というより、自分のパフォーマンスだけですよ。あるいは自分が挑戦するため。自分が儲かる権益を得るための方向付けですね。だから、しっかり考えていたのは福田康夫[39]さんとか小沢一郎さんぐらいなもんですよ。

吉田　私は福田康夫さんは立派な方だと思っていました。最近の自民党の首相の中では少し違いましたね。地味でしたけど、中国も東南アジアもちゃんと目配せをした外交をしておられましたね。

平野　それで菅（直人）さんの場合は完全にね、政治の正義とは何かということは思いもつかないんです。そもそも思考の中にないんですよ。

吉田　多少長く政治を見てきた人からすれば、菅さんは市民運動家で、若い頃に市川房江[40]先生の選挙応援をして、弱小の社民連から上がっていったので、労働組合出身ではないんですが左派リベラル政治家というイメージでした。菅さんは薬害エイズ事件[41]では厚生大臣として活躍したと思います。ですが、首相になった時、これまでの主張と全く違うことをやって、内心忸怩たるものがあるのかと思いきや、首相を退陣した後の回顧録を読んでいても全然反省してはおられない様子でした。反省もなければ、不本意な政治をせざるを得なかったという無念さすらも感じませんでした。それはもう、そもそも理念レベルで考えられないから、おかしいことであったという意識もないのですかね。

平野　人間としての教育ということに問題があるんですよ。

吉田　失礼ですが、そこまで政治家のレベルが堕落しているんですかね。有名な政治家でさえも……。

自民党の「魔の三回生」とかいわれる議員たちの程度が低いというのは私から見ても分かりますけど。あれほど当選回数を重ねて、議会で丁々発止やってきた人でも、やっぱり思想レベルではしっかりしたものがないのですね。

平野　いや、当選回数を重ねれば重ねるほど、おかしくなるんですよ。政治というのはそういう意味では魔物だからね。

吉田　そう考えますと、やっぱり菅さんは鳩山さんを見て、自分は同じ轍を踏みたくないから変わったというよりも、そこまでの理念とか考えがない人だからあんなふうになったということなのですね。

平野　そうそうそう。僕はやっぱり、官僚の性質の悪いのとマスコミの性質の悪いのが、菅さんを利用したと思うんだね。本人はそれでパフォーマンスができると思って失敗していくわけですよ。

吉田　確かに東日本大震災があった直後ですし、またその復興財源が必要だったということも分かりますけど。でも、なんでＴＰＰなんか自分からいいだしたのかとか、この辺は疑問ですね。

平野　あれも官僚の提案でしょう。経産省の官僚の入れ知恵でしょう。

吉田　そこでまた疑問が沸いてくるのですが、官僚にそういう風に誘導されたとき、力学的には跳ね返せないものなのか、そうではなくて別の力が強すぎるのか。

平野　バカなんですよ。どういうことかといいますとね。

吉田　ありがとうございます。そういうことをお聞きしたかったんですよ。まさに小沢先生が海部内閣の時に、担ぐ神輿は軽くてパーがいいといったということを思い出しました。

平野　あれは、小沢さんがいったんじゃないですよ。

吉田　あれは、いってないと小沢さんがおっしゃって、海部さんがいったのかどうか。あの話は独り歩きしていますけど。やっぱり官僚たちは、総理大臣があんまり賢くないほうがいいと思うのでしょうかね。でも本当は指導力がある政治家が出てきて、自分に指示を与えてくれた時の方が、役人の人たちはいきいき働けるんじゃないんですか。佐藤栄作[42]さんから田中角栄さんぐらいまでは。

平野　うーん。

吉田　鈴木善幸[43]さんは、自分一人ではうまく答弁できるレベルにもなかったというのを、中曽根（康弘[44]）さんの回顧録に書いてあった気がしますが。少し誇張されていた可能性はありますが……。

平野　まあね、要するに選挙制度が悪いとか、いろいろ制度のせいにしちゃダメなんですよ。どんな制度だって人間がしっかりしてりゃあ。

吉田　その通りですね。先生のおっしゃる通りです。

平野　政治家としての最小限度必要な哲学というかね。これは意見がいろいろあると思いますけど。保守でも革新でもいいですよ。それから、理性ね。議論するときの必要最低限の共通の論理ね。そういうものが今、全くなくなっているんだね。

吉田　そうですね。私は子どもの時から国会中継が好きだったんですけど、昔の国会の方がですね、まあ先生から見れば五五年体制も八百長だったとは思うんですが、でも、八百長とはいうものの、当時の社会党の代議士とか当時の大臣の方が、まだ迫力があったように思います。国対政治が裏にあって、みんな六時頃になったら赤坂の料亭に行って裏で話し合いをしていたというのはマイナス面ですが、政治家自体にはまだ重みもあったような気がします。

今は答えている大臣も質問している議員もエリート然としてピシッと背広着ていますけど、かつてほどの熱意がないというか、普通の人があそこに入っていってもあまり変わりがないような気もします。子どもの頃は、政治家は特別な人たちと思っていたんですが、今はレベルが何といいますか……。これはない物ねだりかもしれませんし、昔も実態は大したことはなかったと先生はおっしゃるかもしれませんが、やっぱり昔の人の方がすごかった、映像で見たら昔の議員の方が迫力がありますよ。いつでも政治というものはそんなには変わっていなくて、確かに今は良くもなっていない代わりに昔が懐かしむ程にレベルが高かったともいえないということで、これはただのノスタルジーですかね。

平野　（笑）そういうとね、非常に反動的になりますけど、私が『わが輩は保守本流である』の中に書いている保守本流ですね。これは日本政治の継承ということが趣旨でしてね。私が経験した政治に対する認識はこうであったということをこの本に書いています。戦後の議会政治の中で第一期劣化現象、第二期劣化現象、第三期劣化現象ということを書いています。

吉田　段階を経て政治が徐々に劣化してきて、それが今日に至っているということですね。

平野　段階を踏んで第三次の劣化まで来ていたのですが、今度の安倍でね、いよいよ破滅を迎えたということですね。その背景はそこに書いてあるんですよ。

吉田　そうしますと、私が昔の本を読んだり、昔の様子をYouTubeで見たりして感じるというだけではなくて、やっぱり昔の政治は今よりはレベルが高かったわけですね。

平野　レベルが高いというと非常に分かりにくいけれどね。政治のレベルかどうかは知らんけど、僕から考えると昭和五〇年代の間に政界が世代交代するんですよ。

吉田　二世議員が出始めるということですか。
平野　二世議員とはいいませんけど、政治の場に明治の人がいなくなるんだね。
吉田　その世代交代ですね。議会だけではなくて日本社会全体もですね。
平野　それで、二世とかいろんな人が入ってきて新しい時代になるんですけど、その頃、いわゆるアプレゲールが入ってくるわけですよ、戦後の人とかね。ですが、その人たちはまだ、先輩から教わろうという気持ちはあったんですよ。
吉田　何となくは分かります。
平野　それでね、俺はみな知っているんだと。教わる必要がないという風に傲慢になったのはバブル以降ですよ。ここで先輩に教わるという謙虚な考え方がなくなりましたね。
吉田　バブル崩壊は平成二年から三年ですね。バブル中だと昭和の終わりから平成の最初の頃ですか。
平野　昭和六〇年頃からですね。
吉田　はい。だんだんだんだんと。竹下蔵相の頃から徐々にですね。
平野　竹下さんなんかまだ、自分はこれを知らないから教わろうという気持ちがあったわけよ。
吉田　私は竹下さんという人は粘り強さの面や気配りの面ではとても尊敬しています。あの忍耐力は物凄いと思います。
平野　僕はその竹下さんにこき使われたわけですよ。そこでね、今の人たちはネットの影響かも分かりませんがね、先輩に教わろうという気持ちがありませんね。
吉田　みんなウィキペディアだけですね。

平野　情報だけは持っている。だけどね、それで情報を持っていることが、つまり知識を持っていることが人間のすべてだと思っているわけだね。では、そういう風になったきっかけですがね、何が日本人を変えていったのかというと、やっぱりあのバブルですよ。バブルの時に、日本人がいわゆる金権民族化したわけです。価値観を認識とか見識とか思想に置かずに、金に置くようになった。

かつての保守・革新に共通して存在していた価値観

吉田　私も同感でして、平成のうち二〇年間はデフレ不況といわれていますが、デフレ不況で日本人がまた慎ましやかに真面目になったかといいますと、この間も人間の程度は低くなり続けてきたと思うんです。確かに、この間に大きくなった世代というのは、学校の先生のいうことも聞きますし、総じて真面目なんですけど、すぐにスマートフォンで調べて情報と教養の区別がつかないわけですよ。私は学生にもいうんですけど、授業中にすぐに調べる人がいるので、授業が終わるまではタブレット端末、スマホなどはやるなと注意します。留学生が日本語が分からない時にその場で日本語の意味を調べる検索は良いのですが、それ以外はその場では調べるなと。そんなことばかりすると考える力はつかないんですね。私の今日の質問は何年間か考えてきたことで、一応質問の背景に自分なりに長く考えてきたことがあって導き出されたものなんですけど、今は格好だけ付けようと思ったら、三〇分前に初めて知ったことでも、あたかも専門家みたいにしゃべることができます。

そうしますと、今、先生がおっしゃったみたいに、一見、知識があるように見えても、もう一歩奥になると議論がつながらないのです。情報を検索しているだけで考えませんから、自分の意見というものがなくて、意見がないのにネットの知識でああだこうだとあげつらっている。それと国会の劣化、成熟してない政治というのはやっぱり関係ありますかね。拝金主義と情報化社会ですか。そんな簡単に因果関係を証明できるものでもないかもしれませんが……。

平野　それはね、二つの側面がありましてね。一つはやっぱり国会の運営なり政治のやり方という技術的な面があります。今はその奥底に政治とは何かということに対して共有するものがないんですよ。

吉田　共通の土俵といいましょうか。昔の保守・革新を問わずに政治家なら共有していたものですね。

平野　例えばね、明治人ばかり褒めていますけどね、明治生まれの人たちはどういう特徴があったかといえば、政治における正義ということについて右も左も共有していたものがあったんですよ。価値観を共有していたね。それは僕の考え方によるとね、最終的に政治は人間の平等をつくるためにあるというものです。

吉田　そうですね。

平野　ところが今はね、違う。

吉田　新自由主義でしょう。自分の金儲けと名声だけですね。

平野　そうそう。いわゆる不平等をつくるのが政治の役割になってしまっているね。力のある運のいい者が幸せになればいいとするのが今の政治ですね。トリクルダウンなんていうのは、まさしくその典型的なものですね。

吉田　アベノミクスの水滴は下りてきませんからね。

平野　だから政治に対する価値観がバラバラで、政治家同士が大事な価値観を共有してないんですよ。

吉田　私、実はですね、昔は尊敬する政治家が結構いたんですよ、自民党にも社会党にも。尊敬というとやや大げさになりますが、好きな政治家は結構、与野党にいました。今、議員で尊敬できる人いるかなと考えますと、まあ、これは私が大人になったということもあるんでしょうけど、今はほとんどいないんです、自民党以外の野党の中にも。私は野党を応援していますが、個人レベルでそこまで入れ込めるというか応援したい方がいません。それで、これはなぜなのかなと考えた時に、今、先生がおっしゃったこととちょっと関係があると思うんですね。私は左派系の政治家はやっぱり社会的弱者のために働いてほしいと思いますし、保守系の政治家は責任階級として全体のことを考えて働いて欲しいと思います。『論語』の中に「貧しきを憂えず、等しからざるを憂う」という言葉がありますが、保守系の人は社会の責任階級ですから全体のために、左派の人はとりわけ社会的弱者、困っている人のために働いてくれるからこそ存在価値があるのに、いま左派系の政治家も一体誰のために政治をしているかと思うんですよ。立憲民主党でもパフォーマンスの大好きな女性議員のバックに有権者がいるのかと思うんです。私は安倍政権を支持していませんが、立憲民主党のパフォーマンスしかやらないある女性にも疑問がありますね。誰のために政治をやっていのるか分からない人ばっかりが当選しているところに、政治不信というか野党の方にも物足りないものを感じますね。

先生、先ほど、竹下さんのことをおっしゃいましたけど、私は竹下さんのことはいくつかの面では尊敬していまして。金権政治の負の側面もあったかもしれませんけど、やっぱり竹下さんというのは究極の政治家と思うんですね。人の世話を徹底的にやいて、時間をかけながら目的のために進んでいくというような意味ではですね……。

平野　いや、それはやっぱりね、あまり評価高くしちゃいけないよ。実態は僕が一番知っていますよ。ただね、学ぼうと思う精神はさすがでしたよ。

吉田　竹下さんは「大蔵省が私の先生だ」といっておられたようですね。先生過ぎてもダメなんですけれども。県会議員を大きくしただけですからふるさと創生論しか出てこなかったともいわれていますが……。ただやはり、大平さんの消費税の一回目、二回目は名前を変えて中曽根さんの売上税ですね、当時。消費税、売上税、消費税と三回目の挑戦で竹下さんが消費税を通したのは、今の人たちに比べるとまだ先の世代のことを考えておられたのかなとも思いますが……。

平野　それはね、竹下さんじゃなくて、竹下さんを振り付けた連中が立派なんですよ。

吉田　ええ、当時の竹下派、旧田中派の中にいらっしゃったのですかね。

平野　いやいや、そんなにはいない。その中なんかにはいないよ。あの派閥には思想家はいませんよ。

吉田　なるほど。では竹下さんの評価というのは、高くし過ぎるのも考えものなんですかね。

平野　いやあ、よく踊ってくれた人ですよ。しかし、本人は、そんなに人間社会の進歩を考える人じゃないんです。

吉田　それは分かります。ただ、宮澤総理みたいな頭脳明晰な人は、ビジョンはあっても人望がなかったですし、竹下さんみたいな世話をやいていく人には大きなビジョンがないですし……。でも、昔はちょっとずつ足りないところを補って助け合っていたという感じはありましたよね。

平野　それはそうですね。それでその問題ではね、政治の本質は人間社会の自由と平等――この二つは究極的には対立するものですけど、これをみんなに付与していくことだと思うんですよ。そして、保守と革新のどこが違うかといえば、そのやり方の選択の問題、方法の問題なんですよね。そういう認識を昔は保守も革新も培っていたね。それで僕は、昭和三〇年代に「へえ」と思ったことがあってね。鹿児島の出身で池田清[45]という人がいたんですよ。警察官僚です。自民党ですよ。鹿児島の土着の人たちのね。彼が代表して質問する時にね、口ぐせがあったんですよ。「天は貧しきを憂えず、等しからざるを憂う」と。

吉田　それをいわれたんですね。『論語』ですね。私は先ほどは池田さんを存じあげずにいったんですけれども、昔の保守党の政治家には、「貧しきを憂えず、等しからざるを憂う」という考え方があったのですね。ということは、保守といえどもちょっと社会民主主義ですよね。ある意味では。

平野　いやいや、これは保守主義なんですよ。

吉田　エドマンド・バークの保守主義ですね。歴史に学ぶという。

平野　そうするとね、農民運動をやっていた社会党の人なんかも保守主義ですよ。

吉田　私が読んだ本によりますと、かつての旧新潟三区の田中角栄さんの越山会にも元は社会党支持者から参加した人も結構おられたみたいですね。

平野　だから、政治家を評価する時にね、自民党を悪くしたのは河野一郎とか、岸信介なんですよ。自分が悪いこと、犯罪的なことをして金儲けしてね。それを資産にしてずっと継承しているでしょう。田中角栄は一切、そういうことをしていないでしょう。お金は問題のあることをして集めたけどね。

吉田　そうですよね。角栄さんは集めて撒いて、自分には残していません。最後は残っていたあの目白の御殿も真紀子さんになってなくなりましたからね。自分のためには貯めてないですもんね。多くのお金を集めてきては、いっぱい使っていきました。今でも田中角栄さんが憎まれていない、多くの人に慕われている大きな理由は、確かに手法は金権政治ではあったかも知れませんが私腹を肥やしていないというか、自分のための金儲けはしなかったからだと思います。

平野　田中さんの場合は、自分の政策を、理想を実現するためにやっとったわけだからね。犯罪的なことをやって、政治的に悪質なＤＮＡをずっと引き継いできたのは今の自民党ですよ。

吉田　そのあたり、何となくですが初期の頃、自民党の結党に多額の資金を提供したという児玉誉士夫[46]氏などの匂いもちょっとしてきますね。先生は、一貫して戦後保守政治のみならず戦後政治の生き字引でいらっしゃいますけど、先ほど保守と革新でやり方が違うとおっしゃいました。私も今は立憲民主党を一応支持していますけど、本当に弱い人のために考えている人がいるのかなという気もするんですよ。まだ立憲民主党になって少しはましになってきましたが、前の民主党なんか、誰の味方なのか分からないというような議員が多くいました。そういう人に比べれば、私はいわゆる五五年体制の社会党の人の方が、まだ土の匂いがしてよかったと思うんですけど。

平野　まあ、そうだけどね。今の問題はね、枝野さんにはやっぱり、この人にはカチッとしてもらわなきゃダメだよね。今は盛んに小沢さんと接触した形で運営をやっているみたいですけどね。彼は菅（直人）さんとはまた違った形でね。僕は『わが輩は保守本流である』という本を出すものだから、中島岳志さんと枝野さんの対談を読んだんですよ。これはまだ分かってないと思うね。彼は保守であるということによって自分を売り出したいという考えがあるね。

吉田　それは分かります。最近、左翼というレッテルを貼られることをみんな必要以上に恐れている気がしますね。片仮名で「サヨク」と書くと揶揄する言葉で、売国左翼だという認識が広まって久しいですが、枝野さんはこういう批判をされることを必要以上に怖れているように思えます。枝野さんの思想はかなりの面で左翼だと思うんです。左翼が嫌なら左派、あるいは自分は中道左派くらいだといえばいいのに、とても嫌なのでしょうかね。正直に申し上げて、こういう態度は姑息だと思います。

左側というのは、従来から弱者はマイノリティの側に立つ政治的なポジションですから、最近は旧来の左右や保革で説明ができなくなっているとはいえ、少し矛盾した言い方ではありますが、ある意味では伝統的に世界的に左派・リベラル派が重要視してきた価値観というものはきちんとあるわけですから、隠さずに自身はあるいは立憲民主党は、政治思想的な系譜でいえば、大体この流れを引き継いでいますといえば良いと思います。世界的は大げさでも日本でも戦前の無産政党から始まり戦後の革新政党があり、矛盾した言い方ですが、左派側にも脈々と伝統と系譜があるのですからね。

平野　そうそう、堂々とね。

吉田　先生とこんな話までさせていただくのは本当に光栄です。私も実は、自分はある部分は自分も保守だと思っています。なぜ、保守かといいますと、まず「天皇」と呼び捨てにしません。私は必ず天皇陛下と意識的に呼びます。そして日本に共産主義が根付かなかったことは良かったと思っていますす。暴力革命がなかったことも日本ならではの良さだったと考えています。ですから、私は穏やかな日本の国柄を大事にする気持ちを持っておりますから、そういう意味では保守です。ただ、安倍さんが自分たちこそが保守だという言い方をして、その文脈で保守という言葉を使われるととても違和感があります。第二次安倍政権が発足して、自称・真正保守といわれる方々からみれば明らかに私は左派ですから、最近、先祖返りしましたと友人にいっています。すると「吉田さんは保守じゃなかったんですか」という人がいるんですけど、安倍さんが保守というんだったら、自分はもう左翼と呼ばれてもいいと思います。境目は戦後憲法の基本的価値を大事にして戦前回帰に反対をするか、戦後を偽物の時代だと考えるどうかだと思います。吉田路線の方は、これは先生のいわれる保守本流です。戦前を否定的に考える人が、そのことをもってして「自虐史観」と批判されるのなら、私は戦前の日本には二度と戻ってはいけないと思っていますから、左派で良いと思っています。そして、そして日本は軽武装、経済発展路線を選んだ部分は評価しています。ここは戦後レジームですけれども。

私は日本の文化は好きですから広い意味で自分を保守と思っていました。社会党を支持していた時も、別に革命を支持してはいません。ですけども、安倍さんや日本会議的な人々が保守を名乗っているというのであれば、もう左派リベラル系の人は堂々と、いや、「私たちは左派なんですよ」といえば良いと思います。安保法制の強行採決の頃から私は特に強く、「僕たちは左派じゃないよ」という言い訳から入る必要はあるのか、左派とはそんな悪いものだったのかと考え直しました。

ヨーロッパではよく、フランスでもドイツでもイタリアでも、中道左派という言葉は別にマイナスの言葉ではなくて、左派という言葉は普通に使われているにもかかわらず、日本で左派というと、もう何か中国や北朝鮮の手先のようなレッテルを貼られてしまう。政策的に従来の左派的な主張をしようと思う人が「自分は左ではないです」と先に言い訳しているところに、野党の覇気のなさを感じます。今の立憲民主党も「いや、自分たちは左翼ではないんだよ」ということを、何であそこまでいうんですか。やっぱりこれは日米同盟の関係ですかね。アメリカの尻尾は踏みませんよという宣言を先にしているのでしょうか。日米同盟堅持というところは同じですよというアピールが必要なんですかね。これは政治学者も多分、充分な議論をしてないと思うのですが。

原発問題について

平野　私もね、立憲民主党を軸に野党が結集して政権交代ということが最も望ましいと思っていますよ。だから立憲民主党にしっかりしてもらわないとまずいですがね。まあ、発展途上ということでしょうけどね。具体的にいいますと、原発ゼロ法案を出したでしょう。

吉田　ええ、出しました。この前、私もタウンミーティングに行ってきたんです、鹿児島のですね。逢坂議員が来ていました。

平野　それで、僕も千葉一三区でタウンミーティングに参加してね。宮川君というなかなかいい立憲民主党の新人が出ているからと誘いがあったから出ていって議論を聞いていたんですよ。

吉田　先生は発言者ではなくて、聴衆として行かれたんですか。

平野　そりゃそうですよ。そこで逢坂と山崎という国会議員が来るというので行ったらね、一〇〇人ぐらい来ていましてね。僕は発言するつもりはなかったんですよ。どういう説明をするか、一般の参加者がどういう反応を示すかというところに興味があったから行ったんです。それで説明を聞いたらね、やっぱり原発問題の本質を分かってなかったね。

吉田　分かっていないですか。実は昨日、鹿児島で共産党系の主催するタウンミーティングがあってですね、私は「ＡＬＬ鹿児島の会」もやっていますから、共産党系の方にも行き、より昔から原発ゼロをやってきた人たちの会に行き議論を聞いてきました。私は話を聞いて、立憲のタウンミーティングでの話と似たことをいっているな、野党間ではそれほどの隔たりはなくなってきていると思いました。先生がおっしゃる本質を分かってないというのは、科学的な問題ですか、利権の問題ですか。政治と科学の問題、両方から見ないとこれは解決しないと思うのですが。

平野　まずね、技術的にいいはずはないからね。二一世紀の文明の中で原発があってはならないという基本的な理念がないわけだ。

吉田　法案にもなかったですか。

平野　ない。それで、若干変えたみたいだけど、僕が受けた印象では、二つ問題があったんですよ。要するに「五年をめどに」と書いていた部分ですね。これは本気じゃないですよ。もう一つはね、エネルギーが万が一足りなくなったら、再稼働するということになっちゃった。

吉田　再稼働の削除は結構早めにしたんじゃないですか。いろんな議論が全国で出て……。

平野　それはカットした。

吉田　確かそういっていましたね。再稼働も書いていたけどそれは削除したと。

平野　でも「五年をめど」は残している。それで二〇人ぐらい発言したんですよ。この人たちは凄かったね、問題意識が。逢坂というのはね、彼は行くっていっても全国各地に来てないね。山崎という若い議員が説明したけど、これがまた、技術的なことを得意になって説明していた。要するに、あんまりきついことを書いたら経産省が乗らんということなんですよ。電事連（電気事業連合会）なんかと打ち合わせしてきているんだよ。これはダメだと思ったね。なんで僕はこんなことをいうかというと、私はね、エネルギー問題というのは戦後の激動で関わっているんですよ。

吉田　はい。昔のお話にさかのぼってお聞かせください。

平野　私はエネルギー問題の石炭対策、石炭合理化から国会の石炭の仕事をやってきたんですね。

吉田　時代的にいえば、三井三池（炭鉱）闘争[47]の頃からですね。

平野　そうそう。オイルショックの時には中東にも出張していろいろ視察に行きました。その後ね、科学技術委員会担当課長になったんです。その時は原子力のもんじゅ、六ケ所村があったわけですよ。それから細川政権の発足時の原発問題の七党一会派間の協定書をまとめたのは僕なんです。

吉田　細川政権といえば、社民連の代表だった江田五月[48]氏が科学技術庁長官になって、江田さんがコロッと変わりましたね。原発がないと電気が持たないというようなことをいっていました。

平野　要するにね、そもそも原発は文明論的に否定すべきものなんですよ。

吉田　そこは実は鹿児島でも大きな問題です。鹿児島には川内原発があるものですから。

平野　よく知っています。

吉田　やっぱり川内原発反対運動をしている人たちが押しかけてガンガン厳しい質問をして、山崎氏は一回答弁を撤回して謝りました。これは立憲民主党の方のタウンミーティングです。

平野　そうだろう。

吉田　山崎氏はこういわれたんですよ。原発が稼働している時に事故が起こると大変なことになる、止まっている時はまだしもと。ちょっと正確じゃないかもしれませんけど、そう少しいったら、「止まっていても事故は大変なことになりますよ！　山崎さん、それは撤回してくださいよ」と反対派の方がいわれまして、山崎さんは、「舌足らず、言葉足らずでした」と謝りました。稼働していればより大変なことになるという意味でいっただけで、止まっていても当然被害は出ますと言い直されました。止まっていたらまだマシだ、みたいなニュアンスで聞こえたことから、怒った人がいたんですよ。

平野　千葉でもそういうような説明をしていたよ。やっぱりネットの知識なんだな、レベルが。よく聞いたら、横浜の市会議員やっていたみたいなんだね。それで、僕の秘書をやっていた人の後輩らしいんだ。それで僕はよっぽど発言しようと思ったけどね。私はマスクをかけて参加しているわけだから発言はしませんでしたが……。

吉田　平野先生とは分からないようにして参加されたわけですね。

平野　そう。だけど、僕の問題意識と同じ質問がずいぶんありましたよ。だからね、この問題は議員よりも住民の方が感覚が上だ。

吉田　先生がおっしゃった文明論的な問題ということですが、吉本隆明[49]さんのことを思い出しました。私も吉本隆明さんは若い時は好きでかなり読んだのですが、晩年ちょっとダメになったと思います。吉本さんは東工大の出身で化学やっていましたが、吉本さんは最後、一回出来たものは潰しようがないんだということと、自然科学は発展し続けていくんだということをいいましたね。原発だけは人間の手に負えないものだという視点はなくて、必ず技術の問題は新しい技術で乗り越えていけるという主張だったと思います。だから自分は原発反対ではなくて、「反・反原発」だというような発言をされていたように記憶しています。吉本隆明さんは常にちょっとへそ曲がりでしたけど……。例えば普通の新幹線の技術やパソコンの技術が上がっていくことと原発を同列にいったらダメで、人間だったら手を出してはいけないものだという認識をもってなかったのかなと思いますね。

平野　それからね、廃炉といっても簡単に廃炉にできないからね。

吉田　七〇年、八〇年かかるといいますね。

平野　僕も技術は大事だと思っていますよ、あらゆる意味でね。ただこれはね、特に日本は原発資本主義なんですよ。ここが日本の最大の問題なんですよ。

吉田　原発はそもそも、田中角栄先生が電源三法を作られて、当時「裏日本」といわれていた日本海側と太平洋側の経済格差を何とかしよう、原発を持ってくることで豊かにしようという考えも一方ではあったとは思うんです。田中先生自身はやはり日本の経済格差是正というお考えもお持ちだったと思います。一方の正力（松太郎）[50]さんにそういう発想がどこまであったか分かりませんけど、正力さんが強力に原発を推進しました。結果、確かに日本海側の人は振興政策や多くのお金が出されて、それで豊かになったかもしれませんが、やはり今回のような原発事故が起こると、こういうことで豊かになること自体が本来、人間として否定すべきことだという思想が広がっていると思うんですよね。

　これは非常に申し上げにくいところですけれども、危険なものと引き換えにお金をもらって我慢するというか、逆の側からいえば、危険なものを押し付ける代わりにお金で納得をさせるようにもっていく考え方自体が非常に悲しいと思います。これは沖縄の基地問題とも通底する部分もあって、「地域振興」という美名の下、本来はやはりない方が良いもの、心から歓迎していないものをどこかに引き受けさせる政治そのものを、もう徐々にやめていかなければならないと思います。

平野 その通りです。

吉田 もちろん田中角栄さんが生きてらっしゃる時は、それ相応の意味合いもあったと思います。まあ、中曽根康弘さんもそうで、戦後の日本が工業国として復興するために必要な電力需要を賄うためには原発が必要だという考え方も、私も一概には否定できないとは思います。工業国として復興していくために電源確保しないと、第一次産業、農業国にしかなれないという不安が当時の政治家にあって、工業国にならないと経済発展できないということから、当時の正力さんや中曽根氏や田中先生たちがつくったというところまで遡るとですね……。最初からそんなものは建設する必要はなかったという主張をする方もおられるでしょうけれども、戦後につくったことぐらいまでは、まあ、多少理由があったと考えてあげないと、日本には戦後の高度成長はなくて農林水産業だけの国になったかもしれないので、そこはちょっと私も迷いがあるんですが。

平野 それで思い出しましたが、僕は大学生の頃から原発問題は関わりがありましてね。昭和二〇年代に、四国電力の社長で宮川竹馬[51]という原発推進派の人がいたんですよ。昭和二〇年代も後半だけどね。要するにアメリカのアイゼンハワー[52]が原子力の平和利用を最初にいいだして、それで日本では正力とか中曽根がいいだしてね。正力や中曽根というのはアメリカ側の要求でしょうからね。宮川さんは四国電力の基礎、実際に日本のエネルギーをどうするかということでの発想ですね。

吉田 中曽根氏はあんまり日本のこと考えていたわけじゃないんですか。アメリカの要求を受け入れたのですね。

平野　それでね、当時は原発の平和利用という考え方は革新陣営にもあったんですよ。実は石川県の社会党の岡先生がやっぱり原発の平和利用をいい出してね。

吉田　社会党の中にも平和利用の立場に立つ方がおられたんですか。

平野　いたいた、推進者だったですよ。お医者さんだったね。それでね、原子力基本法を作った時に、当初、社会党も賛成したんですよ。そして、原子力委員には労農派[53]の有沢広巳[54]さんも入ったのよ。有沢さんは大内兵衛の弟子で法政大学の総長もやった人ですね。この人は高知の男でね、僕の親父の旧制中学校の二年後輩でした。で、昔は労農派の人も参加して、原子力委員として国会で答弁したんだよ。そうやって、平和利用のあり方と安全をまじめに議論していたんですよ。

吉田　私の記憶があるのは、総理大臣でいえば中曽根さんで、社会党は土井さんぐらいから以降なんですけど。その頃は完全に社会党は反原発一辺倒でしたけど、そうしますと、社会党には、別に後に民社党に行った人は別としても、原発の「平和利用」をという主張の人はいたんですね。今となってはですが、あまりリベラル派の人にも知られていないことですね。

平野　賛成したのよ、有沢広巳というと左翼の代表者だよ。それが原子力委員だったんだからね。当時は原子力神話の真っただ中だから……。それでね、僕は大学生の時の指導教授が安井郁[55]という先生で、この方は原水爆禁止運動をつくった方なんですが、僕自身は安井先生の影響を受けて原発には反対でした。僕も自分は反対だったけど、原子力発電については何ともいえなかったわけだ。

　それで僕が仕事上、六ケ所村とか、法案の審議とかに関わっている時、その原発神話の最中に、四国の伊方原発ができたんですよ。それで科学技術庁から、僕の田舎の近くだから、ぜひ視察に行ってくれといわれてね。嫌だったけど仕事で視察に行ったの。そしてそこの所長に、僕に同行した科学技術庁の職員が、「平野さん質問してやってください」というわけよ。僕は技術的な専門のことは分からんからね。「よし分かった」っていってね。所長に「もし事故が起こるとすれば、どういう事故が一番多いと思うか」ということと「それに対してどういう対応をしていますか」と質問したわけよ。そしたら所長が、「そういう質問をしてくれたのはあなただけだ」っていうわけね。

吉田 それまでは、そういう質問をされる方はいなかったわけですね。

平野 うん。それで、一つは「技術的には、地震とか津波ということでは、一〇〇％事故がないとはいえません」という回答でした。「しかし、今の技術でできる限りのことはやっています」といっていたね。しかし、所長がね、「それより原発事故が起きる可能性の高いものがあるんですよ」という話をしました。私が「何ですか」と聞いたら、まずね……。

吉田 ヒューマンエラーとか、人間のことですか。

平野 そうそう。人間の怠けやおごり。原発の中にいる人間ね。

吉田 自然災害より怖いものがあったということなんですね。

平野 所長は「人間のおごり、怠け、それから不誠実。こういうものが一番危ないです。それをなくするように教育をしています」といっていました。

吉田 その所長は、かなり誠実な方ですね。「安全です、安全です」とはいわずに、本当のことを視察団におっしゃったんですね。

平野 それで私にね、「こんな質問をしてくれたあなただからお願いがある」というんだよ。「実は原発の恐ろしさというのは、原発にいる職員だけじゃないですよ。原発をつくり、原発を運営し、原発政策を進めていく人たちも同じですよ。発電所の経営者、関係者、それを管理する自治体とか国の関係者、政治家。この人たちのそういう精神、発想も同じですよ」というわけです。
吉田　事故の怖さもそうですが、事故を甘く見ている人間の意識が一番怖いということですね。
平野　そうそう、「そこが一番、可能性が高いです」とね。
吉田　それを国会議員にちゃんと教えてくれというお願いをされたわけですね。
平野　伝えてくれと。中曽根内閣の頃ですかね。それでね、この時の話からつながってくるけど、実は福島の原発事故の原因もそれなのよ。
吉田　人間の問題なんですね。防潮堤をつくらなかったわけですからね。
平野　だって、欠陥をそのままにしているわけだもの。地震が起こる前に交換しとかにゃいかんものがね。
吉田　今それが裁判になっていますけど、歴代東電の社長は、人間のすることで予測はできなかったといっています。本当はできていたというか、ちょっと危ないなという意識はあったのでしょうね。
平野　いやいや、福島第一原発の事故の根本原因は、以前にトラブルを起こした原子炉の修理交換を中川（昭一）経産大臣がやろうとしていのを、二階（俊博）が潰したとの話がある。
吉田　中川昭一[56]さんですね。中川さんはちゃんと直しとけといったんですね。
平野　そう。二階が大臣に就任した時、小泉首相から指示があったようですよ。それで経済産業省は二階に借りができ、二階の利権を特許庁のコンピュータ交換でお返しするのよ。結局、特捜も調べていたけど、捜査をやめにしたけどね。そういう問題があるんですよ。だから元はといえば地震も原因の一つだけども、その前にそういう人間の意識の問題があるの。だから、今から思い出しても伊方原発の所長は立派な人だったなあと思うよ。

吉田　先ほど、菅直人さんのことが出ましたが……。

平野　同じことですよ、政治家の精神力というのはね。

吉田　菅直人さんに対しては、先生は非常に厳しい評価でしたけど、菅さんが鹿児島の南大隅に講演に来た時に、私は講演を聴きに行きました。その時の菅さんは自分が首相だった時の話をされまして、「私は必死で止めて、必死で電力会社と戦ったけど、電力モンスターが大変な妨害をした」といっておられました。怪物ですね。これは要するに財界にもいるし、労働組合、電力総連にもいます。日本中、電力モンスターの粉がかかっているから、どれだけ戦っても無理だという話をされていました。私はやっぱり脱原発、反原発は、ある程度までは電力会社のことも考える必要はあると思うのです。

　私は原発をやめるためには、原発がなくなって困る人を減らさないといけないのと思っていますので、やっぱり運動団体の人への疑問もあります。共産党系の人はどっちかというと原発を憎んでいますから、電力会社のことなんか考えなくていいと平気でいわれるんですよ。私はそこは以前からとても違和感があります。私は逢坂さんと山崎さんが鹿児島に来られた立憲民主党の時は、「地域住民の要するに原発労働者だけじゃなくて地方に行くと旅館とかレストランとか、例えば薩摩川内とかは、人が来るからレストランなども経営されています。その人たちのことは考えているんですか」とお聞きしましたら、川内議員が「それはとても重要な質問だから答えてもらいます」といわれて、「それはちゃんと考えている」という回答でした。電力会社も、私は会社とか経営陣にはお金はいかなくても、労働者というか、要するに原発を廃止したからといって、仕事を失う人ができるだけ出ないようにうまく移行する必要はあると思うんです。新エネルギーに変わっていっても九電や関電の人がちゃんと仕事ができるようにしていってあげれば、電力業界も反対しないいんじゃないかと思うんですけど。

平野 それは難しい問題でね、原発を廃炉にすることによって職を失ったりいろいろマイナスを受ける人たちもいますよ。それはそれなりに十分に、常識的に救済しなくちゃダメですよ。

吉田 石炭から石油になった時もそうですしね。パソコンが普及したらタイピストという仕事がなくなったように、産業構造が変われば失業者が出ることはある程度は仕方がないですけど、反原発運動をやっている人があまりにもそちらを考えなさ過ぎているので、電力会社とは同じ土俵で議論できないんじゃないかなといつも思うのです。文明の転換期に今まであった仕事が不要になることは仕方がないですけれども、それでもできるだけ失業者は出さずに徐々に移行できるのが理想だと思います。

平野 それとね、地域の活性化も当然、手当てしなきゃダメですよ。放っとけばいいというもんじゃないですよ。

吉田 そこは立憲民主党が出した、今、共産党も一緒に出していますが、ゼロ法案の中にはちゃんと、三つの懸念か四つの懸念か、そこは条文にして入れてありますということをおっしゃっていました。

平野 でも、それだけで原発はなくならない。もっと大きな問題があるんですよ。日本の資本主義の特徴は原発政策、原発資本主義の中に仕込まれているからね。これを直さなきゃ直らないですよ。

原発問題の抜本的な解決策は？

吉田　エネルギー問題だけだったら解決できるかもしれませんし、自然エネルギーで、原発が動かなくても電気ができることはもう徐々に分かっているんですけど何が一番の問題なのでしょうか。

一方には、防衛政策ですね。自民党のタカ派の人や日本維新の会にも一部いると思いますが、核武装をいずれ、いざとなったら整備できるための準備として原発を置いておかないといけないということを、あからさまに主張する人は今のところいませんけど、でも石破氏は一回言及していますし、やっぱり防衛的な観点から原発を残しておきたいというような勢力の人もいるんですか。自然エネルギーで電気はできるけれども、丸腰になって核がなくなってしまうのは心配だから、やっぱり原発を置いておくべきだという理由から、推進する人たちですね。この人たちはどうなのでしょう、そんなにはいないですか。

平野　それはいるでしょう。口に出してはあまりいわないけど。核武装のために必要だと。しかし圧倒的多数じゃないですからね。いるにしても、それは抑えればいいんだけどね。

吉田　先生がおっしゃった資本主義の特徴から困っているというのはどういうことなんでしょうか。

平野　日本の資本主義の全体を揺るがす問題があるんですよ。原発をなくすことによって。

吉田　それは電力業界以外も影響を受けるような問題ですか。

平野　それは出るだろうね。何で原発反対運動が一定程度いるのか、原発を潰そうという意見が多いかといいますとね、九電力があるでしょう。プラス電源開発がありますかな。彼らは、今は少ないけど、ウラニウムを原発に一回使って、そのカスをプルトニウム化して再利用しようという、もんじゅ型の原発の計画をまだ捨ててないでしょう。もう、だいぶおかしくなっているけどね。これが六ケ所村にたまっていっているわけですよ。

吉田　いわゆる核のゴミですね。宇宙に捨てるわけにもいきませんし、悩ましい問題です。

平野　ところがね、これを今は再利用するということで、各電力会社が資産に計上しているわけよ。

吉田　バランスシートで、全部在庫で資産としてプラスに計上してあるんですね。これを電力会社の負債とした場合にどこまで補償するかと……。これはもう負債としてしまったら大変なことになると。

平野　それで今は資産にしていてね、電力会社は赤字を少なくしているわけですよ。これを一挙にほったらかしにして、資産でなくてゴミだということになると、全部マイナスになります。

吉田　そうすると、全部ゴミになりますからね。

平野　これがトータルで、いくらぐらいだと思いますか。

吉田　何兆円という単位ですかね。

平野　二〇兆円くらいだね。

吉田　国家予算がいま一〇〇兆円ぐらいですから、一年の国の予算の五分の一ぐらいですか。

平野　ネットなんかで出ているのは一五兆ぐらいにいわれているけどね、実際は二〇兆あるんですよ。これを一挙にやったらね、電力会社はみな一気に潰れちゃうわけよ。

吉田　これは電力会社だけの問題では済まされないですね。これを国民が救済することにしたら、国民から臨時に二〇兆円の税金を集めないとダメなわけですね。

平野　それでね、電力会社の株を持っているところはね、原発をやめたくないわけだ。

吉田　核のゴミを資産に入れているという電力会社の実態について、これはまたいずれ使うことになるから資産なのだという建前上の理屈をどうしても崩すわけにいかないからですね。もしですが、二〇兆を国民から税金で取るなら、五〇年計画とか一〇〇年計画とかでやらざるを得ないですね。二〇〇年計画でも無理ですね。

平野　そこでね、実はアメリカでもフランスでもプルサーマル計画というのをやめているわけよ。そういう問題を国が政策的に解決しているわけよ。

吉田　ドイツなんかは、フランスに救ってもらっているんでインチキだという人もいますけど。

平野　そうでもないですよ。

吉田　一応、ドイツはやめましたよね。

平野　ここはやっぱり、国民の税金を多少使ったとしても、政策的にショックを起こさないような対応をしないといけないわけよ。だから原発廃止に反対しているのはマスコミなのよ。一番、電力会社の株を持っているのは正力の読売だからね。

吉田　なるほど、持ちつ持たれつで、テレビ局なども電力会社の大株主なわけですか。私は反原発運動とは関わったことないんです、距離を置いてきたんですよ。なぜかというと、原発はないに越したことはないけれども、やめることのマイナスをみんな考えてないから、あれ以上は伸びないんだなあというところが疑問だったからです。ただ今回、立憲民主党で立法化されて、野党でも共同で出すことになりました。わりと脱原発も現実的なレベルまで近づいては来ているんだったら、私も聞きに行こうという考えで行ったんですけども。しかし、この問題はあまりみんな、正面からいわないんですね。反原発運動の人は怖いからやめろということしかいわないんです。知識としては当然知ってはいるのでしょうけれど、二〇兆をどうするかという話は、反原発運動の人から私は聞いたことはありません。有名な反原発活動家の代表的な方は、「原発は今日、全部、廃止しても困る人は誰一人いない」といっておられて、私はそれを聞いて、反対運動だけをしている人とは距離をおきました。

平野　そういうことも大事よ。それと同時にそういうことをどうやって処理するかということも大事なのよ。そこでプルトニウムを解体できないかとね、そういう研究もしなければならないんですよ。

吉田　一〇年でも一年に二兆円ずつですね。二〇年間、一年一兆円ずつ取るということは日本の国民はちょっと耐えられないのではないですかね。一兆円を消費税にするとどれぐらいになりますかね。

平野　そうだね、二%……。

吉田　二%で一兆円ですか。消費税を一二%で二〇年間、それは国民も持たないですね。これは単なる雇用問題だけじゃないんですね。

平野　できない、できない。それは無理だね。それは積もるだけ積もっていくだけよ。ところがね、解決する方法があるんですよ。

吉田　増税によらずですか。

平野　もちろん。これは平野案だけどね、非常に原発反対論者からは批判されるところだけど。実はね、プルトニウムに含まれているカスを無害化する技術を開発すればいいんです。

吉田　ああ、なるほど……。そういう研究は少しずつ進んでいるんでしょうか。
平野　日本でされてないから困るんです。
吉田　無害化すれば二〇兆円も使わずに、ゴミが宝になるか、宝にはならないまでも……。
平野　無害化する研究を完成させたら何が起こるかというと、ひょっとしたら、それがレアメタルになるかもしれない。もしかしたら電気に変えることができるかも分からん。しかも放射能を出さずに。
吉田　そうすれば増税で電力会社を救済する必要なくなりますね。無害となれば、これは宝の山とまではいわないまでもマイナスにならないぐらいにはなりますね。
平野　まあ、国民にそんなに迷惑をかけなくてね。
吉田　そうしますと、国内の原子力科学者も、もう原子力の研究をやめて、無害化計画にみんな方針変換すればいいのですね。
平野　ところが原子力村も政府の関係者も、「そんな技術はない」といっているのよ。
吉田　これは、他国ではやってないんですか。ドイツとか、フランスとか、アメリカとかですが。
平野　ウラニウム、プルトニウムではやってないけど、他のものではやっているよ。というのは発電なんですが、物質変換ですね。どういうことかというとね、原発事故が起こった直後、ナノ銀を含んだ水をかければセシウムが減ったんですよ。それで僕らはチームをつくってね、この技術を結構、研究したのよ。
吉田　原子力村がそんな技術がないというのは、やりたくないからなんですか。
平野　要するにね、自分たちが習ってきたこと、研究してきたことと違うからね。

吉田　科学者がそんなことでは困りますね。
平野　いや、科学者っていうのはこんなものなんだよ。それでね、ナノ銀で放射能を減らすとかね。僕らのグループでやった研究は、セシウムの半減期三〇年をふた月ぐらいで無害化できる研究があるんですよ。これがね、次にどんな物質になったかというとバリウムになると推定されているんですよ。これを本格的に大学なり研究所でやればいいんですがね。
吉田　全国の工学部でやればいいですよね。
平野　それが絶対ダメなのよ。
吉田　それこそ、そういうところに科研費とか補助金を出した方がいいですよね。
平野　そんな補助金、大した金額じゃないんだから。
吉田　その研究をいくらやっても何兆円もかかりませんよね。何十分の一以下でできますでしょう。
平野　何百分の一だよ。それでね、それをネットで出して……。
吉田　平野案で出されたのですか。
平野　それを安倍夫人が誰かに聞いてね、乗り出してきたんだよ。
吉田　安倍さんとしては嫌ですね。昭恵さんは反原発の運動とかにも行ったりしたでしょう。森友学園に行く前は。
平野　いやそれでね、昭恵さんが出てきて大変なことになってね。それで僕が整理して、観客席に帰ってくれといいました。芝居場に出るなといって帰したことがあるんですけどね。実はその技術を僕らが提起した時に、政府が採用していたら、解決策はずいぶん違ったはずなんですよ。

吉田　それはまだ完璧な技術でなくても、徐々に減らしていくぐらいの可能性はあるんですよね。

平野　東北大学に研究グループがあって実験が続いています。つまり、新しい放射能を出さずに新しいエネルギーが出る。そういう流れもあるんですよ。実は東北大学の核測定学をやっていた岩崎さんというのは僕らの友達でね。彼に実験してもらったわけだけど、国際的な論文を書かなきゃいかんと。日本で論文を書いて雑誌に載せようとしたらボツにされたりしてね。

吉田　やっぱりそこには圧力が働くわけですね。原子力村の先生が査読者ですから。

平野　そうそう。これを本当にやられたらさ、自分らが習ってきた理論というのがみなパーだからね。

吉田　政治家だけがドロドロしているんじゃなくて、科学者もドロドロしているのですね。

平野　いや、科学者が一番ドロドロしていますよ。

吉田　世の中の多くの人は政治家だけ汚いと思っておられますけども、どこでも、芸術家だろうか何だろうが、人間がやることですからね。

平野　政治家がやることは、まだ間が抜けているからね（笑）。

吉田　間が抜けているから、森友問題みたいに尻尾を出すわけですね。科学は国民の大半が素人ですから、科学者は尻尾を出しませんね。

平野　この話では私も誤解されてね、反原発運動に入れてくれなかったのよ。平野はやっぱり原発推進者だっていうことで。でもこれは、核分裂じゃなくて核融合で、物質変換なんですよ。

吉田　反原発の方も器が小さいというか、懐が小さいですね。こんなことといっていいかどうか分かりませんけど……。

平野　僕にいわせれば不満があるわけだ。やっぱり技術で作ったものは、ある程度は新しい技術で解決するしかないんだよ。
吉田　それは吉本隆明氏もいっておられましたけど。
平野　それは放っておくという意味じゃないですよ。
吉田　ええ。乗り越える戦法を考えるしかないと。
平野　技術で障害を消さなきゃダメなのよ。これは精神じゃ直らないのよ。
吉田　そうですね。私も実は前から思っていたのはそこです。原発問題の専門家というのはいかに原発が危険だとか、吸い込むとどうなるかとか、どういう病気になるとか、魚がどうなるとか、そういうことはすごく詳しいんですけど、その半面、二〇兆円の問題、国民一人当たりいくらになるかとか、何年かかるかとか、政治的な問題は深く話しません。これは電力業界のみならず国民負担になるというようなことまではいいませんね。新しい技術のことももちろん、いいません。
平野　それでね、岩崎先生から一月に電話があってね。まともな論文をいま作っていましてね、来年あたりは論文を発表した形で、運動を再燃しようと。

官僚の劣化について

吉田　今日は佐川氏の参考人招致が国会で行われていますが、私はこの佐川氏に対して、最後は自分の良心に目覚めるのを期待していたんですけど、どうですかね。

平野　ないね。

吉田　そうなったら国民も許すと思うんですよ。あの人もかわいそうな人だったと。

平野　そうなれば英雄だよ。

吉田　佐川氏は財務省を退職したんですよね。もう天下り先はないから洗いざらいいえばいいのに、何か圧力がかかっているんですかね。文科省の前川さんは何であんなに堂々と政権批判をいえるんですかね。もう失うものがないからですか。

平野　前川氏の場合、文部科学省内で内部資料の作成に関わっていた職員の応援があるんだろうね。

吉田　前川さんは、森友・加計問題で圧力によって不正をさせられたことに対して反発をしている文科省の職員が支えているんですね。

平野　逆に佐川の場合には、佐川を守る連中がいるんだよ。これは誰か分かっているんだ。今井（首相秘書官）ですよ。

吉田　ほとんどの国民は、佐川さんも罪をかぶせられたって分かっているじゃないですか。これ以上しらを切り続けるより、最後は良心に目覚めて、「私も官僚として辛かった。今まで公務員として一生懸命お仕えしてきたけど、こんな政権は初めてでした」といえば、再就職はつぶれても国民は支持すると思うんですけど。そうはなり切れないんですね。

平野　それはやっぱり悪い官僚の典型よ。

吉田　先生は長年、政治家や官僚の皆さんをこの目で見てこられて、青臭いことを申し上げて恐縮ですけど、まあ、どんな人も人間じゃないですか。どれだけ権力を握ってようが、人間、一抹の良心というのがあると思うんです。自分のいっていることは明らかに嘘なのですから、職業倫理に照らし合わせて悩む誠実な人もいると思うんですけど。こういう人は嘘をついて悩まないのか、苦しみながら嘘をついているのか。なぜ、ここまでみんなが分かっているにもかかわらず、こうなるんですかね。

平野　それでいえば、戦前の官僚とか文人というのはね、自分の存在の価値観、これを持っていたわけですよ。その価値観の意味が大きいから、悪いことを多少しても……。

吉田　国家国民のためになっていると。

平野　それを支えていたのが、戦前なら天皇制ですよ。

吉田　天皇の官吏だったんですね。

平野　要するに天皇陛下に近い関係ね。

吉田　戦前の公務員は天皇の官吏でしたが、戦後の公務員は全体の奉仕者ですからね。これこそまさに大事な憲法の理念ですけど、国家公務員が仕えるべきは総理大臣個人ではなくて、国民全体ですからね。国民に国会の場で嘘をつくのはやっぱり間違っているなとは思わないんですかね……。

平野　いや、戦後も初めの頃はそうよ。戦前は天皇陛下でいいですけど、戦後は新憲法で全体の奉仕者になりましたね。昭和四〇年ごろまで、国家公務員はシビルサーバントという意識が僕らの時代にはまだあったんですよ。ただ、これが昭和五〇年あたりから変わってくるんですよ。

吉田　先ほど先生が、政治家の劣化の話をされた時に、昔は保守も革新も、やり方は違ったけど共通する価値はあったとおっしゃいました。私は左派の人は弱者や少数派のために、保守の人は責任階級として全体のためという、誰のために政治をやっているのかということが、昔の議員にはあったと思うんですよ。役人も確かに偉そうだったかもしれませんけど、一応、国家の国民のためと、選挙で選ばれた政治家にお仕えして政策を作るということは思っていたはずです。今の国会を見ていますと、保身と嘘ばかりで、役人のよって立つ基盤がどこにあるのか分かりません。政治家も官僚も自分のためにやっているという感じがします。多くの人が不信感を持っているのはそこだと思うんです。国民は自分たちのために働いてないような人たちを信用できないと思います。それにもかかわらずみんな、「刑事訴追の恐れがありますからいえません」ということで終わりにするというのは、人間の弱さなのか、弱さとか良心とかを超えた身動きできない圧力が縦横左右にあるのか、どちらなんですかね。

平野　それは「訴追されるからいえません」ということによって、佐川が別の大きな価値を約束されているからでしょう。

吉田　半年か一年ぐらい経ってほとぼりを覚まして、こっそりと天下り先があるということですか。

平野　天下り先かどうかは分からんけどね。大きな社会的、経済的価値を約束されているんですよ。昭和四〇年、五〇年ちょっと過ぎたあたりまでは、役人もシビルサーバントとしての誇りから我慢する力があったけど、やっぱりバブルだね。中曽根バブルです。そこから完全におかしくなりましたね。

吉田　政界も官界もバブル以降に劣化したんですね。

平野　政治家の劣化も官僚の劣化も同じ時期に始まっていますね。そこで世界でもアメリカに次ぐ金権価値観でね。金権民族になっちゃった。それで金と何かを支配する力、権力欲ね。

吉田　なるほど。その頃の世相が分かる気がいたします。

平野　完全に日本人の価値観がそういう風になっているわけだよ。

吉田　それで思い出しますのは、昭和三〇年代の官僚を描いた城山三郎[57]さんの『官僚たちの夏』です。あの小説は、旧通産省の佐橋滋[58]さんがモデルといわれていますね。官僚も最終的な判断では政治家には従わないといけないとは思いますけど、昔は国家のためにはこれがいいと考えて与党の先生に選んでいただくと。そのために一生懸命働くというある種の規範意識があったと思うんですけど、今はそういう気風とか意識もないいんでしょうか。

平野　やっぱり明治時代の生まれの人がいなくなって、大正・昭和の人に世代交代する間に何が起こったのか。ここですね、最大の問題は。政治はやっぱり、生活であるということはいいんだけど、自分たちが、右も左も国会議員を続けるためには当選しないといけない。当選するためには人の立場によって、お金であるし、利権であるし、あるいは組合、そういったものから得票であるとか。

吉田　当然、要りますね。

平野　そういうふうになって、政治の質がとても低下してきたね。何といいますかね、政治の側が行政の情報をどうやってつかむか、そして、俺がやってやったといって地元や業界に恩を売るというふうな現象になっている。これで、政治家が官僚化するんですよ。これが問題ですね。

民主党政権の失敗の本質

吉田　分かります。それでいえば、自民党政権の末期もそうなっていたかも知れませんし、民主党政権もまさに政治家の官僚化だったと思います。

平野　いい意味でも悪い意味でも、政治というのは政治家だけじゃできません。政治は人間的なものを出さにゃいかんですからね。そして、政治家の官僚化とともに、逆に官僚の政治家化が起こる。

吉田　そうなんです。いま先生、まさに理念とおっしゃいましたけど、政策、政策といい始めた頃からちょっと世の中がおかしくなって。政策というと確かに心地いいわけです、まちづくりとか福祉とか。ですが、政策の上にはもう一つ上のレベルの理念が必要だと思うんです。どっちの方向に世の中を持っていくのかがあった上で政策がつくられていくにもかかわらず、民主党にはおそらくそれがなかったんだと思うんですね。自民党は保守党で包括政党ですから、そんなものなくても日本中とつながっています。民主党は政権交代をやったとしても、政権を取った時の民主党はもう……。先生は民由合併をされた立役者ですが、民由合併をしてからの小沢先生はやや社民的になられましたけど、私は第二次民主党の時に、理念が違うのに政権取ってもうまくいくはずがないと思っていたんですよ。

私は九六年の最初の民主党から京都で民主党員になりました。次に民由合併の前の第二次民主党で、当時の新党友愛[59]、旧民主党、それから笹野貞子[60]さんの民主改革連合[61]、羽田孜さんがされていた民政党[62]が一つになりました。民主党がなんでダメだったかというと、政官関係の未熟さもさることながら、まさに理念哲学の部分で政権取るまでに日本をどういうふうに持っていこうという議論を、分裂を恐れたことからずっとしなかったからだと思うんです。分裂を恐れて議論をしなかったのに、政権を取るといきなりみんな違うことをいうじゃないですか。それをいうと自民党もみんな違うという反論があるんですけど、自民党はちょっとずつ違ってもみんな利権で結びついていますからね。農業の人、建設の人、運輸の人、まあ教育にあるのかどうか分かりませんけど。自民党の場合は内部で意見が違ってもちゃんと業界とつながっていますね。民主党は理念がバラバラな上に、日本社会の様々な業界ともつながっていなかったのです。

なんか民主党政権の検証を読んでみても、その検証が全然ないんですよ。官僚をうまく動かせなかったとか、何か組織運営の稚拙さにみんな原因を持っていっていましたけど、実は理念がなかったから官僚を動かそうにも動かしようがなかったのではないかということをほとんどの人はいっていません。私は政策だけでいいのかと思っていまして、政策の上に理念があるはずなのに、こういう議論は今の国会議員の方はあんまりされてないんですか。

平野　うーん、もちろんそれはよく分かるけどね。僕は理念と政策というのは、明確には分けられないと思うんですよ。

吉田　もちろんつながっていますよ。

平野　何のためにやるのか。政策の中にそれを実施するような理念がすぽっと抜けているということでしょう。

吉田　政治家の官僚化を何で思ったかというと、民主党政権になった時にテレビのニュースでみたのですが、年の若い四〇代ぐらいの議員が政務官になって役所に泊まり込んでいました。誰かも覚えていますが、名前は伏せておきます。布団を役所に持ち込んで、自分でパソコンを打ったり自分で簡単な書類まで作ったり、そんなことまでやっていました。私はそれを見て、役人がやる仕事を議員がやることが政治主導なのではないと思ったんですけど、そんなふうにやったじゃないですか。

平野　やったやった（笑）。

吉田　私は何というバカバカしいことをしているのかと呆れました。要するに実務能力面でも自分は官僚なんかに負けないということを証明したいだけなのだと思いました。内閣官房副長官を務められていて、今、慶應義塾大学の教授になられた松井孝治さんという方がおられましたが、あの方などは本当の意味での政治主導を目指していたと思うのですが。

平野　よく知っているよ。僕は仲良かったよ。

吉田　私も議員になられる前から少しだけ存じ上げていました。京都の老舗旅館の御曹司です。

平野　彼は民由合併の前に、政権交代した時のために官邸の改革案をずいぶん持ってきたからよく知っています。

吉田　民由合併の前の第二次民主党に入って、二〇〇一年の選挙で参議院議員になっておられますね。前原議員が連れてきたらしいですけど。松井議員などは、私はかなり良心的な人だと思うんですよ。官僚出身でもあった松井さんは、本当の政治主導の必要性を感じて議員になられたと思います。

平野　僕は将来を期待していたんだ。僕は京都と縁もあるので、彼には知事になってもらいたかった。

吉田　真面目な方ですし、偉ぶってもいない方ですし。

なんでこんなことを申し上げたのかといいますと、民主党の中でも山口二郎さんのように、イギリス労働党的な理念で、政権交代したら社会民主主義の政策ができると思って応援した人と、あるいは改革保守で、それこそ小沢先生、羽田先生の側から出てきて、自民党ではない改革保守をやろうという方向性がありました。そして、松井議員のように、一時、脱藩官僚という言葉がはやりましたけど、統治機構改革をやろうと思っていた人もおられた。みんな少しずつ違う思惑で政権交代をしたんじゃないかと思います。うまく機能すれば良かったですが、結局はバラバラで民主党政権は崩壊した。その反省をしないままに、もう一回、二大政党なんていってもダメではないかというのが、私が二〇数年、政治を見てきた結論なんですよ。だからといってもちろん、安倍一強がいいとは全く思わないのですが、民主党の成り立ちと政権担当時代の反省無くして、野党は安易にまた政権交代などといえないと思うのです。先ほど先生は立憲民主党を軸にしてといわれましたけど、希望の党ではやっぱり自民党の選択肢にはなり得ないと思うんですが、今後の野党のあり方については、いかがでしょうか。

平野　あのね、僕が残念なのはね、バタバタして旧民進党が三つの党に分かれて、希望の党がぼろくそにいわれているけどね、あの中にも何人かは優れた人たちがいますよ。

吉田　おっしゃる通りでして、私が敬愛していたのは京都六区の山井和則さんです。山井さんは一貫して福祉政策をされてきて、民主党にいてもずっと弱者の側で社会福祉を研究されてきました。あの方は松下政経塾の時から母子家庭のボランティア活動などもされてきたと聞いております。ああいう方は小池氏の希望の党とは全然違うと思うんですよ。

平野　今井（雅人）君だってそうだよ。山井さんだってそうだよ。

吉田　希望に行ってほしくない人が結構、希望に行ってしまいました。今井さんはやっぱりそうですか。今井さんが衆議院予算委員会で質問しているのを見まして、私はどういう方か存じあげなかったのですが、この方はいいなと最近思ってみていました。直感ですよ。山井さんなんかは希望の党は居心地悪いはずだと思うんですよね。ああいう弱い人への視点を持ちながら国会で戦ってきた人は、小池百合子さんとは全く体質が違いますでしょう。先ほどの原発と比べると小さい話ですけど、ここが今の野党を見ていて、もやもやする部分なんです。このまま固定化はして欲しくないなと思います。

平野　だからね、もう一回整理し直さにゃいかんと思うよ。もったいないよ、こういう状況ではね。山井さんのことをいえばね、野田政権で消費税つくった時、増税した時にね、最初は城島（光力）が国対委員長だったのよ。城島も僕に相談に来てね。うまく処理しようと思ったけど失敗したわけだ。そして、その城島が財務大臣になって、山井さんが後任の国対委員長になったのよ。僕はそれまで山井というのは知らなかったよ。顔は知っていたけど、もう引退しているからね。ただ、北海道の峰崎直樹[63]というのが友達だったからね。

吉田　峰崎さんは自治労出身の方でしたね。

平野　彼からね、山井国対委員長が僕に会いたいといっているというわけよ。夜は大変だったから昼飯をごちそうになったのよ。そしたら山井さんが、僕の書いた消費税の本を二冊持ってきてね、「平野先生のおかげで、増税反対だったけど、あなたの書いた消費税の裏話というか経過を読んで、これで勉強して消費税のことが分かりました」ってお礼をいわれたことがあったな……。

五五年体制下の国対政治について

吉田　国会対策委員長で思い出したんですけど、野党再編から話がそれますが、少しこのことにテーマを移したいと思います。一時、国対政治というのが諸悪の根源みたいにいわれまして、五五年体制でちょっと悪いイメージがあったと思うんですよ。自民党の金丸（信）[64]さんと社会党の田邊（誠）さんの時代ですね。次の世代ではそれぞれ梶山さんと村山さんに引き継がれました。確かに国対政治は八百長政治で悪いといわれまして、今、国対政治は完全に否定されています。

　ですが、私は一方では国対政治というのはそんなに悪かったかなあという気がしています。国対政治があったからこそ、お互い顔を立てるとか、ここは譲れる、譲れないとか……。それはやっぱりある程度、議会政治の延長にあって、山井さんが国対委員長になっておられた時は、昼間の国会対策委員長会談だけで果たして政治がやれるんだろうかという気持ちになりました。昔の社会党の大出俊[65]さんみたいな人は今、いませんね。大出さんとかは確かに少し悪かったというイメージですけど、ああいう人が民主党にはいなかったから、子どもの政治になっているのではないかとも思ったんです。先生は国対政治を振り返ってどうご覧になりますか。今はみんな国対政治を全面的に否定しますけど、今の議論しない国会を見ると、功罪相半ばしていたとも思うんですが……。

平野　それはね、まず国対政治というものの歴史をほとんどの人が知らないね。国会対策というのは何が発祥かというと、元は片山哲[66]内閣の頃なんですよ。片山内閣というのは連立政権でしょう。その与党三党の国会対策を調整し強化するためにつくったのが始まりなんですよ。

吉田　なるほど……。もともとは与野党の話し合いの場ではなく、与党の連立三党の話し合いの場として始まったのですね。

平野　与党の連立三党が国会対策を考えるためにつくったのが国会対策だよ。

吉田　片山内閣の与党は当時の民主党と日本社会党と国民協同党も入っていましたね。国民協同党は三木武夫さんが率いていて、片山内閣で入閣していますね。

平野　国対委員長というのは与党の国会運営を支える、これが始まりです。これが継承されていったわけ。戦前の時代はね、今の議院運営委員会に当たるものがあったの。そこに各党の幹事長クラスが出ていって、国会運営の相談をしていたわけですよ。それ以降、今の国会というのは与野党の話し合いの場になっていきました。しかしこれはね、自社五五年体制の本質というのはね、実質は自社の連立政権だったんですよ。

吉田　ああ、ですから梶山さんも村山さんも、初めから仲良かったわけですね。大げさにいえば連立のパートナーですね。本当の自社さ政権の前に、事実上、五五年体制は自社連立だったとお聞きすると、五五年体制の見え方ががらりと変わってきます。ある方から、アメリカや海外の政治学者がいちばん驚いたのが村山政権だったと聞いたことがあります。先ほど竹下さんはそれほどの人物でなかったとおっしゃいましたけど、アメリカがいちばん怖がったのは竹下さんだったと。ずっと八百長をやってきたと。俺たちに分からない間に実はずっと社会党と自民党はつるんでいた、ずっと騙されてきたんだなと。日本という国は、自民党と社会党は敵だと思っていたけど、敵じゃなかったのかと驚いたという話を……。

平野　ただ、竹下内閣の時には社会党が土井たか子委員長でね。消費税国会では、それが本当に崩れました。それまでは、井上普方[67]という社会党の議員がね……。

吉田　井上氏は、後藤田正晴さんの親戚で従兄弟か何かでしたね。

平野　そうそう。従兄弟じゃなくて甥だね。彼がずっと首相官邸に土井さんの活動費をもらいに来ていたんだよ。

吉田　なんと、社会党は自民党にお金をせびるようなこともしていたわけですね。

平野　竹下さんがね、「消費税をやるということになってから来なくなった」と僕にいっていたよ。

吉田　先生は国対政治の裏もご覧になってきたので、国対政治を「あの頃は良かった」と是とするわけにはいかないと思うんですけど、一杯やって腹を割って議論をするという場があったから、うまく国会が回ったという側面がないんですか。政治はよく古狸の世界といわれます。私もお金が動くのは悪いと思います。しかし、全否定はできないようにも思うんです。

平野　今から見て、国対政治が全部悪かったとはいえないですよ。金銭とかそういうことを抜きにして、真剣に議論することだってあったしね。

吉田　やっぱり金銭が伴うことの方が多かったんですか。

平野　それはねえ、いろんな形でありますからね。僕は園田副議長[68]で二年、前尾さんで四年、本当に国会運営をやった人間の秘書をやったわけですよ。だから相手は国対ですよ。国対委員長ですよ。

吉田　議長自身が乗り出すというのは最終局面ですよね。普通は与野党でやって、議長はちょっと超越的な立場で、最後に斡旋に乗り出すというイメージですが……。

平野　日本の議会というのは、今ではそういうことはないですね。当時はいわゆるトラブルを起こして与野党が衝突したら、事態収拾は議長の仕事だったの。議長がまず国対委員長を呼んで幹事長を呼んで、場合によっては党首を呼んで仕切っていったわけよ。それのシナリオを作るのが僕らの仕事だったの。そのシナリオ作りの仕事は野党の国会対策委員長らと相談しながらやるわけですよ。

吉田　やっぱり国対政治は復活しない方が良いんですか。

平野　行き過ぎが何でも悪いんですよ。国対で議論すること自体が悪いわけじゃなくてね。それで、菅（直人）さんがいちばん勘違いしたのはね、イギリスの政治は国対政治じゃないと思っていたところなんです。

吉田　なるほど。菅さんはイギリスでは、労働党と保守党がガチンコでやっていると本気で思っておられたんですね。

平野　実際にはそうではないんだよ。僕は議員と一緒に調査に行ったり、事務局で行ったりしたからね。党首討論の制度をつくる時にね、イギリスの議会の実情を視察に行ったわけだ。

吉田　党首討論。クエスチョンタイムですね。

平野　あれは僕たちがつくった。

吉田　小沢先生の国会改革の目玉でしたよね。

平野　そうそう。僕らがクエスチョンタイムの研究に行ったら、その時にイギリスの議会でスコットランドの経済特区をつくる法律で揉めていて、下院の事務総長の時間がなかなか取れなくてね。やっと時間が取れて、何人かの若い議員と一緒に話を聞いたわけ。そうするとイギリスの下院の事務総長が、いまイギリスでは憲法改正をやっているというわけよ。すると自治省とか各省出身の若い議員はね、イギリスは成文憲法がないと思っているから反論するわけよ。イギリスに憲法改正などないと思っているのよ。そうすると事務総長が怒るわけ。「平野さん、よく説明してくれ」といってね。要するに経験中心の国では慣例中心だから、法案の重さによって憲法改正といったりいわなかったりする。しかし、スコットランドを事実上、経済的に独立させようというのは、憲法問題なんですよね。

吉田　なるほど。習慣法の国でも、憲法改正という概念自体はあるんですね。疑問なんですが、経験主義で成文法じゃない国というのは、人によって記憶や解釈が違う場合にはどうするんですか。
平野　コンベンションというのが確立している。実は調整する役がシャドウで存在しているのよ。
吉田　しかし、多少なりとも解釈が違うことは起こり得ますでしょう。合意したつもりでも読み方の意味が違っていたりとかということが起きないのですか。
平野　それは当然あるよ。それでね、僕らに下院の事務総長が教えるわけですよ。イギリスの場合は、議会のシナリオを書く役人と、官邸のいろいろな調整をする役の人を合わせると三〇人ぐらいの人間がいるということをね。
吉田　やっぱりイギリスにも立法府と行政の接着剤の役割を担っている人がいるのですね……。
平野　でも、それはシャドウにしてあるんだよ。表に出さないんだよ。
吉田　そのあたりは、日本でイギリスをモデルにした学者たちには教えてあげなかったんですか。
平野　それはないよ。彼らは国会の機密を持つわけだから。権力欲もないし金銭欲もないという純粋な連中がいるんだよ。その連中が議会のトラブル、あるいは政権交代の時の調整をするんだよ。それをイギリスでは、「Gentleman's agreement」っていって、いい意味での談合をするという話ですよ。それをするのは政治家じゃないよ。政治家から持ち込まれた話を調整する役目の人たちがいるんですよ。
　日本の国対政治が非難されていたのは、昭和五〇年代から六〇年代にかけてだね。実はね、トラブルが起こったら、国対委員長が始末してきたわけだよ。自民党では顧問、議長経験者、総理経験者などが出てきて調整をしていたね。
吉田　ええ、最高顧問ですね。総理大臣と衆参両院議長の経験者からなる。
平野　総理と議長をやった人だね。官邸では石原（信雄[69]）副長官ね。
吉田　石原官房副長官はものすごく長くされた方ですね。
平野　事務局からは僕らが出てね。はっきりいって、「角栄、無茶いうな」とかね。そういうことで、野党にも伝えて。私の日記を見てもらえば分かるけど、与野党の両方から相談に来るわけ。そういう調整役というのは、日本でも機関としてはないけど自然発生的にあったわけ。それに基づいて国対委員長たちが、あるいは議院運営委員長たちが議論をしてね。それでもどうにもならんというようなものを、前例というか参考にして政治が動いたのです。
吉田　今はもう実際になくなっているんですか、国対政治というのは。
平野　それは分からんよ。一番の問題なのは国対政治の前にね、与野党の国対とか議運が事務局に相談しないことなんだよ。民主党が政権を取った時にも、若い連中が、前が自民党の政権だから、事務局の職員もみんな自民党のスパイだといいだしたのよ。国会事務局の連中には、もう泣かれましたよ。
吉田　そんなつもりでやってなくても。やっぱり民主党の議員は疑心暗鬼が過ぎたんです。
平野　だから、今の若手議員は幼いんだよ。
吉田　行政の官僚に対しても、立法府の事務局に対しても、みんな自民党政権でやってきた奴らだということを思ったんですね。じゃあ、本当に議員だけで政治をやろうと思ったんですかね。
平野　でもね、議員も今は相手との話の仕方も分からんわけだよ。それで僕らの時にはね、一つの政党に信頼される人間は全党に信頼されたんだよ。率直なものいいで、あるべきことをいうから、僕なんかはね。だから、一つの党から疑われたら全党から疑われた。

吉田　なるほど、分かります。どの党にも公平だから、ある党に信頼され、それがどの党にも信頼されることになり、ある党から疑われる人は、全党から信用されなかったんですね。

平野　今は、民主党が悪いんだよ。昔なら、事務局から気に食わんことをいわれても、与野党も「そんなもんかな」というように、参考にしたわけだよ。

吉田　先ほど五五年体制のお話が少しございました。冷戦が終結し、その余波で五五年体制が崩壊してもう二〇年以上経っておりますが、いまだに次の「〇〇体制」という言葉も全く出てこないぐらい、二〇年間ずっと政界再編やっています。今後の議会政治と、日本の政治の対立軸、政党の対立軸というのは、先生はどんなふうになっていくとお考えですか。また、どうなっていくのが望ましいとお考えでしょうか。これは政治改革の評価ということとも関連がありますが。

政治改革の評価

平野　僕の分析はね、要するに第三期だね。いわゆるバブルによるリクルート事件と例の与野党の幹部が問題になるわけですがね。これでは特に自民党が困ってね。

吉田　竹下登さん、安倍晋太郎[70]さん、宮澤喜一さん、渡辺美智雄[71]さんですね。ポスト中曽根のリーダーたちですね。

平野　冷戦が終わって、これでは日本の国はどうにもならんというので小沢一郎さんや後藤田（正晴）[72]さんなんかを中心に、政権交代可能な政治改革をつくる。自民党の中で『政治改革大綱』というのをつくるんですよね。これを自民党が何回も国民に公約するわけよね。ところが竹下さんは自分が提案して、その竹下さんが一番、最初にこれを潰そうとするんですよ。

吉田　ええ。そのことは、小沢さんの証言にもありますね。竹下さんは、一月八日から平成になった年の昭和六四年一月に政治改革に取り組むと宣言されるんですが、最初だけいって、後はやらなくなったんですね。この時はリクルート事件の反省からでしたね。

平野　そもそも、竹下さんに政治改革をいわせたのは僕だからね。竹下さんが辞める時に。

吉田　そうなんですか。私は後藤田正晴さんが全体のシナリオを作られたのかなと思っていました。後藤田さんから竹下さんに内々に話があったのかも知れないとも推測していました。

平野　いや、作ったたっていったって、僕らが案を作ったんだから。それでね、こういうことなんですよ。自民党のために自民党によって提案された『政治改革大綱』を実現するかしないかの闘争がここから始まるんですよ。いまだにそれが続いている。

吉田　そうですよね。私は、先生がそこで活躍されていたのはもちろん、海部さんに出されたお手紙でも読みましたけど、結局は当時、同士打ちが悪いということでしたね。中選挙区制で同士打ちをやっているので金権政治になるということです。後藤田さん自身の考え方は『政治改革大綱』に入っていると思いますけども、やっぱり政権交代を起こさないといけないということがものすごくいわれていました。当時、改革派と呼ばれた社会党の右派や、連合の初代会長だった山岸章さん。結局、二〇年、二五年経って、政権交代が起こりはしましたけども。
一番お伺いしたいのは、二大政党制にはアメリカ型の保守二党と、ヨーロッパ型の保守政党対社民政党の二党制の二つがありますが、どちらを想定するのかという議論はでましたか。宮澤喜一さんや村山富市さんはやっぱり反対で、宮澤さんは本心では最後まで反対だったらしいですけど……。

平野 いや、そうじゃないよ。誰が宮澤さんが反対だっていっていたの。

吉田 宮澤さん自身が後の回顧録で、あれは熱病のようなものだったというような内容のことを書かれていましたよ。

平野 いや、そんなことはないよ。だって、最終的にこれでどうだっていって、僕が宮澤さんに案を出したんだからね。私は前尾さんからいえば、宮澤・平野っていうのは兄弟だからね。兄は秀才で僕は出来の悪い弟で……。宮澤さんからも様々な相談をずっと受けていたんですよ。政治改革の時は、彼は中途半端な熱病だったんだよ。彼がそうやって回顧録の中で、あの時は熱病だったという風にいうのは、彼の一つの弁解ですよ。

吉田 ああ、そうですか……。宮澤さんの回顧録の中にそういう記述がありましたが。

平野 そりゃ、後からはそんな風に書きますよ。

吉田 私は二大政党といっても、保守二党と保守政党対社民政党の二党制ですね、アメリカ型とヨーロッパ型です。やはりこの二つは違っていまして、政治改革の時にそこまで詰めた議論はなかったんじゃないかなと思うんです。

平野 あのね、二大政党にするということは、我々は一回もいってないの。二つのグループ、要するに価値観を多様化しながら集約しているわけです。で、選挙の前に、こういう政権をつくりたいというグループを結集して、選挙に臨むということです。マスコミが勝手に二大政党といったんですよ。細川さんも小沢さんも二大政党という形での言葉は使ったかも分からんけど。

吉田　細川さんは、穏健な多党制と最後までいっていますね。

平野　それですよ。穏健な多党制だけど、やっぱり選挙の前には二つのグループを形成するのよ。

吉田　連合会長だった山岸章氏も最初は二大政党制といっておられましたが、途中からは二大グループが望ましいというふうにいい方に変わられています。

平野　ただしかしね、中選挙区がどんなに悪い選挙だったということ、これが一番の問題だったんですよ。一番悪いのは社会党が責任を取ろうとしないことなんだよ。そこをきっぱり否定しているわけなんだから。大正末期に三派護憲政権で普選法を成立させ、三人～五人の談合中選挙区制をしたことが、日本の政党政治を腐敗させたんですよ。

吉田　誰しもがそこをいわれると、当時の社会党の支持者も反論できないですよね。そもそも選挙の前から候補者を過半数立てていなかったわけですから。全員、当選しても政権など無理ですからね……。

平野　だから、僕らが理想とするのは当時の西ドイツだね。

吉田　小選挙区制と比例代表制の併用制ですね。並立制と併用制のどちらを採用するかは、第八次選挙制度審議会で審議されていまして、当時の連合の山岸さんや、先ほど先生が名前を出された内田健三[73]先生などは、最初併用制を主張されていましたけど、途中からはそれを取り下げて並立制になっていきました。第八次選挙制度審議会は、読売新聞の小林與三次[74]さんが委員長でしたけど、どうして、併用制は少数派になって議論の途中で消えてしまい、並立制になっちゃったんですか。当時の新聞の記事をいくら詳しく調べても、どこで変わったかというのが分かりません。最終的に並立制になったということは、きちんと記事にも出ているのですが、本当に肝腎のところだけ分かりません。

平野　それはもう、自民党が……。

吉田　先生は小選挙区比例代表制より併用制を考えておられたわけですね。

平野　私が個人として、政治家として主張するなら併用制ですね。その頃は、後藤田さんが作って『政治改革大綱』でやる時には、僕はその事務局の担当者だったからね。僕の主張は出ないわけよ。

吉田　果たされた役割と平野先生の主張が違うというのは、今、分かりました。

平野　小林與三次さんが会長として第八次選挙制度審議会に入ってきた時には、その時の原型だったからね。それが始まりだから。その時には僕は衆議院事務局の委員部長で、小沢幹事長の下で専門家を使って與三次さんが出す答申の下敷きを作ったんだから。後藤田さんの命令でね。

吉田　そこも本で読みまして、論文に引用しました。自民党政治改革委員会と政府がつくった第八次選挙制度審議会がほぼ同時に動いているんですね。読売、朝日、毎日の三つの新聞記事を全部コピーして、どんな細かい動きも再現しようとこの辺りは見たんですけども、ちょうど宇野内閣の八九年六月のことです。ほとんど数日違いで発足をしています。その中で私が一番疑問に思ったところは、自民党『政治改革大綱』は政党としての大綱ですが、それの内容を立法化して国会に出す場合に、政府にわざわざ審議会をつくったのは、野党も巻き込んでやりたかったというのと、マスコミを使って、首相が受けた答申と自民党の大綱とは重みが違うので車の両輪でということにされたんでしょうか。

平野　それはね、政治の現実の中ではごちゃ混ぜになったりするから、最初の理念が通るわけはないからね。一番の悲劇は、政権交代の後の細川政権が出した原案もよろしくないよ。まあ、まだマシだったわけだけど。それを参議院本会議で社会党が一七人が反対してきます。これで連立与党案が否決されて、そこで、両院協議会を開いて、その結果自民党の案を丸のみにするんだよ。あそこで全部、崩れたんだよ。

吉田　そこの部分は、最終的には小沢先生と森喜朗[75]さんが合意したと森さんは回顧録で証言しておられますね。

平野　いやいや、そうじゃない。

吉田　森さんの回顧録を読みますと、私と小沢さんで合意したという風にいっておられます。当時、土井衆議院議長と原文兵衛[76]参議院議長ですか。議長からのメモが来て細川首相と河野自民党総裁が土井議長に会いに行った時に、二人残された小沢さんと森さんが話し合って、まとめようということになったと証言されています。

平野　いやいや、森喜朗がそんなことできるわけはない。政治家の回顧録を事実と信じてはいかんよ。

吉田　そうなのですか……。私の論文では森さんの回顧録を引用してそこを使っています。これはちょっと困りました。森さんは堂々と『90年代の証言』（朝日新聞社、二〇〇七年）というオーラルヒストリーの中で証言されています。実際のところ、森さんと小沢さんは、細川さんと河野さんがいない間に二人で最終的にまとめたというのは事実ではないんですか。

平野　森・小沢会談でそんな話はしないよ。

吉田　細川さんは通すために、最後は自民党案をのみますね。

平野　それを実際に詰めたのは市川（雄一）[77]だよ。

吉田　公明党の市川さんですね。当時は細川連立政権の中での実力者でした。小沢先生と市川雄一さんは、一・一ラインだったんで、当然そこは一致していたわけですよね。先生が今おっしゃった最後のところですが、細川さんは最後まで穏健な多党制を主張していました。併用制でなくなったとしても、並立制の中でも小選挙区と比例代表の比率で比例部分を大きくすることによっても、穏健な多党制になった可能性はあったんですよね。

平野　それもできるし、比例区のブロックをぐっと広げることによってもできるんですよ。

吉田　後藤田さんからまず『政治改革大綱』が示されて、自民党内が動き始めます。そして政府の第八次選挙制度審議会ですね。これは短期の宇野内閣で設置が決まって、海部内閣で実質的に始動します。まさに先生が『平成政治20年史』（幻冬舎新書、二〇〇八年）に書かれている部分ですね。後藤田さんから密命を受けて、小沢さんが平野先生に相談しておられますね。あれを読んでびっくりしたのは、政府の審議会の答申に下書きを政府の審議会のメンバーではない小沢先生と平野先生が……。

平野　それだけじゃないよね。あと法制局の部長と自治省の担当者を呼んでね。

吉田　読みました。自治省の選挙部長ですね。

平野　要するに後藤田さんの考え方ね。小林與三次のところ（選挙制度審議会）ではメンバーは新聞記者が多いのよ。

吉田　元新聞記者で法政大学教授だった内田健三さんとかですね。

平野　内田健三は僕とパイプがあるからね。

吉田　私もそこはもう新聞記事からでは分からないので推測で書いて、証拠がないと困っていたんですけど、状況証拠から第八次選挙制度審議会と自民党政治改革推進本部は絶対に裏でつながっていたはずだと思うとぼやかしてあるんです。新聞記事を見ているとそうとしか思えないのです。

平野　それはその通りです。二つはつながっていた。つないだのは内田健三だよ。審議会のメンバーだった内田健三がね、「これは審議会に任せていてはまとまらん」というんですよ。ということで、内田健三が後藤田さんと相談して、後藤田さんが「よし分かった」というので、幹事長の小沢さんを呼んで指示するわけよ。それで専門家を呼んで、小林審議会（第八次選挙制度審議会）の答申の下敷きを作ってやるんだよ。

吉田　それを読んでびっくりしたんですが、先生の本は世の中に出ていますから、今ではみんな読むことができますが、当時はみんな知らないじゃないですか。政府の審議会の答申は海部総理が恭しく頂いておられます。しかし、その内容は審議会の委員ではなく後藤田さんの指示によって下書きが書かれていたのですね……。一方、自民党は自民党で後藤田さんが推進して……。

平野　いや、それはしかし、答申をするまでには政治家同士の議論はないからね。各党の意見があるだけで。答申の出た後で与野党間での議論になっていくわけですね。

吉田　もちろんです。ですからもちろん、政府の審議会にも各党代表の政治家は入ってないですけど。やっぱり答申は、小沢先生と平野先生は後藤田さんから秘密の話があって書かれたんですよね。

平野　しかし、それは後藤田さんの案でも小沢さんの案でもないのよ。自治省の専門家の案なのよ。忖度は多少するけどね。並立制にするか併用制にするかというのは、これはまた一つの議論であったのですが、当時最も議論したのは、小選挙区を幾つにするかということでした。

吉田　つまり並立制、併用制のどちらにするかが一番のテーマではなく、並立制の上で比例を多くするか、小選挙区を主軸にするかというところだったんですかね。

平野　小選挙区を幾つここに置こうかということが、重要な問題だったんだよ。

吉田　細川さんはなんで最後、折れたというか自分の主張を引っ込めたんですか。

平野　別に引っ込めたわけじゃないよ。

吉田　そうですか。当時、社会党の中では山花（貞夫）[78]委員長が九三年の選挙敗北の責任を取って辞任し、村山委員長が当選しました。村山さんが委員長選挙に立候補した時の新聞のインタビューで、「定数配分は譲れませんか」という記者の問いに、「ここだけは絶対に譲れん」といっておられます。小選挙区と比例代表の配分の部分です。社会党もだんだん後の方は細川政権では妥協していきます。

平野　あの時には、村山さんより山岸さんが影響力を持っていてね。連合の意志を通した。

吉田　ああ、なるほどですね。山岸章さん自身は第八次選挙制度審議会のメンバーでもありましたね。

平野　それでね、三〇〇というのは、今は少し減っているけど。あれは考え方の一つの基準なんですよ。その基準を作るのが大変だったの。あとは定員の問題ですからね。

吉田　総定数は当時、五一二にまでなっていたのを減らしたんですね。

平野　最初は総定数五〇〇だった。小選挙区三〇〇、比例代表二〇〇だね。

吉田　最初は総定数五〇〇、その後は四八〇になっていますね。
平野　減らしたのは別の要件ですね。それでその三〇〇という小選挙区を作った時に、なかなかもめたんですよ。これは偶然だったんですけど、私は古本屋でね、ＮＨＫ出版の古地図を買ってきてね。
吉田　元の発想は「三〇〇諸藩」からですかね。私も「三〇〇諸藩」と三〇〇小選挙区は、絶対関係があるなと思っていました。三〇〇という数字は、小沢先生の『日本改造計画』の中にも出てきますね。基礎自治体を三〇〇に再編と提言されています。
平野　三〇〇で行けっていったのは、後藤田さんだったと思うな。
吉田　古本屋の古地図から思いつかれたんですかね。
平野　元禄時代よね。そこからヒントを得たわけです。

小沢一郎氏との出会いとその後

吉田　先生の本にも書いてあることで、本で読んだことを質問するのも何ですけど、小沢先生との出会いというのは経世会、幹事長になられた後ぐらいですか。本当に会われたのはもっと前でしょうけど、実際に本格的に活動を共にされたのは……。
平野　僕は小沢さんのお父さんから縁があるから。小沢さんが当選した頃から知っていましたよ。それで彼が二七歳で当選してきた。当選してひと月経ってから、自分は社会生活、一般社会で仕事をした経験がまったくないと。

吉田　司法試験の勉強をされていたんですよね。
平野　それで人を見る目がないと。
吉田　そんなことをおっしゃったんですね。
平野　それで非公式に、人を見る時にアドバイスをしてくれということをいわれたんです。
吉田　平野先生とは六年違いとおっしゃいましたか。
平野　七つ違いですね。
吉田　小沢さんの初当選は二七歳。
平野　昭和四四年じゃないかな。
吉田　佐藤内閣の頃ですよね。平野先生はその頃三五歳ぐらいですか。
平野　そう、そんなもん。
吉田　若い時の小沢さんは、将来の大物という感じはしていましたか。
平野　それはね、あの年でそんなことをいう人間はいないよ。自分をよく知っているわけだ。
吉田　このあたりこそ裏話ですね。選挙制度の話とか。ずっと身近に小沢先生の懐刀としてやってこられたのですが、最初の出会いはとてもお若い時だったのですね。
平野　議運の理事とかね。議運の委員長になって、小沢さんはうんと変わられたね。彼が議運の委員長の頃、僕は議運の担当課長だ。
吉田　当時は同世代に羽田孜さんとか、奥田敬和[79]さんとか渡部恒三[80]さんとかがおられましたね。
平野　奥田さんはちょっと上だけどね。僕らの時の同世代といえば、羽田は同い年、橋本龍太郎[81]も二っ下、小渕（恵三）[82]も二つ下。この辺りは年が近いね。
吉田　後の総理がその中には二人もおられたんですね。
平野　それから、同じ選挙の初当選組という意味では森喜朗もそうだね。
吉田　有名な当選組ですよね。土井たか子さんも一緒ですよね、野党ですけど。
平野　特に羽田、橋本、小沢って仲が良かった。三人は友達だったの。
吉田　事務局員としてのお立場からすると、建前としては一党一派に偏してはいけないんでしょうけど、やっぱり後の経世会、当時の田中派の若手とのお付き合いが比較的多かったんでしょうか。
平野　そういうことでもなかったね。あの頃は、宮澤さんなんかも相談に来ていたしね。それから与謝野（馨）、中曽根さんの関係者もしょっちゅう相談に来ていたしね。いろんな人が相談に来ていましたよ。彼らは僕をね、表向きは違うけどね、職員扱いしないんだ。
吉田　同志っていう感じですか。
平野　同志というより仲間なんだね。仲間は野党にもいるんですよ。
吉田　そうしますと先生のお立場からすると、初当選の頃から友達で仲間だった人が分裂した経世会の分裂というのはやっぱり一つの大きな出来事だったんですよね。経世会が小渕派になった時に、小沢さんと羽田さんが自民党を出ていきますよね。「改革フォーラム21」を結成された時ですね。小渕派に残った橋本さんや梶山さんとは袂を分かつことになられましたね。
平野　梶山さんはね、最初は自民党で小沢さんを総理にしようと思っていたんだよ。それを羽田さんと僕が取ったという構図だね。しかし、彼は政治改革に反対したけど、その後の経済改革とか竹下派のやり方にいろいろ問題があると感じて小渕さんの時には……。

吉田　ええ。最後、梶山さんは派閥を離脱して総裁選に出られましたね。

平野　あの時に僕らにはっきり、あんたらのいう方が正しかったといいましたからね。死に際に。

吉田　自社さ連立政権の時、社会党の村山さんを担いで梶山先生は復活されますね。小沢さんと敵対する形で。

平野　自社さ政権をつくったのは梶山というよりは、主に亀井とか野中とかだね。

吉田　この前お亡くなりになった野中広務さんですね。ジャーナリストが書いた野中さんの本を読みました。自社連立を進めた社会党の側には野坂浩賢氏とか、山口鶴男氏とかいたようですね。

平野　僕は社会党の中では山花とはうんと仲が良かったからね。

吉田　ええ、山花貞夫さんですね。山花さんはとても紳士的な方でしたね。

平野　自社さ政権ができて、阪神・淡路大震災ね。あの日に山花グループが社会党の会派から分かれて……。

吉田　私も覚えています。本当は山花さんの新党結成の日だったんですね。

平野　それで小沢さんが日本にいたら疑われるからってアメリカに行って、私が山花さんと相談しましたよ。

吉田　先生は田中派の流れの経世会だけじゃなくて、第一次民主党の母体となった山花新党へも関わってらっしゃったわけですね。それはあまりまだ本には書かれてないですよね。

平野　山花さんが亡くなった時葬式に行ったのは、当時の国会議員では、小沢さんと僕と、鈴木さんという日銀の理事をやっていた人の三人だけだった。それで帰りに早野透というコメンテーターと会いました。実は小沢さんと僕はこの山花新党が成功していたら山花政権をつくる予定だったんですよ、と朝日新聞の早野さんに話したら、記事にして話題になった。

吉田　えっ。それは新進党が山花さんがつくる新党と組み、山花さんを首班に担いだ連立政権という構想だったんですね。

平野　社会党の一部が新進党の側に入ってね。

吉田　山花さんというのは悲運の方で有名で、新党結成の予定だった日に阪神・淡路大震災で政治休戦になりましたね。また社会党の委員長になった時は皇太子妃の雅子さま発表でニュースとしては霞んでしまいました。そして、お生まれになった日は二・二六事件が起きた日だったそうですね。山花さんは何かしようと思うとそれより大きなニュースが起きるということで有名な方でした。

平野　政治倫理制度とかね、山花・平野で作ったのよ。私はその小沢委員長と相談していたわけだけど。小沢さんも山花をうんと評価していたよ。

吉田　山花さんという方は、何となく指導力はあまりなさそうな方でしたが……。私が初めて選挙の手伝いをしたのが一九九三年の総選挙でして。九三年の選挙は日本新党から前原さんが初当選した選挙でもあるんですが、私は当時、社会党から旧京都一区で出た竹村幸雄[83]さんという方を応援しました。ずっと落選していた方なんですが……。私は竹村さんの選挙で山花さんが京都に応援に来られたのを覚えております。山花さんは当時まだ与党じゃなかったですね。その後、細川政権ができて政治改革担当相に就任されましたけど、非常に温厚で紳士的な方というイメージでした。ですけど、リーダーとしては何か、リーダーシップがないようなイメージで、委員長としても失敗した、政治改革担当大臣としてももう一つという感じでした。だけど小沢さんは山花さんを評価していたということは、やっぱり能力の高い方だったんですね。

平野　細川政権をつくった時の政策合意なんかは、書記長が赤松で政策審議会長が日野市朗[84]だったね。

吉田　日野さんは後に郵政大臣になった人ですね。

平野　そう。残念ながらこの二人があまり役に立たなかったんですよ。それで、二人がろくな報告をしないから、深夜、山花から僕の宿舎に電話があって、私が説得して作るわけよ。こういう報告を受けているけど、どうこうといってね。

吉田　山花さんは清廉潔白なだけで指導力はなかったと思っていたんですが、それなりに……。

平野　立派な方でしたよ。

吉田　小沢さんが山花さんを高く評価していたというのは、初めてお聞きしました

平野　それで離れてから、僕らが自由党をつくってからも、僕と山花さんというのはしょっちゅう付き合っていたよ。なんか大変な病気で亡くなったんだよね。

吉田　そうしますと、要するに村山自社さ政権の中で、社会党内で対立が起こって山花さんが離党しようとしたのですね。山花さんの新党は、自社さ政権を続けるのではなく、政権交代した時の細川連立政権の枠組みにもう一度、社会党の一部を戻そうという動きだったのですね。

平野　社会党から三〇人が出ていたら逆転したからね。

吉田　山花新党は結党されず、市民リーグという海江田万里さんと山花さんの組んだ小さい党が後に

出来ました。あの時に山花さんが新党をつくって自社さ側から出てきたら、山花さんを首相にして新進党と山花新党の連立という選択肢もあったんですね。

平野　その連中というのは新進党の側に来た……。

吉田　当時は社会党のキーパーソンに久保亘[85]さんもいましたでしょう。社会党が細川連立政権の側にいた時には、連立与党の会議などは久保さんが社会党を代表して出ておられましたが。

平野　僕はこの人とも縁が深かったよ。

吉田　久保亘さんは社会党内で村山さんとは対立していましたね。山花さんや次の村山さんのようにトップにはなれませんでしたけれども。久保亘さんは、後の自社さ政権では大蔵大臣にもなっておられますが、元々は自社さ派ではなくて一回目の非自民の連立政権派だったんですね。

平野　久保さんはね、細川連立政権で、政府与党連絡会議で公明党の市川にガンガンやられるわけよ。それで久保さんが僕に、帰らずに待っていてくれといってね。終わって呼ばれて、久保さんの議員会館の事務所で冷酒飲みながらね、愚痴を聞く役をずっとやっていたよ。

吉田　でも久保さんは、この市川氏が嫌だったので、そこの連立の枠組みを出て同じ社会党の村山さんを担いだということではなくて、非自民の連立維持派だったわけですね。

平野　そこのところは彼の一つのジレンマでね。宮澤内閣不信任案を可決して解散となり、総選挙になった時、野党協力の時には向こうが久保・村山、こっちが小沢・平野で案を出した。

吉田　ああ、なるほどですね。

平野　その中で久保さんはやっぱり、最終的には自社連立の時には社会党を選んだわけだけど、自社さ政権ができる前に、非自民連立側が海部でなくて羽田をもう一回首班にすれば協力するっていう話があった。ところがね、羽田が総辞職して、また羽田を擁立するわけにいかんでしょう。

吉田　羽田さんも六〇日くらいで辞任に追い込まれましたね。これは社会党と新党さきがけが、首班指名直後に閣外協力に転じたことが原因でした。先生と距離感やお付き合いの濃さは多少違うとしても、山花さんと久保さんでは、小沢さんは山花さんの方を評価されていたんですね。政治家としてはタイプは違うと思いますけど……。

平野　あの時、細川政権になった時には、社会党の委員長は山花で、久保さんは……。

吉田　当時、久保さんは社会党の書記長でしたね。その時、村山さんは国会対策委員長でしたね。村山さんは、山花さんが辞任した後、国対委員長から委員長になりましたね。その時はまさかその後、自社連立があるとは思いもよりませんでしたが……。

平野　政府与党連絡会議には久保さんが行っていたね。

吉田　私も覚えています。市川氏というのは結構、傲慢な人だったといいますか、弁の立つ方でもあったと聞くんですが、市川氏は連立与党内でもガンガン発言されていたのですか。

平野　だからね、やっぱり政治は人間模様でね。一つの政治の厳しい状況の中で、なかなかやっぱり、みな、出身の組織に縛られますからな。

小沢一郎氏と民主党政権へのジャーナリストの評価への疑問

吉田　私は鳩山政権の時、なぜ東アジア共同体構想がダメになったのかということを研究して本を書こうと思っておりまして、今日は、そのヒアリングの一環でお話をお伺いにきたつもりだったんですけど、それを超えるお話をしていただいたので大変ありがたく思っております。

平野　要するにね、こんなことをいっちゃなんですけどね。民主党政権ね、つまり最初の鳩山政権をつくった、あの時に本当の政権の根っこを動かすことを知っているのは、小沢さんしかいないんですよ。私はもう国会議員ではなかったけど。

吉田　先生が永田町にいらっしゃったら、また全然違いましたでしょうね。

平野　そんなことはないと思うけど、あそこで西松問題で陸山会事件を麻生が仕掛けて起こして、それが上手に解決せずに、うやむやになったということに大きな問題がありますね。それと同時に、鳩山さんの「子ども手当」の問題が……。

吉田　ええ、出てきましたね。あれはもう政権を取った後の予算委員会で自民党側からガンガン追及されましたね。

平野　それで、小沢陸山会と鳩山「子ども手当」のね、司法取引みたいなのがあったんじゃないかという見方がありましてね。

吉田　それで鳩山さんをそれ以上追及するなとなったわけですか。

平野　ああいう形で処理してね。

吉田　取引というのは小沢さんの……。

平野　司法側がですよ。そういうような噂も当時出ましてね。だけど小沢さんを本当にダメにしたのは次の菅（直人）政権ですからね。菅政権の時に検察審査会が開かれましたからね。

吉田　あれはひどかったですね。少し前に出版された小沢先生のことを新聞記者がまとめた最新の本にちょっと書いてありますね。民主党の人間が全部味方してくれなかったと。こんなことをやるのかと思ったという。

平野　あれはね、公文書改ざんよりもっと大変な事件ですよ。菅《かん》政権が黒川法務省官房長を使った権力の犯罪でした。

吉田　悪質ですね。そこまで追い込まれた理由というのは、先ほど先生がおっしゃった四億の政治資金をたくさんやって、みんな小沢さんを恐れすぎたというのはあったんですかね。八〇人×五〇〇万円というので。民主党の中で小沢さんを追い込んだ人たちがいたわけですね。

平野　あったと僕は思うのよ。細かな数字は別ですよ。それで前原さんも菅さんも心配したでしょう。一気に疑心暗鬼が広がってね。そんなことはないのよね。私たちもきちっと説明しときゃ良かったんだけど。ただその時にさらに、検察が変なことを。

吉田　やりましたね。

平野　石川（知裕）を逮捕なんかしてね。検察もそれを再度調べたんですよ。それで一時、私も逮捕されるんじゃないかという噂まで出たんですよ。そのくらいのことがあったんですよ。

吉田　私はこの二〇〇九年の選挙を詳しく覚えておりまして、埼玉から衆議院議員を一期だけやって辞めた森岡さんという方が出られまして、その方は年下ですけど、私の松下政経塾二期先輩でした。その縁で数日間だけですが、その人をボランティアでお手伝いに行ったら、小沢さんの秘書だった池田光智さんが来ておられたんですよ。選挙前ですから、陸山会事件が起こる前でした。その時に候補者だった森岡さんから聞くと、毎日、活動報告を小沢先生の事務所にしているのだと。秘書の人までこうやって、各新人候補の事務所を回らせているのかと驚きました。私が行ったのは、ちょうど選挙の公示より少し前でした。先ほどの先生のお話でいいますと、解散の翌日ということだったので、資金が補給された後、小沢さんの秘書がちゃんと活動しているかを見に行っていたということですね。

平野　たいていの候補の人がファックスの料金も払えなくなっていたんだよ。

吉田　森岡さんはあまり小沢グループという感じではなかったので、その時はなんで秘書の人来ているのかなというふうに思っていましたけど。そこはやっぱり新人候補を当選させるために選挙の指導をされていたのですね。

平野　そうそう、指導していたんだよ。

吉田　私が一番疑問に思うことはですね、政治学者やジャーナリストの中に、民主党には二つの民主党があって、小沢さんと民由合併するまでは改革路線で、民由合併したからダメになったなんていうことをいっている人が、今結構いることです。私はこれはとんでもない話だと思っているんです。例えばですが、お名前を出すなら、朝日新聞の記者だった薬師寺克行氏とかですね。
　私は小沢さんがいたからこそ政権が取れて、民由合併がなければ政権取れなかったと思っていますから、小沢さんと合流したから無茶苦茶になったという論はおかしいと思います。では、そもそも、第二次民主党は一枚岩だったのかと思います。第一次民主党の時点で実はもう民主党は無茶苦茶になっていまして、むしろ最終局面の小沢さんが合流してから政権交代ができました。その小沢さんを評価しないとおかしいんじゃないかというのが私の意見なんです。学者やジャーナリストは民由合併の後に変になったみたいな論調を平気で書いていることに関して、先生はどうご覧になりますか。

平野 いや、よく勉強してないからですよ。事実を知らんからじゃないかね。

吉田 他には例えば船橋洋一氏とかもですね。

平野 あれはもう、よく知っているよ。これは、感情的なもんだろうね……。

吉田 薬師寺氏とか船橋氏は小沢さんにとても批判的ですね。別のタイプですが、山口二郎さんも、少し民主党への見方が甘かったと思います。今はどう思っておられるのかは分かりませんが……。

平野 それから星浩ね。彼らは小沢さんへの人格批判までして、日本政治を劣化させた。

吉田 私は首尾一貫してないと思うんですよ。あの人たちは民主党は改革の党だったといって、小沢さんが改革路線をダメにしたという論調ですけど。そもそも九〇年代の初めに政官関係の改革をいいだしたのも小沢さんですからね。あの人たちは二〇〇九年のマニフェストと、その前の二〇〇七年の参院選の「マグナカルタ」のばらまきになっていたからダメなのだとこの方々はいいますよね。前原さんにしても枝野さんにしても、みんなばらまきになったから失敗したといいますけど、あの選挙では、新自由主義の小泉時代からその後の福田、麻生政権への自民党政権に対する批判から政権交代が起こったわけですからね。なぜ、ジャーナリストや学者があいう、小沢さん批判の論調なのかというのが非常に不可解です。あの時点でさらなる規制緩和とか競争力のために民活が大事なのでさらなる行革とか小泉時代の自民党と同じことをいって政権交代などあり得なかったと思います。

平野　それはね、やっぱり彼らは小沢さんとは波長が合わないんですよ。

吉田　私は改革の党だった民主党が、小沢さんが合流してから改革の党でなくなったという論調に対しては疑問を持っております。確かに〇七年と〇九年のマニフェストの内容は社民的になりましたが、新自由主義に対する批判で政権を獲得したのですからね。そこを批判すれば政権交代自体がなかったということになると思います。

それと小沢さんへの批判とは少し異なりますが、山口二郎さんのようなイギリスの制度をやったら成功するはずだったという主張も別の視点からですが、強く反省を求められると思いますね。その辺は今日、先生にお聞きしてすっきりしました。また、みんな九〇年代の最初の議論に戻ることなく、鳩山政権の批判だけしかしてないところもおかしいですね。本日は長い時間ありがとうございました。

［注］

1　高坂正堯：昭和九年〜平成八年。京都市出身。昭和三二年京都大学法学部卒業。国際政治学者。専門は国際政治学、ヨーロッパ外交史。京都大学教授。著作に『国際政治――恐怖と希望』（中公新書・一九六六年）、『宰相吉田茂』（中央公論社・一九六八年）他多数。

2　矢野暢：昭和一一年〜平成一一年。政治学者。満州国生まれ。昭和四〇年京都大学大学院博士課程修了。専門は東アジア地域研究。六一年『冷戦と東南アジア』で吉野作造賞。スウェーデン王立科学アカデミー会員。ミャンマーのアウンサンスーチーの京都大学留学時代の恩師ともいわれる。平成五年セクハラ事件（矢野事件）で教授を退任。セクシュアルハラスメント事件として世間を騒がせる。晩年はウィーンで過ごした。

3　陸山会事件は小沢一郎の資金管理団体「陸山会」の蓄財疑惑が報じられ、それに対して小沢が名誉棄損で訴訟を起こし民事訴訟となった事件。平成二一年市民団体から東京都世田谷区の土地購入に関する政治資金規正法違反で小沢が告発されたため刑事捜査にも発展した。二二年東京地検特捜部によって小沢の秘書三人が起訴、二三年には検察審査会の起訴議決によって小沢も起訴された。

4　新生党は宮澤内閣不信任案に賛成した羽田孜、小沢一郎らが平成五年六月に自民党を離党して結党した政党。非自民勢力による三八年ぶりの政権交代を主導した。平成六年一二月に解党して新進党結党に参加した。

5　新進党は平成六年六月下野した非自民非共産勢力が同年一二月に結成した政党。新生党、公明党の一部分、民社党、日本新党などが結集して結党された。平成九年一一月には旧公明党のうち新進党に合流していなかった参議院議員と地方議員による「公明」が合流を取りやめた。同年一二月の代表選挙で小沢が代表に再任されたが、小沢は同年一二月新進党の分党による解散を宣言した。

6　羽田・小沢グループは平成四年に金丸信引退後の自民党経世会（竹下派）の後継会長をめぐる主導権争いの結果、小渕恵三を推すグループに敗れた羽田孜、小沢一郎によって結成されたグループ。自民党内では「改革フォーラム21」と名乗った。宮澤内閣不信任案可決後の平成五年六月には自民党を離党して新生党を結成した。

7　太陽党（羽田党首）は平成八年に新進党を離党した羽田孜が結成した政党。羽田孜と小沢一郎は自民党経世会以来、共に活動していたが、八年には羽田が小沢と袂を分かって新進党を離党した。新進党自体もその翌年一二月に解党した。

8　自由党（小沢党首）は新進党解党後の平成一〇年一月の結党。政策は小沢一郎の著書『日本改造計画』を新生党、新進党時代からそのまま踏襲した。当時の自由党は小さな政府、規制緩和、市場主義などの経済的新自由主義と政治的保守主義をとっていた。一五年に解党して当時の第二次民主党（菅代表）と合併した。

9　西松事件は準大手ゼネコン西松建設をめぐる汚職事件。平成二〇年から東京地検特捜部が西松建設を家宅捜査。二一年に政界に波及。西松建設幹部と国会議員秘書など五人が立件された。

10　自社さ政権（村山政権）は平成六年六月に発足。平成六年に羽田内閣が少数与党となり総辞職した後に、自民党が社会党の委員長であった村山富市を首相にかつぎ政権復帰を果たした。社会党委員長が首相になったのは片山内閣以来四六年ぶりだった。この政権は細川連立政権における小沢の政権運営に対する反発から生まれた政権であった。

11 与謝野馨：昭和一三年〜平成二九年。東京都出身。昭和三八年東京大学法学部卒業。中曽根康弘秘書を経て昭和五一年衆議院議員に当選。平成六年村山内閣の文相、八年第二次橋本内閣の官房副長官、一〇年小渕内閣の通産相に就任。一一年一月の小渕改造内閣でも留任。一二年落選。一五年国政復帰。一七年第三次小泉内閣で内閣府特命担当大臣。一九年第一次安倍内閣の官房副長官。二一年財務相を兼任。二二年自民党を離党。平沼赳夫らと「たちあがれ日本」を結党。二三年一月「たちあがれ日本」を離党。菅直人再改造内閣で内閣府特命担当大臣に就任。社会保障と税の一体改革担当相にも就任。二四年政界を引退。

12 橋本・クリントン合意は平成八年四月東京で開催された橋本龍太郎首相とクリントン大統領の日米首脳会談で発表された「日米安全保障条約共同宣言」のこと。この時に普天間飛行場の返還も合意された。その後、普天間飛行場の代替地が辺野古に決まっていたが、鳩山由紀夫は二一年の衆議院議員選挙の前に見直すことを表明した。

13 ウォルター・フレデリック・モンデール：一九二八年〜二〇二一年。アメリカ合衆国の政治家、外交官。第四二代アメリカ副大統領。一九八四年のアメリカ大統領選挙の民主党候補となる。一九九三年民主党のビル・クリントン政権下で駐日大使に任命される。

14 海部俊樹：昭和六年〜。愛知県名古屋市出身。昭和二九年早稲田大学法学部卒業。河野金昇衆議院議員の秘書となる。三五年衆議院議員に全国最年少の二九歳で当選。三木派の後、河本派に属す。三木内閣の官房副長官の後、福田内閣の文相を務める。文教行政に精通する。六〇年一二月第二次中曽根内閣第二回改造内閣の文相を経て、平成元年内閣総理大臣に就任。三年政治改革関連法案が廃案となり辞任。六年六月の首班指名の際には自民党を離党して新生党・公明党・日本新党など当時の連立政権側から立候補するが村山富市に敗れる。一二月新進党発足の時には初代党首となる。七年一二月に退任。九年一二月の新進党解党に伴い無所属となる。一一年一月自由党、一二年四月保守党に参加。一五年一一月自民党に復党した。

15 ＰＫＯ法案は海部内閣時に提出された法案。平成二年の湾岸戦争で日本は多国籍軍に資金援助したが、資金しか出さなかったことへの批判が戦後、アメリカやイギリスから起こった。これに対して自衛隊を海外に派遣することを可能とする法案が出された。宮澤内閣でも審議され、四年六月参議院本会議で修正案が可決。衆議院本会議でも可決された。

16　中内力：明治四五年～平成一三年。高知県出身。旧制高知県立高知城東中学校卒業。大阪で就職した後、高知県体育協会職員となる。その後、高知県職員となる。高知県民生部長、厚生労働部長、高知県教育長、副知事を歴任。昭和五〇年高知県知事に当選。初の高知県庁生え抜きの知事となり、四期一六年にわたり高知県知事を務める。

17　土井たか子：昭和三年～平成二六年。兵庫県神戸市出身。京都女子大学中退、同志社大学卒業。昭和三一年同志社大学大学院法学研究科修了。同志社大学で憲法学の教鞭を執る。昭和四四年兵庫二区から衆議院議員に当選。六一年九月社会党委員長に就任。憲政史上初の女性党首となる。平成五年非自民連立内閣の発足により女性初の衆議院議長に就任。八年一月社会党は社会民主党と党名変更。九月社民党に復帰。一五年一一月衆議院選挙の敗北の責任をとり党首を辞任。

18　田邊誠：大正一一年～平成二七年。群馬県前橋市出身。昭和一六年逓信官吏練習所卒業。逓信省に勤務。全逓群馬県地本委員長、群馬県議を経て、三五年衆議院議員に当選。社会党旧佐々木派から右派の旧江田派に所属。党国対委員長、党副委員長を経て五八年書記長、平成二年副委員長、三年土井たか子の退任後、社会党委員長に就任。平成五年辞任。自民党の金丸信との太いパイプで知られた。

19　稲嶺恵一：昭和八年～。旧満州・大連出身。昭和三二年慶応大学経済学部卒業。四九年琉球石油取締役を経て、六一年社長。平成一〇年沖縄県知事選に立候補して大田昌秀を破り当選。

20　大田昌秀：大正一四年～平成二九年。沖縄県具志川村出身。昭和二九年早稲田大学教育学部卒業。その後、米国留学を経て四三年琉球大学講師、後、教授。平成二年沖縄県知事に当選。七年米国軍用地の強制使用手続きに関わる代理署名を拒否。これに対して一二月村山首相が職務執行命令を求める行政訴訟を起こした。八年八月最高裁で敗訴。九月基地整理・縮小と日米地位協定見直しを問う県民投票を実施。過半数が賛成した。その後、橋本首相と会談。橋本が示した沖縄経済振興への政府の取り組みを評価し代理署名に応じた。九年三選を目指した沖縄県知事選に落選。一三年七月社民党から参議院比例区に当選。

21　村山富市：大正一三年～。大分県大分市出身。昭和一九年明治大学専門部卒業。昭和三〇年より大分市議二期、三八年

より大分県議三期を経て、四七年以来衆議院議員。平成五年九月日本社会党委員長。六年四月当時の連立政権（羽田政権）の枠組みから離脱。六月自民党、新党さきがけとの連立により内閣総理大臣に就任。自民党総裁の橋本龍太郎に首相の座を譲り八年一月退陣。同月社会党委員長に再選し、党名を社会民主党に変更。平成一二年政界引退。

22　羽田孜：昭和一〇年〜平成二九年。東京都出身。昭和三三年成城大学経済学部卒業。小田急バス勤務を経て昭和四四年衆議院議員に当選。六〇年農水相に就任。平成三年蔵相（宮澤内閣）。四年一二月竹下派が分裂。羽田・小沢派を結成する。五年六月自民党を離党し新生党を結成。八月細川政権では外相兼副総理に就任。六年四月首相に就任。社会党の連立離脱により二か月で退陣。同年一二月新進党結成に参加し副党首。八年一二月新進党を離党し太陽党を結成。一〇年一月民政党を結成し代表。一〇年四月民主、民政、新党友愛、民主改革連合の合流によって誕生した新党・民主党の幹事長に就任。平成二四年に政界引退。

23　現第七艦隊発言は当時民主党代表だった小沢一郎が沖縄の米軍に関して「軍事戦略的に第七艦隊が今いるから、それで米国の極東におけるプレゼンスは十分だ」（平成二一年二月）と発言したもの。これに対して日米安保を重視する立場の政府・自民党から様々な批判が起こった。この時は小沢が自主防衛の度合いを高める意図があると解釈した社民党や共産党の側からも批判が出た。

24　ジョージ・ハーバート・ウォーカー・ブッシュ：一九四二年〜二〇一八年。テキサス州選出連邦下院議員、国際連合大使、CIA長官などを務める。ロナルド・レーガン政権で副大統領を務める。一九八九年一月アメリカ大統領に就任した。一九八九年一二月マルタ島で会談したソ連のミハイル・ゴルバチョフ大統領とともに冷戦の終結を宣言。

25　安保ただ乗り論は戦後の日本はアメリカの軍事力に守られたからこそ、経済発展に専念することができたとするアメリカ側からの日本への批判論の一つ。アメリカの議会内に根強くある意見であり、日本も応分の負担をするべきだとする主張。これに対する反論として、日本は国内の基地をアメリカに提供しているので双務性があるという主張がある。

26　常時駐留なき安保論は安保条約の廃棄を主張するわけではないが、米軍の駐留は有事に限れば良いという議論。かつて社会党の一部でも主張されていた。野党時代の民主党の代表であった鳩山由紀夫も「常時駐留なき安保」論者とされていたが、平成二一年の政権交代後にはこれを封印した。

27　重光葵：明治二〇年～昭和三二年。大分県出身。東京帝国大学法学部卒業。外務省に入省。昭和五年駐華公使。七年第一次上海事変が起き中国との停戦交渉を行う。戦時中は東條英機内閣、小磯国昭内閣で外相に就任。敗戦後の東久邇稔彦内閣でも外相に就任。昭和二〇年アメリカの戦艦ミズーリ号甲板上で連合国への降伏文書に調印。戦後は公職追放されるが、講和条約発効後公職追放が解除される。その後衆議院議員に三回当選。改進党総裁、日本民主党副総裁を務める。三〇年保守合同後の自民党に参加。

28　岸信介：明治二九年～昭和六二年。山口県出身。東京帝国大学法学部卒業。農商務省、商工省勤務。満州国では国務院に勤務。東条内閣では商工大臣に就任。東京裁判ではA級戦犯被疑者として三年半勾留されるが不起訴で釈放される。公職追放されるが、サンフランシスコ講和条約発効とともに解除される。政界復帰後吉田茂の自由党に入党するが、吉田と対立し除名。日本民主党結党に参加。保守合同により自民党が結党されると幹事長に就任。石橋内閣で外相に就任。石橋が退陣すると後継の内閣総理大臣に就任。昭和三五年に日米安保条約改定を行う。首相退任後も自主憲法制定を訴えて運動を展開した。

29　吉田茂：明治一一年～昭和四二年。東京都で竹内綱の子として生まれる。旧福井藩士で貿易商の吉田健三の養子となる。明治三九年東京帝国大学法科大学卒業。外務省に入省。昭和三年田中義一内閣で外務次官に就任。戦後、昭和二〇年九月東久邇内閣の外相、一一月幣原内閣の外相に就任。一二月貴族院議員に勅選される。二一年内閣総理大臣に就任。二二年高知全県区から衆議院議員に当選。片山内閣、芦田内閣の後、第二次吉田内閣を発足させる。二六年九月サンフランシスコ平和条約を締結。同日、日米安保条約を結ぶ。二九年一二月内閣総辞職。後に戦後の保守本流を担うこととなった「吉田学校」と呼ばれる人脈の政治家を育成。

30　椎名悦三郎：明治三一年～昭和五四年。岩手県出身。東京帝国大学法学部卒業。大正一二年農商務省に入省。岸信介の腹心として満州国に関わる。戦前は商工次官、軍需次官を務める。昭和三〇年日本民主党（鳩山一郎系）から衆議院議員に当選。内閣官房長官（岸内閣）、通産相、外相、自民党政調会長、総務会長、副総裁を歴任。四九年田中角栄の後継総裁に三木武夫を指名した（椎名裁定）。

31　幣原喜重郎：明治五年～昭和二六年。大阪府出身。明治二八年東京帝国大学法科大学卒業。外務省に入省。戦前外相、

貴族院議員（勅選）を務める。戦後昭和二〇年東久邇内閣の後任として内閣総理大臣に就任。在任中、マッカーサーとの交渉にあたり皇室護持と戦争放棄の考えを自ら述べ平和憲法を提案したとされる。

32 宏池会は池田勇人を祖とする自民党の派閥。池田以降は前尾繁三郎、大平正芳、鈴木善幸、宮澤喜一へと引き継がれてきた。加藤紘一が会長の時代に分裂。野党時代の総裁河野洋平、谷垣禎一も宏池会から出ている。政策的には日米関係を重視しつつ全体的にハト派的な傾向が強い。吉田茂からの系譜を引き継いでおり、戦後自民党政治の中では保守本流とされた。

33 鳩山一郎：明治一六年〜昭和三四年。東京市牛込区出身。明治三六年東京帝国大学法科大学卒業。父和夫の弁護士事務所に勤める。大正元年東京市会議員に当選。昭和二年田中義一内閣で内閣書記官長。昭和六年犬養内閣で文相。斎藤内閣でも文相。昭和一七年の翼賛選挙では非推薦で当選。一八年東條内閣を批判し隠遁。戦後昭和二〇年日本自由党を結成し総裁となる。二一年総選挙で自由党が第一党になるが公職追放。二七年政界復帰。二九年一一月日本民主党を結成し総裁。一二月内閣総理大臣に就任。三〇年保守合同により自由民主党結成。三一年自民党初代総裁。モスクワで日ソ共同宣言に調印。内閣総辞職。

34 日野原重明：明治四四年〜平成二九年。医師、医学者。山口県出身。昭和一二年京都帝国大学医学部卒業。一六年聖路加国際病院の内科医となる。二〇年大日本帝国海軍軍医少尉となる。二六年聖路加国際病院内科医長。二八年国際基督教大学教授。三二年石橋湛山首相が入院した際には主治医を務める。四九年聖路加国際病院を定年退職。同年聖路加看護大学学長。平成元年キリスト教功労者表彰。一一年文化功労者。二九年満一〇五歳で死去。

35 マハトマ・ガンディー：一八六九年〜一九四八年。本名はモーハンダース・カラムチャンド・ガンディー。インドの政治指導者、弁護士、宗教家。インド独立の父。「マハトマ」とは「偉大なる魂」という意味の尊称。南アフリカで弁護士活動をしながら公民権運動に参加。インドに帰国しイギリスからの独立運動を指導する。非暴力・不服従を提唱。一九四八年ヒンズー教徒によって暗殺された。

36 渡辺治：昭和二二年〜。東京都出身。昭和四七年東京大学法学部卒業。政治学者。専攻は政治学、日本政治史。九条の会事務局員。元民主主義科学者協会法律部会理事。五四年東京大学社会科学研究所助教授。平成二年一橋大学大学院社会学研究科教授。

37 昭和三二年に朝日茂が厚生大臣を相手取って起こした裁判。日本国憲法二五条に規定されている「健康で文化的な最低限度の生活を営む権利」（生存権）が争われた行政訴訟。裁判ではプログラム規定説が適用され、憲法の条文は一人ひとりの国民に具体的に保障されているものではなく、国家の目指すべき目標が規定されているという判断が下された。

38 エドマンド・バーク：一七二九年〜一七九七年。イギリスの政治思想家、哲学者、政治家。主著は一七九〇年に刊行された『フランス革命の省察』。バークはこの著書の中でフランス革命を全否定し保守主義の父とされる。

39 福田康夫：昭和一一年〜。東京都出身。昭和三四年早稲田大学政経学部卒業。福田赳夫元首相の長男。丸善石油（現：コスモ石油）入社。福田内閣発足とともに父の秘書官を務めた。平成二年衆議院議員に当選。一二年一〇月内閣官房長官に就任（森内閣）。一三年四月小泉内閣でも官房長官に就任。官房長官を一六年まで長期にわたって務める。一九年九月自民党総裁となり内閣総理大臣に就任。史上初の親子二代首相となる。二〇年九月首相を辞任。

40 市川房江：明治二六年〜昭和五六年。愛知県出身。家は中層地主。大正二年愛知女子師範学校卒業。小学校教員や名古屋新聞記者を経て婦人問題に使命を感じ上京。平塚らいてうと知り合う。婦人参政権要求を目標にした新婦人協会の結成に加わる。同一〇年平塚との意見の相違から協会を離れ渡米。戦後昭和二五年婦人有権者同盟会会長となる。二八年から四六年まで参議院議員として活動。四九年の参議院選挙でも、理想選挙を掲げて全国区第二の得票で当選。

41 薬害エイズ事件は一九八〇年代に血友病患者に対して加熱処理をしなかった非加熱製剤を治療に使ったことによる多数のＨＩＶ感染者を生み出した事件。橋本内閣の厚相だった菅直人が国の責任を認めて原告に謝罪した。

42 佐藤栄作：明治三四年〜昭和五〇年。山口県出身。東京帝国大学卒業後、鉄道省に勤務。運輸次官の後、第二次吉田内閣で非議員のまま内閣官房長官に就任。昭和二四年衆議院議員に初当選。郵政相、電気通信相、建設相、蔵相、通産相、北海道開発庁長官、科学技術庁長官を歴任。三九年内閣総理大臣に就任。首相在任中には日韓基本条約の批准、非核三原則の提唱、沖縄返還などを成し遂げる。「待ちの佐藤」や「人事の佐藤」と言われた。七年八か月の連続在任記録を持つ。四九年日本人として初めてノーベル平和賞を受賞。

43 鈴木善幸：明治四四年〜平成一六年。岩手県出身。昭和一〇年農林省水産講習所（現：東京海洋大学）卒業。大日本水

産会、全国漁業組合連合会などに勤務。昭和二二年日本社会党から衆議院議員に当選。二三年社会党を離党。社会革新党結成に参加した後、民主自由党（後の自由党・自民党）に入党。三五年郵政相（池田内閣）、三九年内閣官房長官、四〇年厚相に就任。五四年自民党総務会長に就任。五五年大平正芳の死去の後、自民党総裁・内閣総理大臣に就任。在任中は行政改革に取り組み「増税なき財政再建」を目指した。

44　中曽根康弘：大正七年～令和元年。群馬県高崎市出身。昭和一六年東京帝国大学法学部卒業。戦前は内務官僚から海軍へ。海軍主計少佐で終戦。戦後の昭和二二年衆議院議員に当選。四一年河野派の分裂とともに中曽根派を結成。三四年科学技術庁長官（第二次岸改造内閣）、四二年運輸相（佐藤内閣）、四五年防衛庁長官（佐藤内閣）、四七年通産相（田中内閣）、自民党幹事長（三木内閣）。五五年第一次鈴木内閣で行政管理庁長官として行革に取り組む。五七年一一月内閣総理大臣に就任。「戦後政治の総決算」を掲げて国鉄分割民営化、電電公社の民営化などに取り組む。六一年の衆参同日選挙で自民党を圧勝に導き総裁任期を一年延長。六二年一一月退任。平成元年リクルート事件が発覚し自民党を離党し中曽根派も離脱。三年自民党に復党。九年二月史上四人目の議員在職五〇年を迎える。衆議院議員在職五六年。

45　池田清：明治一八年～昭和四一年。鹿児島県出身。大正二年東京帝国大学法科大学卒業。内務省に入省。警察庁警部に任官。その後、警察官僚としての道を歩み、大正一二年内務省本省勤務となる。昭和六年朝鮮総督府警務局長、北海道庁長官、大阪府知事を経て、一四年警視総監に就任。一九年大阪府知事に再任。二〇年貴族院議員（勅選）。戦後、公職追放となる。二七年衆議院議員に鹿児島一区から自由党公認で出馬し当選。

46　児玉誉士夫：明治四四年～昭和五九年。福島県出身。八歳で朝鮮に住む親戚に預けられて京城商業専門学校卒業。その後、来日して様々な右翼活動に関わる。一八歳で天皇直訴事件により服役。その後、井上準之助蔵相脅迫事件で服役。昭和七年、血盟団事件で拘引される。釈放後、満州にわたる。一六年笹川良一の紹介で海軍省航空本部に招かれる。この後、海軍省航空本部のために物資を調達。莫大な資金を築いたとされる。戦後は政界のフィクサーとなる。自民党の前身となる鳩山一郎の民主党に結党資金を提供した。

47　三井三池炭鉱で発生した大規模な労働争議。昭和二八年に起こったものと昭和三四～三五年に起きたものの二回がある。一般的には後者を三池争議、三池闘争を呼ぶ。総労働対総資本の闘いともいわれた。この闘争以降、大規模な労働争議はなくなっていった。

48　江田五月：昭和一六年～令和三年。岡山県出身。昭和四一年東京大学法学部卒業。江田三郎元社会党書記長の長男。昭和四〇年司法試験合格。東京、千葉、横浜地裁各判事補。五七年七月参議院全国区に当選。五八年衆議院議員に転身。六〇年二月社民連代表に就任。平成四年政策集団「シリウス」を結成。五年八月細川内閣で科学技術庁長官に就任。六年五月社民連を解党して日本新党に合流。同年一二月新進党結成に参加。同年一〇月岡山県知事に立候補落選。その後、民主党に入党。一〇年参議院に復帰。一九年参議院議長に就任。二三年一月菅再改造内閣で法相に就任。六月環境相を兼務。二八年政界引退。

49　吉本隆明：大正一三年～平成二四年。詩人、評論家。東京都出身。昭和二二年東京工業大学卒業。二七年、詩集『固有時との対話』を発行。戦後を代表する思想家として活躍する。代表的な著作に『言語にとって美とはなにか』（一九六五年）、『共同幻想論』（一九六八年）、『心的現象論序説』（一九七一年）、『マス・イメージ論』（一九八四年）など。平成二三年三月の福島第一原発事故後、反原発運動を批判。原発を擁護する立場を改めて表明した。

50　正力松太郎：明治一八年～昭和四四年。内務官僚、警察官僚、実業家、政治家。読売新聞社社主、読売テレビ会長などを務める。東京帝国大学法科大学卒業。内務省に入省。昭和一七年、内務省を退官し読売新聞社社長に就任。戦後は野球界の発展や原発の導入に尽力したことから、日本野球の父、日本原子力の父とも呼ばれている。

51　宮川竹馬：明治二〇年～昭和三九年。高知県出身。東京高等工業学校（現：東京工業大学）卒業。明治四五年九州電灯鉄道に入る。以後、電力業界へ。昭和二六年電力会社の再編によって四国電力の初代社長に就任。

52　ドワイト・デイビッド・アイゼンハワー：一八九〇年～一九六九年。アメリカ合衆国の政治家、軍人。第三四代アメリカ合衆国大統領（在任期間：一九五三年～一九六一年）。テキサス州出身。ウエストポイント陸軍士官学校卒業。第二次世界大戦中はヨーロッパ戦線で活躍。戦後、コロンビア大学学長。大統領在任中は冷戦の最盛期であり共和党右派のマッカーシーら反共主義者が活発に活動したが、アイゼンハワーは平和共存路線をとった。副大統領には二期とも後に大統領になるリチャード・ニクソンを登用。軍産複合体への警告を発したことでも知られている。

53　労農派は戦前の非共産党系のマルクス主義者集団。経済学者、無産政党の最左派、社会運動家、プロレタリア文学者などが参加。労農派は明治維新を不徹底なブルジョワ革命として位置づけており、社会主義革命を目指していた。日本の社会主義運動の任務をドイツの社会民主主義やロシアの共産党から真似るのではなく日本の現実から出発すべきだとした。

54 有沢広巳：明治二九年〜昭和六三年。高知県高知市出身。昭和時代の経済学者、統計学者。大正一一年東京帝国大学経済学部卒業。同学部助手、助教授。向坂逸郎らとマルクス経済学を学ぶ。昭和一三年、大内兵衛、脇村義太郎らと「教授グループ事件」に連座、労農派支持の理由で治安維持法違反に問われ休職。一審で有罪となったが一九年の二審で無罪。第二次政界大戦後、東大に復帰。二二年石炭三〇〇〇万トン出炭計画（傾斜生産方式）を立案。以後、多方面の経済政策立案にあたる。官庁統計の再建、失業対策事業、原子力政策、炭鉱閉山対策などに貢献する。

55 安井郁：明治四〇年〜昭和五五年。国際法学者、平和運動家。昭和二九年三月ビキニ水爆実験による第五福竜丸事件をきっかけに原水爆禁止運動を組織する。三〇年八月六日、広島で原水爆禁止世界大会を開催。

56 中川昭一：昭和二八年〜平成二一年。東京都に生まれる。父は衆議院議員中川一郎。昭和五三年東京大学法学部卒業。日本興業銀行入行。五八年衆議院議員に初当選。平成元年宇野内閣で農水政務次官。一〇年小渕内閣で農水相に就任。一五年小泉再改造内閣で経産相。一七年第三次小泉改造内閣で農水相。二〇年麻生内閣で財務省兼内閣府特命担当相に就任。二一年八月の衆議院選挙に落選。同年一〇月死去。

57 城山三郎：昭和二年〜平成一九年。小説家。経済小説の先駆者とされ伝記小説、歴史小説も著す。昭和三二年『輸出』で文學界新人賞。三四年『総会屋錦城』で直木賞を受賞。同年、広田弘毅を描いた『落日燃ゆ』で吉川英治文学賞、毎日出版文化賞受賞。

58 佐橋滋：大正二年〜平成五年。元通産省事務次官。城山三郎の『官僚たちの夏』の主人公風越信吾のモデルとされている。

59 新党友愛は新進党の解散にともなって旧民社党の議員を中心に結成された。平成一〇年に民主党に参加して解散。新進党時代は政治団体、「民社協会」を結成していた。今では国民民主党にその系譜を残している。

60 笹野貞子：昭和八年〜。北海道函館市出身。昭和三七年同志社大学大学院法学研究科修了。五五年堺女子短大教授。平成元年七月参議院議員に京都選挙区から「連合」候補として当選。のち、民主改革連合代表。一〇年民主党に参加。

61 民主改革連合は平成元年から平成一〇年まで活動した政党。平成元年の参議院選挙で連合の会（社会党、公明党、民社党、社民連推薦）で当選した議員が連合参議院を結成。五年に民主改革連合と改称する。細川内閣の連立政権に参加した。

62 民政党は平成一〇年一月に当時の太陽党（羽田孜）と新進党の解党後に生まれていた国民の声（鹿野道彦）、フロム・ファイブ（細川護熙）の三党の合併によって結成された。同年四月民主党に合流して解散した。

63 峰崎直樹：昭和一九年〜。広島県出身。昭和四四年一橋大学大学院経済学研究科修士課程修了。大学院在学中から鉄鋼労連職員として勤務。その後、自治労に移る。自治労北海道本部調査室長、社会党北海道本部書記局次長などを歴任。平成四年北海道選挙区から社会党公認で参議院議員に当選。一二年鳩山代表の下で「次の内閣」の財政金融相。二一年鳩山内閣で財務副大臣。二二年七月参議院議員の任期満了で議員を引退。

64 金丸信：大正三年〜平成八年。山梨県出身。東京農業大学卒業後、中学校の博物（生物学）教諭となる。昭和一三年徴兵により入営。満州に渡るが肋膜炎になり兵役免除となる。一六年大政翼賛会山梨県支部の発足時に翼賛壮年団郡世話人として活動。昭和三三年衆議院議員に当選。四七年第二次田中内閣で建設相として初入閣。三木内閣では国土庁長官に就任。五二年福田改造内閣で防衛庁長官。六二年経世会（竹下派）の独立とともに会長に就任。平成二年社会党の田邊誠と共に訪朝し金日成主席と会談。四年東京佐川急便事件で五億円の闇献金が発覚。五年一〇億円の脱税容疑で逮捕。八年三月公判が停止し死去。

65 大出俊：大正一一年〜平成一三年。神奈川県横浜市出身。逓信官吏練習所卒業。横浜鶴見郵便局に勤務。全逓本部書記長、副委員長を経て昭和三八年社会党から衆議院議員に当選。六一年九月党国対委員長、平成六年村山内閣で郵政相に就任。安保問題に詳しく社会党を代表する論客の一人とされた。

66 片山哲：明治二〇年〜昭和五三年。和歌山県出身。東京帝国大学法学部卒業。弁護士として活動。社会民衆党の結成に参加。昭和五年総選挙に神奈川二区（当時）から出馬し衆議院議員に当選。社会大衆党の結成に参加。二〇年日本社会党が結成され書記長に就任。翌年初代委員長。二二年の総選挙で社会党が衆議院比較第一党となり首相に就任。民主党、国民協同党との連立内閣を組閣。日本国憲法施行後初の内閣。内務省解体、警察制度の改革、労働省の設置、民法改正、刑法改正などに取り組む。八か月の短命政権に終わる。

67 井上普方：大正一四年〜平成二七年。徳島県出身。徳島大学医学部卒業。後藤田正晴の甥にあたる。昭和二六年徳島大学在学中に徳島県議に当選。連続三期務める。四二年徳島全県区から社会党公認で出馬し衆議院議員に初当選。平成三年衆議院議員在職二五年。五年落選。

68　園田直：大正二年〜昭和五九年。熊本県天草市出身。大阪歯科医学専門学校在学中に徴兵される。戦前は陸軍軍人。戦後一町田村助役、村長を経て昭和二二年衆議院議員に当選。四〇年衆議院副議長に就任。五一年福田内閣で内閣官房長官に就任。五二年福田改造内閣で外相。外相として日中平和友好条約に署名・調印した。

69　石原信雄：大正一五年〜。群馬県出身。昭和二七年東京大学法学部卒業。地方自治庁に入省。五九年自治事務次官に就任。昭和六二年竹下内閣の内閣官房副長官（事務）に就任。昭和天皇崩御による新元号制定などに携わる。竹下内閣から村山内閣まで七人のもの首相に内閣官房副長官として仕える。平成七年東京都知事選に立候補するが落選した。

70　安倍晋太郎：大正一三年〜平成三年。山口県日置村出身。東京大学法学部卒業。昭和二四年毎日新聞記者となる。岸信介の長女と結婚し、岸の下で外相、首相秘書官。三三年山口一区から衆議院議員に当選。四九年三木内閣の農相として初入閣。五二年福田内閣の官房長官、五六年鈴木内閣の通産相、五七年中曽根内閣の外相などを歴任。六二年自民党総裁選に竹下登、宮澤喜一と共に総裁を争うが中曽根裁定で竹下が総裁となり幹事長に就任。リクルート事件に連座。病に倒れ平成三年死去。

71　渡辺美智雄：大正一二年〜平成七年。栃木県那須郡那須町出身。昭和一九年東京商科大学附属商学専門部卒業。終戦後、行商や税理士として活動。昭和三〇年栃木県議に当選。三八年栃木一区から衆議院議員に当選。五一年厚相、五三年農相を歴任。五五年鈴木内閣で蔵相となり、財政再建に尽力。六〇年一二月第二次中曽根第二回改造内閣で通産相。六二年自民党政調会長。平成二年中曽根派を引き継いで渡辺派の領袖となる。三年宮澤内閣の副総理・外相。五年四月病気で辞任。同年七月、野党に転落した自民党の総裁選に出馬するが河野洋平に敗れる。

72　後藤田正晴：大正三年〜平成一七年。徳島県出身。昭和一四年東京帝国大学法学部卒業。内務省に入省。自治省、防衛庁、警察庁で要職を歴任。四四年警察庁長官。田中内閣で内閣官房副長官。五一年衆議院議員に当選。自治相・国家公安委員長（第二次大平内閣）、内閣官房長官（第一次中曽根内閣）、行政管理庁長官（第二次中曽根内閣）を経て五九年七月初代総務庁長官。六〇年一二月第二次中曽根第二次改造内閣で官房長官。平成四年宮澤改造内閣の法相。五月副総理。八年政

界引退。「カミソリ後藤田」の異名をとった。

73　内田健三：大正一一年～平成二二年。熊本県出身。東京帝国大学在学中に学徒出陣。抑留、復員後、東京大学法学部に復学し丸山真男に師事。卒業後、共同通信社に入社。岸内閣から小泉内閣まで日本政治を取材、分析。共同通信社政治部長、論説委員長。法政大学法学部教授、東海大学教授を歴任。第八次選挙制度審議会の委員も務めた。

74　小林與三次：大正二年～平成一一年。富山県出身。昭和一〇年東京帝国大学法学部卒業。内務省に入省。戦後、公職追放。二七年自治庁行政部長。自治事務次官として自治庁の省昇格に尽力した。四〇年義父の正力松太郎が社主の読売新聞社に主筆として入社。五五年から読売新聞社社長。第八次選挙制度審議会会長を務めた。

75　森喜朗：昭和一二年～。石川県出身。昭和三五年早稲田大学商学部卒業。サンケイ新聞記者を経て、昭和四四年衆議院議員に当選。福田内閣の官房副長官、第二次中曽根内閣の文相を経て平成三年自民党政調会長、四年宮澤改造内閣の通産相、五年自民党幹事長。一二年内閣総理大臣に就任。首相在任中は失言が響き支持率が低下。二四年政界を引退。平成二六年から令和三年まで東京五輪・パラリンピック競技大会組織委員会会長を務めた。

76　原文兵衛：大正二年～平成一一年。東京府出身。東京帝国大学法学部卒業。昭和一一年内務省に入省。警視庁に配属。三六年警視総監。四六年自民党から参議院議員に当選。五六年環境庁長官（鈴木内閣）。平成三年参議院議員会長。四年参議院議長に就任。五年の非自民細川連立政権下でも参議院議長に留まった。七年政界を引退。

77　市川雄一：昭和一〇年～。神奈川県横浜市出身。昭和三二年早稲田大学第二商学部卒業。公明新聞社に入り政治部長、編集局長を務める。五一年から公明党から衆議院議員に当選。五九年公明党副書記長、六一年国対委員長、平成元年書記長に就任。六年新進党、一〇年一月新党平和、同年一一月新公明党に参加。一五年引退。細川連立政権時代は小沢一郎との「一・一ライン」による連立与党の実力者として影響力を行使した。

78　山花貞夫：昭和一一年～平成一一年。東京都出身。昭和三三年中央大学法学部卒業。二五歳で弁護士となり、総評弁護団として労働、公安事件を手がける。昭和五一年社会党から衆議院議員に当選。社会党副書記長などを歴任。平成三年書記長を経て五年日本社会党委員長に就任。同年の都議選、総選挙で敗北。同年七党八会派による細川連立政権で政治改革担当相となるが党委員長は辞任する。七年社会党を離党して民主の会を結成。八年市民リーグを結成。同年民主党に参加。

79 奥田敬和：昭和二年〜平成一〇年。石川県出身。昭和二六年早稲田大学政経学部卒業。北国新聞を経て四二年石川県議に当選。四四年自民党から衆議院議員に当選。五八年中曽根内閣の郵政相、平成二年第二次海部内閣の自治相、三年宮澤内閣の運輸相に就任。竹下派七奉行の一人。羽田派を経て五年新生党結成に参加。六年新進党、八年、羽田孜の太陽党結成に参加。一〇年民主党に参加。

80 渡部恒三：昭和七年〜令和二年。福島県会津郡田島町出身。昭和三二年早稲田大学大学院修士課程修了。福島県議を経て、昭和四四年衆議院議員に当選。五八年第二次中曽根内閣の厚相、平成元年海部内閣の自治相、三年衆議院予算委員長、同年宮澤内閣の通産相を歴任。自民党竹下派を経て羽田派に参加。五年新生党を経て新進党に参加。八年一一月衆議院副議長に就任。九年新進党分裂により無所属。一七年、民主党に入党。二四年政界を引退。

81 橋本龍太郎：昭和一二年〜平成一八年。東京都出身。昭和三五年慶応大学法学部卒業。父は吉田内閣、岸内閣で厚相を務めた橋本龍伍。昭和三八年二五歳で衆議院議員に当選。大平内閣の厚相などを歴任。六一年第三次中曽根内閣の運輸相。平成元年自民党幹事長に就任。同年八月に発足した海部内閣では蔵相。六年社会党、新党さきがけとの連立の村山内閣では通産相。同年九月自民党総裁となり村山内閣の副総理に就任。八年一月村山内閣の退陣を受けて内閣総理大臣に就任。一〇年七月の参院選で敗北し首相を辞任。一二年七月旧小渕派を引き継ぎ橋本派（平成研究会）とする。同年一二月の第二次森改造内閣では行政改革担当相、沖縄北方担当相。一三年一月中央省庁再編で行政改革担当相、沖縄・北方対策担当相となる。同年四月再び党総裁選に立候補するが小泉純一郎に敗北。一七年に政界引退。

82 小渕恵三：昭和一二年〜平成一二年。群馬県中之条町出身。昭和三七年早稲田大学文学部卒業。昭和三八年早稲田大学大学院政治学研究科在学中に衆議院議員に当選。郵政政務次官、建設政務次官、総理府総務庁長官、沖縄開発庁長官、衆議院安全保障委員長などを歴任。六二年竹下内閣の官房長官に就任。新元号「平成」を発表する。平成三年自民党幹事長。四年竹下派会長に選ばれたが、同年一二月竹下派が分裂、小渕派として継承する。一〇年七月党総裁選で梶山静六、小泉純一郎を破り総裁に就任。同月、内閣総理大臣に就任。一一年一月小沢一郎率いる自由党と連立。同年九月総裁に再選。一〇月公明党を加えた自自公三党連立政権を発足させた。一二年四月脳梗塞で倒れて総辞職。五月死去。首相在任中は経済再生に尽力し金融再生関連法を成立させたほか日米防衛協力のための新指針関連法、国旗・国歌法などを成立させた。

83　竹村幸雄：昭和五年〜平成一〇年。京都府出身。堀川高校卒業。原水禁運動などに従事。昭和四七年京都一区から社会党公認で衆議院議員に初当選。その後、衆議院議員選挙、参議院議員選挙で落選を繰り返す。平成二年の衆議院選挙で土井ブームに乗り当選。一三年二か月ぶりに国政に復帰。五年落選。京都新報社社長、京都原水禁議長などを歴任した。

84　日野市朗：昭和九年〜平成一五年。宮城県出身。父は衆議院議員や社会党副委員長を務めた日野吉夫。昭和三一年中央大学法学部卒業。その後、同大学院修了。三六年司法試験に合格。三九年から弁護士として活動。昭和五一年宮城二区から社会党公認で父親の地盤を引き継いで衆議院議員に立候補、初当選。平成八年第一次橋本内閣（自社さ連立内閣）で郵政相に就任。同年、社会党から社民党に参加し副党首に就任したが離党。民主党に参加。一五年現職のまま死去。

85　久保亘：昭和四年〜平成一五年。鹿児島県姶良郡姶良町出身。昭和二七年広島文理科大学文学部卒業。高校教師、鹿児島県教組委員長を経て昭和三八年鹿児島県議に当選。四九年社会党から参議院議員に当選。平成二年社会党副委員長。五年八月の非自民連立政権の樹立に尽力。同年九月党書記長。六年自社さ連立による村山政権が誕生すると自衛隊合憲、日の丸・君が代容認など党の基本政策転換を主導した。八年第一次橋本内閣の蔵相兼副総理に就任。同年社会党から党名変更した社民党で土井たか子党首との路線対立により離党。民主改革連合を経て一〇年民主党に参加。消費税反対運動の時は社会党の先頭に立った。

第三章　五五年体制の深層

二〇一八（平成三〇）年六月一〇日

衆議院事務局入局のころ

吉田　本日はありがとうございます。前回に引き続き、本日もよろしくお願いいたします。前回、もう少し時間があればありがたかったんですけど……。

平野　いやいや、この間は猛烈に体が堪えたから。私はもう八三歳ですからね。

吉田　それは申し訳ありませんでした。今日は先生にお聞きしたいことをまとめて参りました。お手紙にも書かせて頂きましたが、本日は先生が衆議院の事務局に入られました一九六〇年頃からの戦後政治の歴史について、系統的に先生が体験してこられたお話をお伺いしたいと思います。

平野　私が衆議院事務局に入った動機は、『わが輩は保守本流である』[1]に書いてある通りですよ。

吉田　はい、その部分も拝読しました。吉田茂元首相、林譲治元衆議院議長のことが書いてあります。先生は高知県のご出身ですが、事務局入局の経緯は拝読しましたけれども、吉田茂さんとは何度ぐらい会われたとか、どんな印象だったとか、お伺いできればと思います。

平野　本の中に依岡顕知[2]という吉田さんの秘書の名前があったでしょう。吉田家の家老職でした。あの人が私と同郷の人でして、隣の町の出身の林譲治さんの書生をやっていましてね。中央大学を卒業して、戦後、林さんが第一次吉田内閣の書記官長になった時に秘書官になって、ずっと吉田・林体制を支えた人なんですよ。書記官長というのは、今の官房長官にあたりますね。この方のお父さんを、医者だった私の親父がずっと病気の面倒を見ていたんですよ。それで、私の親父は依岡さんのお父さんの命の恩人だということでね。そういう関係だったんですよ。それから、吉田さんは高知で生まれたんじゃなくて、東京で生まれているわけですね。吉田さんと林譲治さんとは又従兄弟なんですよ。

吉田　親戚なんですね。

平野　親父同士が従兄弟なんですよ。吉田さんのお父さんの竹内綱[3]とね。それで吉田さんは養子に行くわけですよね、いろいろな事情があってね。吉田さんは、太平洋戦争をやめる工作をいろいろやって、陸軍の憲兵につかまったりする。それで林さんとは又従兄弟だから、彼が外務官僚の頃から吉田さんとの関係も深いわけですよ。林譲治さんは鳩山一郎さんの書生をやっていて、戦前、鳩山文部大臣の秘書官なんかをやっていたからね。林譲治さんというのは私の親父と明治の旧制中学校の先輩と後輩でした。林さんが一年、二年くらい上だったかな。明治の中頃に旧制中学校に行くといったら、当時は足摺岬とか宿毛なんかではほとんどいないわけ。だからその頃から高知で仲間だったんだね。親友でね。林さんは岡山の高校に行って京都大学に入ってね。僕の親父もそういうコースを行きたかったんだけど、僕の祖父さんが許さなくて。医者以外には金を出さんといってね。

吉田　ええ。先生のお祖父さんが、先生のお父さんの進路を決めたということですね。

平野　濱口雄幸を育てた人のように、親父は篤志家から優秀だから養子にくれという話があったけど、親父の親父、僕の祖父が許さないわけよ。小金持ちになったのは土地の人間のおかげだと。土地の人間がいちばん困っているのは病気だと。鹿児島と同じように、当時は高知にものすごく風土病があるわけですよ。それで医者以外は許さんといってね。それで親父もいうことを聞いて、京都府立医専に行くわけです。京都府立医専というのは、元は京都大学の医学部より古いんじゃないかな。

吉田　はい。今の京都府立医科大学ですね。鴨川の所にあります。

平野　親父はそこを卒業して京都で修業をするんですね。施薬院とか日赤でね。施薬院なんかセツルメントをやっていたようです。今でいうね。その時に河上肇[4]らが京都にきてセツルメント運動なんかやるんですよね。林さんは京都大学法学部に入って、その時、一緒に入学した同級生が卒業する時に助教授で習ったというんだからね。大学に何年いたのか分からんけど。

吉田　先生が吉田茂さんと会われた時は、先生は何歳くらいでいらっしゃいましたか。

平野　僕は生まれたのが昭和一〇年だから。吉田さんが総理になって、神奈川から立候補するか、高知から立候補するかということになります。

吉田　吉田さんは、実際には高知から立候補されたんですね。

平野　本人は、高知なんか遠いから嫌だっていったけどもね。でも、神奈川から出たのでは、一回は通ってもその次は通らんと。ということで林さんが無理に高知へ連れていって、吉田さんは高知で選挙に出たわけですね。吉田総理・林書記官長で活躍していた頃、父親が二人に手紙を出すとき「お前も書け」といわれ、「吉田さんは土佐犬、林さんは尾長鶏」と書き、二人とも憶えていました。小学生ぐらいだったかな。私が吉田さんと直接話ができたのは就職してからですよ。衆議院事務局で生きる腹が決まって挨拶に行った時です。就職する少し前、吉田さんに怒られたのは昭和三四年でした。

吉田　そこは先生のご著書で拝読しました。

平野　依岡さんという人は私が東京に行った時の親代わりだったんです。私の親父が依岡さんのお父さんの命の恩人だというので、東京での私の親代わりというか、面倒を見てくれたのです。私が法政大学で共産党入党寸前に父親が依岡さんに「なんとか就職させてくれ」と泣きつき、テレビ会社の話を持ってきたのです。私がテレビ会社だったら面白いだろうと思って入社試験を受けたのが、今のテレビ朝日の前身です。そこの副社長が吉田さんが総理の時の秘書官で、吉田さんの話なら聞かなきゃダメだということでね。私の親父や依岡さんとしては、私を共産党なんかに入れずに、まあ当時の彼らの言葉でいえば「まともにしてくれ」ということですね。副社長からペーパーテストで「名前だけ書いて出しなさい」といわれたのを、変わった会社と思ってテストを受けたところ質問がくだらなくてカッとなって、「好きな人はマルクス、レーニン、毛沢東」と書いたんです。それで、副社長が「これはまずいです。この人は採れません」ということになって、その時に吉田さんに説教をされたということですね。だからあれは、昭和三四年かな。それがいわゆる叱られるというか、吉田さんと話した初めての時です。

吉田　先生のご著書によりますと、衆議院事務局には臨時職員で入ったと書いてありますけど、当時はそういう制度があったんですか。

平野　当時はね、衆議院の事務局に人が足りなかったんですよ。行政的に締め付けられていたからね。

それで国会会期中にだけ特別、何というか雑務的な職員を採用していたんですね。当時はまだ公務員制度がきちっとしてなくてね。いわゆる行政職の職員と立法職の職員は別なんですね。給与体系、待遇なんかは一緒で、少しだけ立法府が良かったのかな。衆参、国会図書館は行政職じゃなくて立法職として位置づけられていたわけですね。

吉田　議会事務局ですからね。

平野　その時の採用というのが、まだいろいろ問題が残っていてね。だいたいは、衆議院の事務局の採用は法制局と調査室は満州から帰った人を使っていたのよ。

吉田　満州から帰ってきた人は調査能力に長けていたからですか。ちょっとスパイみたいなこともやったりした人などもおられたのでしょうか。

平野　調査の仕事とかいろいろあってね、まあスパイはともかくとして。満鉄でいろんな仕事をしていた人をね。それから満州国で仕事をしていた人が多かったね。そういう人が、まだ残っていましたね。それで僕らの頃からかな、立法職の公務員制度というのをきちっとしなきゃいかんという話になって準備を始めていましたね。それで、大学四年出という人を僕らの四、五年前から試験採用をしていたけど、ほとんどは縁故でしたね。

衆議院事務局の正規職員になる

吉田　先生のご著書によりますと、昭和三六年の二月に正式な職員に採用されたとありますが、この時は何か再度試験みたいなものがあったんですか。

平野　いや、再度試験じゃなくて。僕が入ったのは、学歴詐称みたいなことで入っているわけでね。

吉田　はい。拝読しました。

平野　吉田さんが「これは重症だ。林君が入院中で退屈しているから、政治の現実を教育して、それから就職先を決めよう」と指示したわけです。

吉田　やはりそれは、共産主義の思想を抜くためにですか。

平野　彼らにしてみればね。僕の中から共産主義を抜くためだね。林譲治さんから一か月くらい戦前・戦後の政治の話を聞いて、僕にいったのは、「二年間、私の言うところで政治の現実をみて、それでも共産党に入りたかったら親父を説得してやる」というわけですよ。実はその頃ね、長野県の飯田市にできたばっかりの女子短大の政治学の講師にどうかという話があったの。それを選ぶか、衆議院の事務局か。しかし衆議院の事務局には臨時職員で高校卒として、日給一五〇円で入っているわけだから。面接ぐらいはしているわけよ。試験なんてもんじゃないですよ。それで僕のことを知っているのは事務総長だけですよ。それと後は人事課長くらいね。

吉田　本当のことを知っている方は少なかったわけですね。平野貞夫さんという人は臨時職員だけれども、本当は大学院を修了した人で……。

平野　事務総長とごく一部の人は知っていたけど、一般には高校卒の臨時職員で入ったということにしてあったんですよ。それで、本には書いてないけどね、実はテレビ会社が困ったわけよ。副社長が口を利いたのに僕が入らなかったからね。それでどうしたかというと、衆議院事務総長の息子をね、そのテレビ会社が採用するということになったんですよ。

吉田　一人採るはずなのに平野先生が衆議院事務局の方に行かれたので、新規採用する予定の人が来なくなったということで困ったわけなんですね。

平野　事務総長の息子がテレビ会社を希望していて、それで採ったという裏があるんだよ。だからそういうので僕は特別な扱いでしたね。二年経ったらどうなるか分からんというね。そこで監視役が必要だというので、依岡さんが林さんなんかに相談して、小沢佐重喜という小沢一郎のお父さんを僕の監視役にしたんですよ。その小沢佐重喜さんが安保特別委員長になった。

吉田　それが次にお聞きしたかったことです。

平野　それでね、結局、安保国会というのはいろんな意味で日本の政治社会を変えたわけ。特に国会はね。それまでは、ずっと帝国議会の事務のままでやっていたわけよ。それで私は高校卒というので、時々、一杯飲んでいたらさ、「それは間違いですよ」とかいうから、「あいつは何者だろう」とみんなが思い始めたんですよね。

吉田　でもちょっとおかしいなと。臨時採用で入った人がなんでこんなことを知っているのかと……。

平野　それでも、あんまりバカバカしいんでね。例えば六〇年安保でね、条約修正権問題というので非常に騒いだんですよ。その時に彼らは、ガチガチに圧倒的に行政府の立場ですからね。条約に対する考え方が立法府の立場じゃないんだから。

吉田　まだ大日本帝国憲法下だったんですね。

平野　みんな、その頃は新憲法を勉強してないわけだよ。条約なんか修正できるわけがないじゃないかっていうわけよ。ところが、国会法の中に条約修正する前提の規定があるわけだ。それから特殊な条約は修正できるんですよ。なんてアホな話かと思いましたよ。

吉田　議員自身が分かってなかったんですね。

平野　そう。何も分かってないなということを、酔っ払ってちょこっといったりして驚かしたわけよ。そういう意味で、安保国会で事務局の調査体制、調査事務体制をきちっとしなきゃダメだという話になって、それで大学院出などを採用しようということになっていきました。

吉田　当時はまだ先生、二〇代中盤ぐらいですよね。二五、六歳ぐらいですか。

平野　まだそんなに行ってない。二三か二四歳ぐらいだね。

吉田　議員たちも驚きますね。臨時採用で入った事務局職員だと思っている人たちからすると。その条約のことや改正のこととかいえば、なんで若いのにこんな詳しいんだと。

平野　要するにね、当時の事務局には人材がほとんどいなかったんですよ。学校の成績の良いのはいるけど、議員に対してものがいえなかったんですよね。一人か三人ぐらいしか対応できる人がいなかった。そんなところに僕のようなキャラクターが入ってきたわけですよ。それで客観的に見て、脱共産党、転向したということになったわけですね。

吉田　もう大丈夫だと。

平野　これで使えると。それで昭和三六年に他に京都大学のマスターコースを出た人、これはフランスの憲法をやっていた人でした。それから東北大学のドクター、博士号は取ってないけど公法をやっていた人と、それから僕の政治学ね。この三人を議会運営の調査の仕事をする前提の職員として採用したの。

吉田　なるほどですね。衆議院事務局の正式な職員の一期生みたいなものだったわけですね。

平野　調査関係ではね。ところがそのドクターコースを出た連中は独特のクセがあってね。政治家と接触させるにはまずいようなキャラクターだったのね。

吉田　それは法理論をいい過ぎるということですか。それとも人間的な性格的なことですか。

平野　当時のことだから、法理論とかはなかった。

吉田　それは、控えめ過ぎて政治家にはものがいえないのか、自己主張が強すぎるから政治家と会わせると喧嘩になるからまずかったのか、どちらの意味ですか。

平野　一人は京都大学を出たのは物事を知り過ぎていて困った。まあ、キャラクターもあったけどね。東北大学の人はやっぱりもう、ちょっと性格鑑定が必要だという感じだったなあ。だけどそれは、しょうがないんですよ。そういう時代だったから。

吉田　そうなんですか。

平野　それで結局、昭和三六年に入って、立法職の職員としての採用については当然テストがあるわけです。私たちは別枠でした。

吉田　おかしいですよね、見識の低い方が高い方を採るということですから。

平野　組織だからしょうがないよ。それで僕の扱いが特別だったんです、人がいないということでね。当時は大学院マスターコースとして採用したら何等級という規定がないからね。だから僕は最初は四年制大学卒の七等級として採用された。それで一年経ってね、五等級になりました。五等級が係長でした。六等級を飛ばしてね、五等級で係長になるんですよ。これで周囲が大騒ぎになるわけですよ。

吉田　先生は一年目で五等級に上がられた。まだ二四歳か二五歳ぐらいですか。

平野　はい。これは明治以来初めてだと、人事課長が言っていました。

吉田　それで大騒ぎになったんですね。

平野　労働組合は怒るわけよ。僕はこんな感じだから仲間にはあんまり恨まれなかったけど、労組から恨まれるわね。

吉田　野中広務さんも国鉄に入った時、出世が早すぎて妬まれたと本で読みました。

平野　それならいいけどね。僕の場合は一年経って係長になって、さらに一年半ぐらいで、係長で一番難しい議院運営委員会の係長になるんですよ。

吉田　議院運営委員会といえば、与野党が衝突する国会の最前線ですね。

平野　それでまた妬まれるわけです。そこで二年ぐらいやって何になったかというと、副議長の秘書になるんですよ。園田直という人の。

吉田　ご経歴を見て早いなと思ったんですよ。ものすごくお若くして副議長秘書になられているんだなあと思って驚きました。

平野　とにかく、人がいないんですよ。普通の役所だったら副議長といったら国務大臣クラスだから、だいたい四〇歳前の人が秘書官になって、終わったら課長ですよ。行政官庁ではね。ところがこっちは人がいないから、僕の前任者は三五歳で副議長秘書をしているんですよ。それも早いんですよ。

吉田　早いと思います。

平野　僕の場合は三〇歳でなっているんですよ。だからこれは僕からすれば迷惑なものなんですよ。
吉田　やっぱり古い方からの嫉妬とかが相当ありましたか。
平野　あるなんていうもんじゃないですよ。しかし、人がいないからね。それでおそらくその頃の事務総長とか管理職というのは、あいつなら、園田というのはお金の方はきれいだったけど、秘書をいじめるという話があって……。
吉田　園田直さんは、後に外務大臣をされた方ですよね。園田さんは秘書をいじめることで有名だったんですか。
平野　まあ、上層部には、平野なら潰れてもいいやというような考えがあったんじゃないかな。ところが僕は全然、潰れないわけだ（笑）。

小沢佐重喜氏との出会い

吉田　後に盟友になられる小沢一郎先生のお父様の小沢佐重喜さんとの出会いがそこにあったと思うんですけれど。
平野　私が臨時職員の頃からだね。
吉田　小沢佐重喜先生はどういう方でしたか。岩手の選出の方なんですよね。
平野　いやこの方はね、顔はライオンみたいな顔をしていてね。何というか非常に厳しい人で、みんなに怖がられていましたよ。

吉田　小沢一郎さんも強面で剛腕といわれましたけれども。

平野　あの人はね、小沢一郎とはちょっと違うよ。それは顔だけでね、剛腕じゃないんですよ。

吉田　ものの本によりますと、小沢佐重喜さんはちょっと暗い方だったというか、とっつきにくいところがあったというようなことを読みました。

平野　彼はね、小学校も卒業してないからね。自分は小学生の頃から学問をしたかったけど、家が貧乏でお金がないわけ。小学生の時には明治の終わり頃。丁稚奉公に二回ぐらい出されて、でも学問したくて家に戻ってくるわけ。親父とうまくいかなくて、小学校五年で家出するんだよ。それで宇都宮で野垂れ死にしそうになっているのを助けられて、あそこで旧制の夜間中学校に入るんですね。その中学校に入る時に小学校を卒業したという証明がいるから、出てないのに出たという証書を故郷の校長先生が出してくれてね。それで苦学して弁護士になるわけ。だから彼は大変なことを経験しているんですよ。その頃から一種の社会主義者みたいなところがあるんですよ。

吉田　話がかなり飛びますけど、小泉純一郎さんのお父さん、小泉純也[6]さんは鹿児島出身で、元々は鮫島純也さんといったんですけど、あの方も苦学して、山形屋の丁稚奉公から、こんなところで終わってたまるかと思って上京して。「いれずみ大臣、小泉の又さん」の書生になるんですよね。当時はそういう方がおられたのですね。

平野　小沢佐重喜さんというのは、小学校五年の時に家出をして、水沢から宇都宮まで鉄道の上を歩いてきたんですよ。握り飯を持って。

吉田　野垂れ死にしそうなところを助けられて苦学されるんですね。相当な方ですね。そこから弁護士になられて。

平野　だから自分で勉強したんですよ。日大の専門部か法科の夜間に行っていたんじゃないかな。それで弁護士に早くなって。頭が良かったんでしょう。

吉田　怖い感じの方でしたか。小沢佐重喜さん。人柄とか人間性は。

平野　顔が怖かったからね。私は吉田さんの関係者だっていうことで、俺が面倒見てやっているという意識があっただろうからね。

吉田　先生は小沢一郎さんと出会う前に小沢佐重喜さんと出会っていらっしゃいますから、小沢一郎さんは平野先生からすると、お世話になっている佐重喜さんの息子さんという形で出会いがあったという感じなんですかね。

平野　そうね。僕は彼が国会議員になる前に会っていたけど世代も違うし、世界も違っていた。

吉田　はい。

平野　彼が議員になって、そんなことあってね。あの頃はね、小沢、羽田、橋本。あの連中は同世代でしょう。僕なんかはね、職員としてではなく同世代として友人扱いされた。その中で、特に橋本龍太郎は結構わがままな男で、役人の人事までしたからね。

吉田　ああ、やっぱり。

平野　そんな時に、ちょっと上の方から、「またやっているから平野さん、行ってちょっと説教してくれ」っていわれてね。それで龍太郎さんところへ行って僕が話をすると聞いてくれるわけよ。

吉田　まだ龍太郎さんも若い頃でしょう。もちろん、閣僚になる前ですよね。

平野　そうそう。羽田孜なんかは同級生だからね。昔の人はそういう付き合いがあったんですよ。

吉田　龍太郎さんは非常に仕事熱心だったんでしょう。課長補佐の政治といわれるくらい細かいことまで役人に指示したというのは語り草ですね。橋本さんはすごく真面目なイメージですけど。

平野　いやいや、真面目っていうかね、龍太郎さんは細かいことにしか興味がなかったわけよ。いわゆるステイツマンとしての発想がなかったわけ。

吉田　よく総理になってからも、役人の間違いを正すようなことがあったということは本で読みました。役人には尊敬されてはいたけど……というような話も読んだことがあります。

平野　彼はね、能力的コンプレックスがあるわけ。だからキャリアの役人を攻撃的にいじめるみたいなところがあったね。逆にノンキャリをかわいがっていた。それでキャリアの新人の役人なんかも結構トラブルを起こした。で、私が行って、ちょっと説明するとね……。それでね、自民党の先生との関係は結構多かったけど、その頃は社会党の議員とも結構、いろいろな付き合いがありましたよ。世代的に面白かったですよ。

一九六〇年代の国際政治の状況

吉田　そうですね。ちょうど六〇年代の辺りですけど、吉田茂さんが共産党や共産主義について語られたというところを読みました。これは、時期的には先生がもう就職された後ですけども。先生も衆議院事務局に入られて徐々に共産主義色が抜けていったといいましょうか。現実政治を見る中で……。

平野　衆議院事務局に入る前に、共産主義というより左派の学者に対して、彼らは本格的に学問やっているのかなというような疑問を持ち始めた。
吉田　ちょっと疑念が出てきたわけですね。
平野　それはあまり本には書いてないけど、まだ影響のあることもあるからね。
吉田　それは主に、マルクス経済学者のことを指してらっしゃるんですか。
平野　マルクス経済学者じゃなくて、僕が勉強したのは毛沢東ですからね。『矛盾論』、『実践論』だね。これは三島由紀夫さん[7]なんかと一緒にやっていましてね。僕の指導教授が東大の三島さんの恩師で、一緒に塾かなんか開いたこともあるんですから。
吉田　先生は三島由紀夫さんともお会いになったことがあるんですね。
平野　僕は三島さんが左の頃から知っているよ。その後、右になってからも知っている。それでね、まあこっちは純粋だから。ある時ね、指導教授の要請でね。まあ僕をものにしてやろうと思ったんだろうね。こういう話を研究会でしたんです。当時、昭和三三年の話ですけどね、チベットの騒動があってね、ダライ・ラマ[8]がチベットから逃げてインドへ行くんですよ。あの時『人民日報』の社説が、ダライ・ラマ批判を書いてね。日本語版の『人民日報』ですけどね。
吉田　中国共産党の立場からすると、チベットを批判するわけですね。
平野　その頃、ソ連と中国はものすごく良かったからね。
吉田　中ソ対立になる前、まだ中ソ蜜月といわれていた時代ですね。
平野　その時に僕が、国際政治学、政治学、政治史なんかを、左派系の他大学の教授も入れた勉強会で報告し、ディスカッションをするという機会があったわけですよ。それで、お前がやれといわれてね。『人民日報』のダライ・ラマ問題についてどう考えるかというテーマでね。社説を説明して、自分の意見をいえと。僕はそこで自分の意見として、「社会主義国家間の対立というか矛盾というのが、これで示された」といったわけです。

吉田　先生は後の中ソ対立をその頃に、その芽を見つけてらっしゃったわけですね。

平野　ソ連と中国のトラブルというか、分断がいろいろと出てくるだろうと。そう考えました。まあ結局、『矛盾論』、『実践論』を踏まえてね、僕は意見を述べたわけです。「国家間の政治史というのは生き物である限り、それを否定することはできない」と僕がいった。すると怒られたわけよ、みんなからね。それでこの連中は学問に対する認識に問題があると思ったね。真理を追究するというのが学者の使命だからね。この頃から左派の学者に疑念が出てきましたね。

吉田　それは何か分かる気がします。先生、いま三島さんの名前を出されましたけども、もし存命だったら九三歳ですから、平野先生よりちょうど一〇年ぐらい年上ということですね。三島さんは四五歳で亡くなっていますから、会われていたのは三島さんが三〇代後半ぐらいですかね。

平野　だいたいそうだね。僕が二四か五歳ぐらいだね。三島さんはその頃は進歩的文化人の代表者だったね。それで朝日新聞なんかに、文芸欄にいろんな評論を書いていましたよ。それでね、三島さんが変わったのは『宴のあと』[9]を書いてからだね。『宴のあと』というね、般若苑（高級料亭）の話があるの。あの辺から変わっていったね。その頃、僕は就職していたからあまり縁がなかったけど……。副議長の秘書をやっていたから。三〇代にね、園田（直）さんが剣道をやっていたからね。剣道の練習に園田さんについていったら、三島さんが衆議院の剣道の道場に突然来たのよ。その時は、もう四一歳ぐらいだね。

吉田　亡くなる四年前ですね。もうボディビルとかをされて体を鍛えておられた頃ですね。

平野　もう右になっていた。

吉田　すでに楯の会をやり始めていた頃ですか。

平野　楯の会はその二年ぐらい後だね。ちょうどその頃、楯の会の準備をしていたと思う。

吉田　先生が最初に会われた時はまだ細い感じでしたか。三島さんは、昔は細くてひ弱な感じで、それを鍛え上げてだんだんマッチョになっていって右翼に……。

平野　三島さんは剣道なんかやりだしてからちょっと変わりましたね。それから剣道の本を書くんだよね。

吉田　でも、三島さんにはもともと、天皇主義者の部分はあったんですかね。初めはそれほどでもなかったんですか。

平野　いやあ、だって僕らがやっていた毛沢東の勉強会に来ていたんだよ……。

吉田　そういう勉強会にも出ておられたわけですから、初めから天皇主義者だったわけではないんですね。

平野　うん。でも、それは優秀な人だったよ。

吉田　そこはあまり三島さんも知られていない部分ですよね。三島由紀夫さんの研究の本でも最後の決起された行動について論じられたものは多いですが……。

平野　天皇の信奉者になったのはその後じゃないかな……。

吉田　なるほど。そこの興味も尽きないんですけれども、政治の方に戻りますと。吉田茂さんが共産党や共産主義について語られたということですが、それは、もう総理を引退された後ですね。

平野　総理を引退して、自分がいつ政界を引退するかという直前ですよ。それで池田内閣[11]ができてね。

吉田　吉田さんの直後は鳩山内閣ですよね。

平野　その後、石橋（湛山）、岸（信介）が入って。六〇年安保が入って。池田内閣ができるのが昭和三五年だからね。その後、昭和三六年の確か三月頃だった、僕が正式に採用されてから吉田さんに挨拶に行ったわけです。その時に世間話をいろいろしてくれたわけよ。その世間話の中で、共産党が変わったということについて、その時に様々な雑談があったわけだよね。

吉田　一九六一年、内閣でいえば池田さんの時ですね。高度経済成長に向かっていく頃ですね。

平野　そうそう。

吉田　岸さんが退陣をして池田さんになった頃に吉田元首相と話されたのですね。

平野　次の年ですよ。僕が挨拶に行ったわけよ。依岡さんに連れられて。もう一人前になったから。

吉田　大磯の私邸に行かれたのですか。

平野　そうそう。最初、僕は吉田さんに恥をかかせたんだからね。怒らせたんだからね。

吉田　はい。どんなでしたか、その時の吉田元総理のご様子は。

平野　すっきりしていてね。彼は毛沢東を嫌いだったんですよ。

吉田　毛沢東が共産主義者だからですか。

平野　そうじゃなくて、毛沢東が蒋介石[12]をいじめたというわけですよ。

吉田　ああ、国共内戦ですね。

平野　蒋介石には直接、戦後の補償をしないといけないとか。吉田さんは蒋介石から貰った杖なんか自慢していたよ。それがあったんだけど。共産主義そのものはよく勉強していたよ。彼がその時に話したことで僕が印象に残っているのは、ちょうどその頃、吉田回顧録みたいな本を書いていて、その中から出してきたんだろうね、物語をね。吉田さんはアメリカが中国に対して貿易規制しているのは間違いだっていうのね。もうちょっと開放してやって、共産主義じゃ儲からんということを中国人に教えたらすぐに変わるって。

吉田　なるほど。吉田さんは後の鄧小平[13]の改革開放路線の発想を先取りしていたわけですね。鄧小平は政治と軍事は共産党が握るが、経済は解放して自由主義にしましたね。

平野　変な資本主義。それでね、吉田さんはヨーロッパの共産主義はダメだって、はっきりいっていたね。彼はイギリスにいたからね。もうヨーロッパの共産主義は回復はしないって。スターリン[14]がいるでしょう。スターリンが共産主義をダメにした。そういう風ないい方をしていましたよ。ヨーロッパでは共産主義は育たないとね。でも、これから中国は変わると。共産主義じゃ儲からんということを中国に教えたらとね。

吉田　まさにそれが、毛沢東亡き後の鄧小平によって変わったわけですよね。

平野　日本についてはね、日本の共産党はしぶといっていっていた。

吉田　日本の共産党は今日まで姿を少しずつ変えて生き残っていますから、それも当たりましたね。

平野　ただ、それも長い時間たったら変わるといっていた。共産主義が世界を支配するということはないと。しかし、今、君が国会、政治で接触した場合に、共産主義の勉強をしとくと役に立つぞというわけだ。

吉田　議員との付き合いでも、保守系の議員だけじゃなくてということですか……。

平野　付き合いだけじゃなくて、ビジョンをくれたということね。それをいってくれた。しかし時間をかけて変わるよといっていましたね。

土佐自由党の系譜と吉田茂

吉田　いろいろなことをお聞きしたいのですが、吉田茂さんはやっぱり風格がありましたか。吉田茂さんは、『小説吉田学校』[15]の映画とか劇画のイメージですけど、いつも着物を着て、葉巻をくゆらせて、非常に風格があったという感じですけど。

平野　風格はあったでしょうね。あの人の生まれたのは……、お父さんが横浜の芸者に生ませた子どもなんですよね。

吉田　お母さんは芸者さんなんですね。

平野　だから、正式な子どもじゃないんですよね。それでまわりが困ってね。竹内綱といったら有名な自由民権運動家だったからね。

吉田　ええ、自由党土佐派の流れの方ですね。

平野　横浜の福井出身で吉田家という、その頃の大金持ちがいたんです。
吉田　福井といえば幕末の松平春嶽ですね。
平野　そうそう。吉田家は松平春嶽には直接は関係ないですよ。大金持ちの家へ養子にやった。だから吉田さん自身は高知で暮らしたことはないんですよ。引退した時、私の家にも来て、親父とじっくり話をしたようです。私についても「いごっそ」が残っていたと言っていたようです。
吉田　それでは、吉田茂さん自身は自由民権運動の流れを汲んでいるとまでは言い難いわけですか。
平野　いや、思想としては汲んでいる。それはね、こういうことなんですよ。吉田さんが生まれたのは確か明治一一年。東京で生まれているんですね。その時は西南戦争[16]の時です。
吉田　そうですね。鹿児島で西郷隆盛[17]が立ちあがった年ですね。
平野　それで要するに、吉田さんの親父が過激な自由民権運動家で、大久保利通[18]に対抗して、早く専制政治をやめて議会をつくりなさいと主張していたんですよ。その時の鹿児島の県令が岩村通俊[19]かな。
吉田　民撰議院の開設運動ですね。
平野　高知の林有造[20]、竹内綱の従兄弟ですから、鹿児島の県令がね。鹿児島の県令は大久保のいうことは聞かんわけ。西郷の方を助けようとするわけよ。それの弟が大久保の手下になっているわけよ。それで林、竹内は大阪で鉄砲を購入してね、西郷を助けに行こうという計画を立てるんですよ。これは表の話なんだけどね。
吉田　つまり土佐自由党の民権運動の流れの活動家も、西南戦争で西郷さんをバックアップしていたわけなんですね。

平野　という表向きの名目で、大阪で鉄砲を仕入れたわけだ。ところが本当の狙いはね、鹿児島に持って行って西郷を助けるんじゃなくて東京に持って行って、いわゆる武力革命で議会をつくろうとしたわけ。
吉田　なるほど……。それは後の言論による自由民権の板垣退助[21]とはまた違うやり方ですね。
平野　板垣退助なんかその頃は、格好をつけていただけだからね。
吉田　西郷さんは、最近は征韓論ではなくて遣韓使節派遣論だったという見方が主流になってきていますが、板垣退助は武力による征韓論を主張したらしいですよね。西郷と板垣は同じ明治六年の政変で下野していますが、今では研究者からもこの二人も考え方は違ったといわれていますね。
平野　まあ、そこら辺は厳密には分からんけどね。
吉田　板垣はその征韓論争がダメになった後、自由民権でこれからは武力の時代ではないということで、出版物とか演説とかでいこうと考えたといわれていますが……。
平野　まあ、そこら辺は簡単にはいえないね。僕にいわせればあいつら、つまり板垣と後藤象二郎[22]はどうでも良かったんですよ。もっと政治ではないところで……。
吉田　武力で議会をつくろうという発想もあったんですか。
平野　それは林と竹内にあった。板垣なんていうのはね、掛川もんっていってね。板垣、後藤象二郎は、昔は土佐の人はまともな人間扱いしないのよ。
吉田　そうなんですか。今は国会に銅像が立っている一人じゃないですか。伊藤博文と大隈重信[23]と板垣退助が憲政の三人の父の一人になっていますけど。

平野　冗談じゃないですよ。
吉田　土佐ではまともな扱いされてないんですか。
平野　だからね、研究者が僕らの紹介で板垣退助の研究で土佐に来るでしょう。なんで土佐の人は板垣を批判するのかということを彼らからいわれますよ。だって土佐には掛川から来た山内と長曾我部の末裔との対立がずっとあるからね。僕らはそのまた昔ですけどね。
吉田　坂本龍馬は長曾我部の流れですね。
平野　だから今でも掛川もんっていってね、山内が掛川から連れてきた子孫を馬鹿にするんですよ、僕らは。まあ、それはいいや。後藤象二郎なんかろくなことしてないですよ。
吉田　山内容堂[24]の時代になっても、まだ長曾我部の恩義を受けた人の子孫の人たちは、掛川の人をよく思っていなかったんですね。
平野　容堂はまた余計悪いんですよ。酒ばっかり飲んでね。容堂を教育したのは宇和島の伊達さんですよ。これはでもあんまり評価されてないでしょう。
吉田　伊予宇和島の伊達宗城[25]ですね。山内容堂も伊達宗城も幕末四賢侯といわれていましたが、その辺が薩摩における島津斉彬[26]とはちょっと違いますね。斉彬は鹿児島でとても尊敬されていますが、久光[27]は斉彬に比べると嫌われているんですよ。掛川もんというのは、静岡県の掛川のことですね。
平野　山内の出身地。
吉田　司馬遼太郎さんの『功名が辻』で描かれている山内一豊[28]ですね。
平野　それで結局、捕まるわけですよ。竹内綱と林有造と大江卓[29]はね。それで捕まって盛岡刑務所に収監されるんですよ。その途中で吉田茂が生まれるわけですよ。吉田茂は高知では暮らしてないけど、そのデモクラシーと人間を大事にするということについてはしっかりしていました。それと僕が吉田さんに感じたのはね、彼にはやっぱり一種のニヒリズムがあったね、自分の人生に対する。それからちょっと原始的なアナーキズムとね、権威を馬鹿にするということね。威張ったりすることとかに関してね。それから妙なニヒリズム。吉田さんはずっと土佐の田舎のニヒリズムを持っていたね。

吉田　ちょっと意外な感じがするのは、吉田茂さんといえば何となく、バカヤロー解散にしても、マスコミに水を掛けたり、非常にプライドが高くてちょっと傲慢なところがあったイメージですが。

平野　吉田さんはプライドが高いんじゃないんですよ。原始的なんですよ。あのバカヤローというのはね、あれは本気でそんなことといってないいんですよ。つぶやいたんですよ。

吉田　こそっといったのがマイクに入った、つぶやきですね。西村栄一[30]さんの質問ですね。それにちょこっとバカ野郎といって、それを質問者のほうが「バカヤローとは何だ、バカヤローとは」といって。バカヤローという発言は質問者の方が多くいっていましたね。

平野　正規の発言じゃないんですよ。まあ、そういう変わったことする人だったんだよ。

吉田　やっぱり風格というか、見識はあったんですね。ワンマン宰相としても有名ですけど。

平野　ワンマンというのはマスコミがいったわけでね。マスコミは批判ばっかりするしね。それからその表の話としてはろくなことといわれてないけど、僕は家老職の依岡さんからいろいろ聞いているけど、それはもう見識は大変なものですよ。人間としてのものの考え方がね。僕は吉田さんの概評をちょっと書こうと思っているんだけどね。吉田さんが外務次官の時に総理大臣が長州の田中義一[31]。

吉田　田中義一首相といえば、若き日の昭和天皇が怒った人ですね。

平野　彼が外務大臣を兼務していたわけだよ。その時の外務事務次官が吉田茂。

吉田　そんな近い間柄だったんですね。ナンバー2だったんですね。

平野　それで外務大臣を総理が兼務しているから、吉田さんが事実上の外務大臣だよね。その時にパリ不戦条約を承認する。当時は国会の承認要らんからね。だから吉田さんが外務次官じゃなかったら承認してない。田中義一が承認するはずないんだから。長州の人間が。それで彼が憲法九条審議の時にね、おもしろい話があるの。

吉田　戦後間もなくのことですね。大日本帝国憲法から現憲法に変わるまでの審議ですね。

平野　代表的なのは九条の審議の時だよ。社会党の片山哲が、これは帝国議会の最後の時だからね。民主主義、民主主義っていうけど、民主主義というのは政治機構の話だけじゃダメだと。やっぱり国民生活を良くしないといけないと。こういうものがないと民主主義とはいえない。そういう意味で民主主義という概念の中には社会主義的な発想がある。あなたはどう思うかって吉田茂に聞いたんだよ。これに対して吉田さんは、民主主義っていうのは民意を大事にする、民意による政治だ。国民が困ったことについては当然対応すべきだと答えて、片山の話を是認しているんだよ。その次に徳田球一[32]がね、戦争放棄というんだったら、戦争の原因は資本主義の矛盾から起こるんだ。だから資本主義をなくすとか、資本主義を変えるという考え方が必要なんじゃないかと質問するわけ。

吉田　それで吉田さんは何と答えたんですか。

平野　それはあなたの意見であって、私は賛成できんといった。けどこれも立派だよ。意見としては認めている。徳田球一のいうこともきちんと受け止めているんですよ。ここが安倍とは違うんだよな。

吉田　そうですね。安倍さんとは全然違いますね。

平野　そこがデモクラシーを知っているんだよ。

吉田　吉田さんは共産主義には反対しましたけど、意見は受け止めていますね。片山さんはのちに社会党右派ですね。最後は民社党に行かれたように思いますが……。

平野　民社党ができる前に死んだよ。

吉田　前に亡くなっておられますか……。最後、片山さんは落選していますね。

平野　吉田さんの選挙区だからね、大磯とか藤沢とか。それでね、その他にもいい質問があるんだけど。例えばね、幣原（喜重郎）さんなんか。南原（繁[33]）東大総長がね、戦争放棄はいいと。いわゆる九条批判するわけね。肯定しながら批判するわけだね。戦争が文明を崩壊させる時代になったということですね。

吉田　はい。まさに第二次大戦が。

平野　原爆だよ。だから文明が戦争を否定しなきゃ、戦争が文明を壊している。そのためには九条が必要だと。それからね、社会党の森三樹二[34]の「万が一外国が攻めてきたらどうしますか」という質問に対してね、国連が日本を守る事情になった……。その頃、国連軍をつくろうとして、丸腰の日本に国連軍を置こうとして、協議をやっていたわけだからね。

吉田　まさに憲法の前文に書かれている部分ですね。今、安倍さんが否定しようとしている部分です。

平野　憲法を作る時には、日本に国連軍を置く予定だった。ところが冷戦で置けなくなってしまった。

当時は、安保条約を結んだ時には、安保条約が、米軍が国連軍の代わりだったんだよ。彼らの感覚からすればね。そういう議論もある。だから今ね、極東アジアの非武装化、非核化という話がずっと続くけどね、当然、日本の側の問題もあるんだよ。その議論も……。

吉田　なるほど。先生が国会職員になられた頃、安保国会の最中だったと思うんですが、時代は吉田さんから、鳩山さんと短期の石橋さんを経て岸さんになっていました。先生が最初に目の当たりにされたのは、岸内閣の安保国会だったと思います。どういう状況でしたか。騒然としていましたか。

平野　一言でいうと、安保国会ではやっぱり、小沢佐重喜という政治家の見識が目立ったね。最終的に強行採決をして、記者会見もなかったけど、徹底的に審議した。当然、社会党の安保四人組がいうべきことをいった問題が、結局、アメリカ追従を強めた六〇年安保を守った。国会は何も与党の意見だけじゃなくて、野党のいい指摘というのが、その制度を守っていくんだよ。それの第一が、条約の修正権問題というのがあるけどね。安保条約の極東の範囲。

吉田　極東がどこを指すかということですね。

平野　それと事前協議。

吉田　米軍と日本のですね。

平野　核を持ち込むとか使うとか。そういうものはすごく六〇年安保をぐっと絞りだすね。だから国会の審議というのは非常に大事で、やっぱり野党に十分な審議をさせるということが大事だね。

吉田　今の安倍政権の二〇一五年の安保法制のやり方とずいぶん違いますね。

平野　あの時は民進党の一部が、集団的自衛権を暫定的に行使してもいいという意見で協力しているからね。

吉田　例えば長島昭久氏でしょう、他にもいましたけどね。民進党は全く政党としての体を成していなかったと思います。辻元（清美）氏と長島氏が同じ日に順に質問に出てきたりして、長島氏は安倍総理を応援しているように思いました。

平野　いやいや岡田が出たんだよ。インチキだもの、僕に言わしたら。

吉田　でも岡田氏も途中から反対派のデモに参加したりしましたね。おかしな話ですね。それは最近のことですけど。先生ご自身は職員時代、安保改定には反対のお立場でしたか。

平野　だって僕は、衆議院事務局に入る前は高知県の日教組の安保反対協議会の顧問だったもの……。

岸信介と六〇年安保闘争

吉田　ええ。事務局に入られた後はどんな感じだったのかなあと思いまして。

平野　それは反対ですよ。だけど、政治的行動をしないという約束だからな。

吉田　六〇年安保の反対デモなど、やはりそれはできなかったのですか。

平野　それはだってダメですよ。僕は政治活動をしないという約束で入れてもらったから。でも、僕の恩師たちは国会の裏では反対運動をやっているわけですよ（笑）。

吉田　内心は先生も岸内閣の安保改定には反対のお考えだったわけですね。

平野　もちろん反対だったよ。だって吉田さんだって反対だったもの。

吉田　吉田さんも反対だったんですね。岸信介さんは、昭和の妖怪といわれました。安倍現総理のお祖父さんですけど、当時、岸信介という政治家を先生はどういうふうにご覧になっていましたか。

平野　それはアメリカとべったりやるということが分かっていてね。ＣＩＡから資金貰って政治活動をやるという。それはもう、嫌いだったよ。

吉田　その頃からもう分かっていましたか。

平野　分かっていたよ、有名な話だからね。今とはやり方が違うよ。安倍とは違う。

吉田　戦前の満州はほとんど岸さんが経営していたんですよね。

平野　そこのところの筋道というのは狂わさなかったね。だから集団的自衛権についても、腹の中では本当は行使したいんだけど、岸はこの安保条約ではできないってことは明確にいっているからね。

吉田　岸さんについてはいろんな本が出ていまして、私も若い時は岸氏というのは極悪だと思っていましたけど、一方においては吉田茂さんがサンフランシスコ講和条約の時にサインした安保条約が不平等だったので、より対等に近づけようとして、やがて対米自立に持っていきたいという目標を持っていたともいわれています。一方において、ＣＩＡからお金を貰って巣鴨プリズンから出てきたという顔と、うまくアメリカから離れていくために対等に持っていきたかったという面も岸氏はあったといわれていますけど、先生は岸氏をトータルでどう思ってらっしゃいますか。

平野　トータルというより、その後の歴史家なり外務省の部下たちがね、勝手なことをいっているのよ。とくに孫崎なんかははっきり間違っているよね。

吉田　やっぱり孫崎さんの岸氏の評価は間違っていますか。

平野　僕は面と向かって孫崎に「お前は間違っているぞ」といったことがあってね。説明したら、少し変わってきたけどね。というのは、彼は吉田系の先輩官僚にいじめられていたんだよ。特に卒業前に外交官の試験に通ったということで、とてつもなく優秀で、将来はやっぱりアメリカ大使の候補だった。だけど人間が好かれなくて、大分、いじめられたみたいだよ。それで吉田系に恨みを持った。それでやっぱり吉田が動いた裏の話を全く知らんからね。僕は多少聞いているから、いってやった。

吉田　先生、実はそこが不思議でしてね。私が腑に落ちなかったのは、孫崎さんは『アメリカに潰された政治家たち』という本の中で、アメリカに抵抗した政治家を挙げています。その中で鳩山一郎とか石橋湛山、最近では鳩山由紀夫さんや小沢一郎さんが挙げてあります。この辺りはなるほどと思うんですけど、対米自立派に岸さんも入っているんですよ。そこのところだけがおかしいなと。孫崎さん風にいえば、岸さんまでも対米自立派の側に入れてあるんですよ。

平野　その通りだけどね、やっぱり岸系の人間に面倒見てもらったからでしょうね。彼らは常にそうなんだよ、自分中心なんだよ。それで吉田さんについては、本当のことを知らないんだよ。僕らの知らない部分もまだあるよ。僕は知っている方だけど。

吉田　ええ、今、平野先生よりも詳しい方はおられないと思います。

平野　それはね、吉田さんは敢えて人にいっていないんだよ。実際に僕が聞いた話だと、本人からじゃないけど、日米安保条約を国連の総会で承認してもらえと指令を出したんだからね。というのはやっぱり、吉田さんには日本を守るのはアメリカじゃない、国連だという考えがあったわけだよ。

吉田　先生、大事なところですけど、吉田さんが岸さんの安保改定に反対だったというのは。

平野　六〇年安保改定ね。アメリカとの一体化に反対で、改定の必要はないという意見だった。

吉田　少し意外な感じもしますが……。

平野　いや、有名ですよ。

吉田　そうですか。岸さんは吉田さんが不平等な条約を結んだので、岸さんが対等にしようとしたというのが通説ですけど、吉田さんはアメリカではなくて国連に守らせるという構想があったのですね。岸さんの改定のどこの部分に反対されていたのですか。

平野　あのね、吉田さんの基本的発想は、アメリカが嫌いだったの。アメリカはやっぱり信用できんという考えがあったね。彼はやっぱりイギリスなのね。

吉田　親英派ですからね。英米と一言でいいますけど、イギリスとアメリカは全然違いますからね。

平野　吉田さんはアメリカは野蛮な国だっていうのよ。

池田勇人と高度経済成長の時代

吉田　このあたりだけでも聞きたいことが多いですけど。もう少しだけ時代を先に進めます。安保で国論が二分した後に、岸氏の退陣後、「経済の池田」が出てきました。池田さんは二分した国論を一つにするために所得倍増論を掲げて登場しましたけども、先生は当時、池田さんが登場した時には所得倍増計画というのは成功するというふうに見てらっしゃいましたか。

平野　成功するというよりね、僕は所得倍増計画が終わった頃、所得倍増計画を推進した政治家とか有識者なんかと接触をもったことがあった。それは前尾繁三郎さんだね。要するに、極端なことをいえばね、岸さんの終わり頃から経済構造が所得倍増に持っていける基礎部分ができていたんだね。

吉田　下村治[35]さんが大きな全体の絵を描いて、池田勇人さんと出会って政治家と大蔵官僚で二人で組んで成功させたみたいなこともよくいわれていますね。

平野　そういうふうに物事を簡単に見ちゃダメなんだよ。やっぱり功労者は前尾、宮澤（喜一）ですね。いちばんの貢献者は前尾さんだよね。前尾、宮澤、そして次が下村……。

吉田　前尾、宮澤、下村さん。宮澤さんは池田内閣で経済企画庁長官として入閣していますね。

平野　いや、宮澤さんという人は、人間的には前尾さんの下だから。前尾さんに最も影響を受けている。池田さんという人はパンパカパンだから。

吉田　え、それはどういうことでしょうか。

平野　池田さんという人はパンパカパンだから。

吉田　国民には人気があったみたいですね。

平野　そうでもないよ。腹芸の人だから。

吉田　池田さんは腹芸をする人なんですか。

平野　もちろんだよ、腹芸しかできない人だ。それをずっと踊らしていたのが前尾なんだよ。

吉田　大平さんもその中の一人だったのですか。

平野　大平なんか、その頃はまだチンピラですよ。

吉田　池田さん自身はそれほど明確な経済理論はなかったんですか。

平野　偉大なる大馬鹿だからね。普通の馬鹿じゃないんだから……。私欲がない政治家だった。
吉田　池田さんは直感力に優れていたといわれますね。
平野　その通り。
吉田　お店に入った時に、この店が儲かっているかいないかとか、新聞記者と話してもだいたい年齢を聞くだけで家計の具合を当てたりとかしたと読んだことがあります。
平野　それほどでもないけどね、直感は良かったよ。というのは、なんで僕がよく知っているかというとね、林譲治さんが一番かわいがっていたんだ。それは吉田さんがかわいがっていたからなんだけどね。林さんが亡くなったとき、僕は衆議院の臨時職員で。電話があって駆けつけたわけですよ、慶応病院に。そしてちょっとしたら池田勇人が来るわけ。遺族もまだ来てない時だよ。
吉田　お亡くなりになった直後ですか。
平野　そう、亡くなった数時間後だよ。それで二人で何やったかというとね、二人で記帳所を設けてね。それから部屋を片づけてね。池田さんと二人で。まだ総理大臣になってなかったけどね。
吉田　池田さんがポスト岸の有力者だった頃ですね。
平野　それでね、弔問客が来るけどあんまり病院が整備されてなかったからね。二人で椅子とか机を借りて設営をしたんだよ。そういう関係なんだよ、池田さんと僕とは。
吉田　池田勇人さんと前尾繁三郎さんというのは、とても仲が良かったんですよね。
平野　コンビ。大蔵省の主税局で二人は同志だったよ。
吉田　そうしますと平野先生の師匠が前尾先生ですから、池田さんと前尾さんがコンビとしておられて、平野先生がその下の世代でおられたという関係ですね。

平野　それで、池田さんを一番かわいがったのは、林譲治さんだからね。

吉田　そうしますと、今では池田さんは安保の傷を癒すために経済政策を打ち出したというイメージですけども、岸内閣の終わりの頃から高度成長に向かう素地ができていたということなんですね。

平野　構造がね。ベースができていたということだね。だから池田が所得倍増で国民生活を良くしたというと、岸系の人間はみな嫌がるの。

吉田　岸系の人は嫌がるでしょうね、やっぱり。

平野　けどそれはね、ある程度は当たっているんだよ。だけど岸の政策を続けていたら、こうはなっていなかったよ。

吉田　私たちの世代でも池田さんの時代は、東京オリンピック、東京タワー、高速道路、新幹線と最も日本が成長したいい時代のイメージがあります。六〇年代の高度成長で社会全体が豊かになっていった時ですね。逆の側から見ますと、一方の社会党は現実政党化せずに、むしろ自民党政権でどんどん豊かになっていくのに反比例するように、社会党内では左派が優勢になっていきました。先生は当時、六〇年代の社会党の指導者に対してはどのような印象を持ってらっしゃいましたか。

五五年体制における社会党左派の実態

平野　あのね、池田、佐藤という流れになっていくわけだけども。

吉田　まさに、吉田学校の流れですね。

平野　要するに社会党自身が右派、左派関係なくＧＮＰ論争や生活闘争になったんだね。

吉田　ええ。春闘での賃上げ闘争に力を入れるとかですね。

平野　それで共産党が昭和三六年、池田内閣ができた頃に党是を変えるんです。議会制民主主義を活用しようという路線を出すんです。社会党はその影響もあって、結局、労働組合員の生活を良くすると、そういう政治路線を掲げるようになるんですよ。僕から言えば、国会というのは労使交渉の場だというような考え方が、社会党の中に定着するわけだね。それで選挙には一定の費用が要るわけでしょう。その頃、社会党は中国から資金協力を受けていた。

吉田　伊藤茂[36]氏なんかもＫＧＢからも資金を貰っていたっていわれていますよね。

平野　直接、あるいは友好商社を使って貰ったりね。要するにソ連も武力で日本の革命はできないから金渡して……。

吉田　社会党の左派にですね。ＣＩＡとＫＧＢと結局、両方とも問題だと思うんですけど。これ大問題で、岸派や民社党はＣＩＡから貰って、共産党や社会党左派はＫＧＢから貰っていたんですね。

平野　その頃、共産党は止めるの。

吉田　共産党は止めて、社会党左派にお金が流れるんですね。モスクワのＫＧＢから来ていたのは。

平野　そして社会党の悪いのは、同時に自民党からも貰っていたことなんだよ。

吉田　先生のご指摘を読んで、ここに一番がっかりしました。先生が私へのお手紙に書いてくださっていた中で、地方の真面目な党員は別として、中央の社会党と総評は腐りきっとったと。

平野　だって僕は園田副議長秘書時代に総評幹部に金持って行ったり、品物を持って行ったりしたんだもの。

吉田　むしろイメージ的には、こんなことをいうと少し問題があるかもしれませんが、現実主義の右派の方ならまだ分かるんですけど、左派の方がお金を貰っていたということだったんですね。

平野　大好きだった。

吉田　そんなことをして、良心に恥じるところはなかったんですかね。口では社会主義をいっていてですね……。

平野　ロッキード事件の時に、社会党左派の楢兼次郎[37]が、国対委員長ね、「これじゃダメだ」といきなりいって、だから前尾議長を総理にしようというのが我々の考えだといってきたんですよ。それで、僕に「俺に運動資金三〇〇〇万をよこせ」というのよ。

吉田　当時の三〇〇〇万円はすごい金額ですね。でも野党の議員に運動資金を与えて、どうするつもりだったんですかね。自民党の議長を総理大臣にするから俺に金を渡したら自民党を説得してやるということなんですね。その運動資金をどう使うつもりだったんでしょうか。自分の懐に入れるとかではなく、自民党の議員にばらまいて前尾先生を総裁にするつもりだったのですか。

平野　いやいや、それを誰と相談しているのかといったら、総評の何とかといったな、岩井……。

吉田　総評といえば岩井章[38]ですね。

平野　岩井章にいわれたというんだな。

吉田　岩井章も悪者だったんですね。

平野　そうだよ。要するにね、私がいいたいのは……。
吉田　岩井章にいって、前尾さんを総理大臣にするから運動資金をくださいというのは、社会主義者がいってきたわけですね。
平野　それは別にいいよ。戦略の問題だから。
吉田　今のお金にすると一億ぐらいですかね。
平野　そうだね。この話は僕も前尾さんにはいわなかったよ。それでもね、楢兼は真剣だったよ。僕は国会職員だけどね、向こうは僕をそういうふうに使おうとしたわけだ……。僕は政治改革が必要だと思っていたからね。端的にいえば、社会党が金をせびって……何かにつけて社会党左派はせびってきたね。「憲法により自分たちが責任を持って政権をつくろう」という大義をすっかり忘れて。これはもう、たたき直さんといかんと……。
吉田　ええ。それをお手紙で読みまして、私も反省をしまして。私は以前の本の中では当時、小選挙区に賛成した人を改革派というのは乱暴だと書きましたが、やっぱり五五年体制が腐っていたということは確かだったのですね。私も政治改革期に対する考え方をかなり修正しました。
平野　それでね、もっとあるんだよ。自民党にとっては、社会党左派の金を受け取ってくれる人間が頼りだったからね。参議院で小選挙区制を否決するでしょう。その時に土井たか子衆議院議長の公邸にね、ヤマツル（山口鶴男）[39]らが、ああいう左派でもないのに左派みたいなことをいっている連中が一〇人ほど集まってね。それでなんていったかというと、「なんで中選挙区を変えるのか。中選挙区だったら遊んでいても」と……。

吉田　遊んでいても当選できる制度をなぜ変えるのか、ということですね。
平野　そういうことを土井たか子と語っているのよ。
吉田　山口さんも大出さんも村山内閣では大臣になりましたね。大出さんが郵政大臣で山口さんが総務庁長官でしたね。中選挙区のぬるま湯につかっていたかったんですね。
平野　こういう荒みは無くさなきゃ、民主政治はできないですよ。それでね、土井たか子はそんなこと、本人は知らんだろうけど、消費税をやりますよという竹下内閣の時まで、井上普方という後藤田の甥が、社会党委員長の側近活動資金を貰いにいっているんだから。
吉田　井上普方氏が金を受け取りに来ていた人だったんですね。お手紙に書いてくださって、それは誰かなと思っていました。
平野　土井自身は知らんけどね。それは僕、竹下さんから直接聞いているから。
吉田　社会党がお金を取りに来ていたと。それは月々、毎月ですか。
平野　毎月だよ。消費税国会までね。竹下の政治理念的なものは、僕がつくっていたので全て聞いていました。
吉田　先生が「ふるさと創生」とかもお考えになったんですか。
平野　昔はね、頼まれるとやっちゃいかんことを全部やっていたからね。だからこれは変えないかんと思ってね。僕が議員になって、社会党がソ連から金を貰っていたという話が出てきて、その時の審議、僕が代表して予算委員会でやった時、村山に話をしたんですよ。私は職員の時に昼間は自民党の仕事ばっかりしていたけど、夜は……。

吉田　ええ、夜は社会党の仕事もされていたんですね。当時から社会党の国対族とのお付き合いもあったわけですよね。
平野　それもあったけど、それだけじゃなくね、心情的には社会党政権が欲しかったからね。それが、社会党の連中はいつまでたってもろくなことしなかったからね。
吉田　心の中では社会党を応援しながらも、あまりにも現実が堕落しているのを見て、先生もこれはどうしようもないと思われたわけですね。
平野　そういうことをいったらね、村山さんが何といったかというと、「平野さんが社会党に来てくれたらこんなことはなかった」っていっていたね。
吉田　村山さんは正直ですね。先生のお手紙に、私は武村（正義[40]）と村山の悪いことをいっぱい知っているって書いてありましたが。
平野　武村は本質的にワルだから。権力亡者ですよ。
吉田　武村さんの悪さは分かるんですが、村山さんは正直な方でしょう。
平野　正直だけど、そんなことで乗っちゃいかんよ。次の日になったらガラッと変わっているしね。
吉田　でも、平野さんが社会党に来てくれたらこんなことはなかったっておっしゃったんですね。
平野　社会党の中では私の評判はいいんですよ。
吉田　それは分かります。先生、さっきのお話でいいますと、社会党はやっぱり高度経済成長で、だんだんイデオロギーから生活闘争になっていったので、いわば総評の組合員たちの暮らしぶりも良くなっていくと同時に、社会党は票を減らしていったじゃないですか。これは皮肉なことでした。その時の社会党左派が、イデオロギー的な主張をやめて、西欧型の社民政党に衣替えして自民党との二大政党を目指そうという発想はあまりなかったのですか。江田三郎[41]さんにはありましたが……。

平野　それは、まだ池田時代ですよ。彼らが本格的に悪さするのは佐藤時代になってからだね。

吉田　池田さんの時代に、なんで社会党は生まれ変わることができなかったんでしょう。江田三郎さんも追放されて。悪さをし始めたのは、佐藤さんになって政権を完全に諦めてからということですか。

平野　それはね、一つには角さんの問題だね。佐藤内閣の裏金は角さんがつくっていた。

吉田　その頃、田中角栄さんが自民党の枠を超えて社会党にまでお金を配り始めたのですか。

平野　そう。だから自民党のボスたちには金がかかった。角さんはそれを社会党にも拡大していった。

吉田　その社会党の左派の人たちが、毒まんじゅうを食らうことにためらいなく、田中さんからお金を貰うようになっていったわけですか。

平野　何のためらいもなかったね。

吉田　堕落していったのですね。先生はやはり事務職員としては、各党に対して表向きは対等の立場で、等距離で接しておられたと思いますけど、社会党をちょっと応援する気持ちと、あまりにも現実がひどいということで……。

平野　僕の場合には何ともいえんけどね。やっぱり吉田・林が、僕を共産党に入るのを止めさせてね。あいつを国会の事務局に入れるというのは、ある意味で彼らも明治の国会開設運動をやった世代の人たちの影響を受けていたからね。このままだったら議会はおかしくなるから、それは一つの踏ん張りにする人材を、自分たちと血の近い人間から国会に入れておきたかったのかと今になって思うな。

中道政党の政界進出

吉田　六〇年安保を機にして、社会党右派の西尾（末広）[42]派が分裂をして民主社会党（後に民社党）を結成しました。先生の本でも明らかにされていますように、民社党もＣＩＡからの資金が流れていたというか、三井・三池闘争で余ったお金が民社党の結党に回ったと。このことは今では広く知られていますが、当時、民社党の結党というのは世の中からはどのように受け止められていましたか。

平野　いや、僕が記憶しているのはね、本当はもっと真っ二つに割れるくらい数がいたらしいのが、やっぱり現実的な野党ということで、好意的に受け止める声もあったのですか。

吉田　結局、民社党というのは、自公民路線をとったり社公民路線をとったりして。いわば現実路線ではあるんですけど、アメリカのお金も入っていて。結党当初はどういうイメージで見られていたのかなと思いまして。

平野　僕の考えはね、主権を持っている国民の一人ひとりが、自分の考え方で、自分の政党をつくろうとすることは大事だと思います。これは、とやかくいうことじゃないからね。

吉田　私は今の国民民主党は民社党の復活のように思えます。

平野　まあ、民社党の中にもいろいろあるわけ。

吉田　佐々木良作[43]さんの流れと春日一幸[44]さんの流れもちょっと違ったといわれていますね。

平野　まあ、彼らがどうということはないけどね。

吉田　民社党も大きくは二つあったんですよね。自公民派と、社公民派といいましょうか。

平野　そういう意味では、僕は民社党も社会党の左派とそう変わらなかったと思うのよ。それとね、今は両方危険なのはね、結局、言葉だけで自分の権力第一主義なんだよな。

吉田　国民民主党は、同盟系、基幹労連とか電力総連とかの方ばかり見ていますね。

平野　国民民主党は電力総連に関わっている人間もいるけど、必ずしもそうじゃないね。むしろ立憲にもいる。

吉田　立憲民主党がリベラルで国民民主党が右派とは完全には言い切れないわけですね。

平野　完全にといえないというか、そういうふうに表面上の作り事をしているだけですね。

吉田　野党がうまく分かれてくれたらすっきりすると思うんですがね。

平野　それは日本人の国民レベルのキャラクターだから。なかなかそうはいかないのよ。僕はむしろ逆説的にいうならば、立憲も国民も支援団体、支援者に対して正直すぎると思うね。支援してくれている人たち、あるいは有権者に対して、あまり正直過ぎてもいかんわけだよ。

吉田　正直すぎる……何となくちょっと分かります。

平野　彼らを指導したり、喜ばしたり、怒らせたりしながら政治を進めていかないとね。支持団体のいう通りにするというのも行き過ぎるとおかしくなるんですよ。やはり政党が主導権をとって政治を進めないと……。

吉田　そこなんですよ。不思議なのは、国民民主党に主導権がなくて連合の方にあります。

平野　そういう部分もあるけどね。でも連合だってまとまっているわけじゃないからね。

吉田　連合は今、完全に神津会長以下、同盟系の方に主導権があるように見えますが。

平野　まあ、そういう時もあるけどそうでない時もあるからね。僕はあの事務局長もよく知っているの。なんていうかな、悲劇はむしろ立憲の方にあるの。

吉田　今、立憲民主党はやっぱり五五年体制の社会党に近づいていっていますか。

平野　いや、というかね、立憲で当選してきた若い連中にはとても優秀な連中が結構いるんだよ。けどね、枝野、福山、あと二人ぐらいで全部決めてやっていてね。若い連中かわいそうだな。

吉田　なんか今、幹部が五人いるらしいですね。枝野さん、福山さん、長妻さん、辻元清美さんですか。あと一人分かりませんけど、五人の幹部でだいたい決めているとは聞きますね。

平野　一切をそいつらが仕切っていてね。

吉田　寡頭制の政治ですね。党内に民主主義がないということですね。

平野　それで、今いちばん悪い形になっていてね。こんなことをしていると結果的に安倍にプラスになるよな。それで内閣不信任案でこの国会をけじめ付けようと、俺はそれ大反対したんだよ。

吉田　出してもどうせ否決されるからですか。

平野　解散ならいいよ、まだ。でも否決されるからね。

吉田　宮澤さんの時は自民党から造反者が出て不信任決議案が可決しましたけど。

平野　否決したらね、もうこの問題は幕引きですよ。

吉田　不信任案が否決されたということは、安倍内閣が信任されたということになりますもんね。

森友・加計問題は首相による国家内乱罪

平野　だから、森・加計は幕引きですよ。僕は最近、あることをいって非常に馬鹿にされたんですよ。逆にある人たちからは評価されていることをね。森加計問題の話ですが、文書改ざんとか、あれはね、刑法七七条の内乱罪[45]だよ。

吉田　ええ、公務員が国家を陥れたというか、嘘をついたわけですからね。

平野　内乱罪は憲法上の統治の基本を壊乱させることを目的にした行動に対して適用するんだから。

吉田　内乱罪というのは必ずしもオウム真理教事件のようなものだけに限らないというわけですね。

平野　結局それはね、まあ忖度したかどうか知らんけど、佐川が書き換えろといったんですね。それで、本省は命令だと。それに近畿財務局は抵抗する。その中で一人自殺者を出したでしょう。

吉田　大阪の近畿財務局の職員の方が亡くなっています。

平野　僕がそういうのを、この前、植草（一秀）の会合でいったらね、横にいた弁護士さんが僕に「平野さんの頭の中は変わってますな」っていう。だって本来は内乱罪に該当するような、重要な問題だよと。与野党がそういうことを認識してないところに問題があるっていったわけですよ。

吉田　いまだに麻生氏は、「なんで改ざんしたか分からない」とかいっていますね。わざといっているのか、本当に分かってないのか。それが分かったら苦労はいらないなんて、またいっていますね。

平野　分かってない。それで弁護士がそういうからね、「専門家の前でこんなことといって申し訳なかった」っていっておきました。「いや私はね、批判しているんじゃないですよ。司法試験に通った人は絶対にこういう発想をしませんね」といっておきました。続けて僕がいったのは、暴動というのは物理的な暴動だけじゃない、脅迫もあるんだということです。

吉田　紙を書き換えたら事実が覆るわけですからね。文書改ざんも実は国家転覆罪になるわけですね。

平野　憲法上の統治秩序を壊すわけだからね。しかもそれを命令でやるわけでしょう。自殺者が出るでしょう。脅迫……。

吉田　ええ、それがすごく効果が大きいと思うんですよ。要はこれ以上追及すると、もっともっと死人が出るぞという圧力になりますしね。それも本当に自殺かどうか分からなくて、殺されたのかもしれないと思う人がでてくると、萎縮効果もありますからね、すごく怖いですよね。

平野　誰か告発してくれんかと思っているけどね。

吉田　しませんね。近畿財務局の方も。

平野　それがちょっと問題になっているわけだな、私の発言が。まあ頭おかしいっていう人もいるし、普通の人じゃないという人もいるし。それでね、今後問題になると思うのはね、徹底的にそういう意味で、安倍・麻生が主犯になるのか共犯になるのか、補助者になるのか知らんけどね。

吉田　立憲民主党もそれいえばいいですよね。立憲民主党と共産党が組んで、社民党と自由党は二つの政党の真ん中にいますから、立憲と共産が組めば何でもやれると思うんですけどね。

平野　それがね、私が発言した後ね、その会合に穀田（恵二）がいてね。僕のところへ来て、「平野さんが過激なことをいうから国会対策を僕らやりにくくてしょうがない」っていうんだよ。

吉田　ええ、平野先生の発想には、共産党ですら薄まってしまうということですね（笑）。

平野　内乱罪というのは、あんたのところで議論すべきことだと僕がいったら怒っていたよ。

吉田　確かに本来、共産党で議論するテーマですね。

政界進出直後の公明党

吉田　先生は公明党と創価学会だけのことで本を出されていますが、創価学会が、最初は公明政治連盟といっていて、地方議会から参議院に政界進出しました。先生は後に公明党批判の本も書かれて、神崎（武法）[46]さんが議員会館で平野先生を睨みつけたというのも読みましたけど、最初に公明党というか、創価学会が議会に進出をした時のイメージというのは、どういうものだったのでしょうか。

平野　それは素朴な政党だったよ。

吉田　当初は政界浄化を掲げて、やっぱり弱者のために出てきたんですよね。

平野　それからやっぱり特定の宗教が背景にあるから、政治の相対主義というのが分からないのね。これを分からせてくれ、公明党に教えてくれという役割が僕にあった。それは僕の本に書いてあるから読めばいい。

吉田　はい。池田大作[47]さんは一切表に出ずに、原島宏治[48]さんや辻武寿[49]さんという方が初期の公明党委員長として立党しましたね。

平野　その頃は政治観があんまりないから。やっぱり池田さんが後ろで指導していたね。

吉田　政治の方でいちばん大きな影響力を持っていたのは竹入義勝[50]さんですか、当初から。
平野　竹入さんはまともだったんだよ。池田さんのいうことをあんまり聞かなかった。
吉田　だから排除されて、忘恩の徒といわれていますよね。
平野　逆に矢野（絢也[51]）さんなんかは、創価学会のやったことをオーバーにいってね。
吉田　はい。『黒い手帖』事件[52]ですよね。矢野さんは現役時代の公明党と創価学会の関係のことなどを本で暴露されていますね。
平野　人権問題にしてね。これを政治的に使うんだよ。
吉田　矢野さんも忘恩の徒になってしまいましたが、竹入さんと矢野さんで二〇年もやっているじゃないですか。二〇年間も委員長と書記長やった人が両方とも忘恩の徒と池田さんから批判を浴びて。その辺は政界進出当時から知ってらっしゃる平野先生からご覧になると、どっちがおかしいんですか。どっちもどっちかも知れませんが。
平野　いや、僕はね、竹入さんはまともだったと思うよ。矢野さんはちょっと策がある人だという感じがしますけどね。
吉田　矢野さんはよく、政界仕掛人とかいう異名をとっていたといわれていましたね。
平野　だから、これも辞めてから贅沢の限りをしたと。
吉田　竹入さんも『聖教新聞』を読むとすごい悪口が書いてありましたね。ずっと長く竹入さんと矢野さんの悪口が書いてありました。先ほどお聞きした民社党もですけど、公明党と民社党が政界に進出してから、いわゆる中道勢力というのが生まれて単純な保革対立ではなくなって、社会党は第二党でありながら長期低落に陥ってきました。

自公民路線と社公民路線

平野　数の上ではそうかも分からんけど、それは社会党自身のせいだからね。しかし、社公民路線でも固まるんだよ。

吉田　中道政党の功罪、公明・民社の中道政党の果たした役割については、先生はどういうふうにご覧になっていますか。

平野　基本的に彼らは政権抗争はせんからね。自民党にたかる。同じことですよ。それは自民対社公民ですね。それで消費税国会に突っ込む時に、公民が自民党の側に入って、自公民対社会。そこに政治があるわけだ。

吉田　ＰＫＯの時も自公民になりました。社公民で組んでいたからといって、公民が自民党に対抗していたんじゃなくて、社公民の塊自体が自民党にたかっていたわけですか。じゃあ、社公民路線か自公民路線かというよりは、自公民路線はストレートに公・民が自民党に行って、社公民路線はその固まり全体が自民党に行ったわけですか。

平野　いや、要するにまず自・社があるでしょう。そして、公・民が一定の議席を獲得するでしょう。自・社体制というのは、自民対社公民体制で、時々、公明と民社が自民党から礼金もらって自民についた。それは大きな政治じゃないのよ。それでは政権交代にならんからね。ということで、消費税の時の攻防とは違うわけ。

吉田　消費税国会は、竹下内閣の時ですね。

平野　そうそう。その時に初めて、自公民が塊としてできて、それで社会党はやっぱりこんなことやっちゃダメだというので、小選挙区制を導入しようという政治改革の話に進んで行きます。社会党は小選挙区といって嫌がったけど、小選挙区比例代表だからね。小沢さんは最初はどっちかというと併用制だったよ。

吉田　それは意外でした。

平野　小沢さんは自治大臣やって、自治省は本格的に小選挙区比例代表制を考えていて、それの影響も受けている。問題はね、海部時代に湾岸戦争があって政治改革路線が空洞化して、その流れでPKOとなっていったね……。それで細川政権になっていくわけだけど。社会党がもうちょっと利口だったら、あそこで社会党中心の政権ができていたわけだよ。ところがもうその頃には社会党は草野球みたいになっていたからね。

吉田　右派も左派も、両方ともその後の絵が描けてなかったわけですよね。

平野　ただ僕が政治家になってからいえるのは、頼りないのはやっぱり右派なんだな。

吉田　山花さんや久保さんの方ですか。

平野　要するに社会党の右派はへらへらするわけだよね。左派は金やったら金やったで、納得して固まった。

吉田　先生、今日はありがとうございました。

平野　そんなに詳しく私のことを気にする必要はないよ。私が政治家になってからの話は、今日はしていないね。
吉田　今日は先生が議員になられる前、八〇年代の終わりぐらいまでですね。戦後の六〇年代、七〇年代、八〇年代くらいまでをお聞きしたいと思っていました。
平野　ただちょっとこれね、細かすぎるというか何というか、僕にも分からんことがあるよ。これは大変だよ。僕が絡んだっていっても、全部絡んだわけじゃないからね。訳の分からないこともずいぶんあるわけで……。

［注］
1　林譲治：明治二二年～昭和三五年。自由民権活動家林雄造の次男として高知県に生まれる。大正七年京都帝国大学法科大学卒業。一二年宿毛町長、昭和二年高知県議会議員となる。五年衆議院議員に当選。六年犬養内閣の鳩山一郎文相秘書官。翼賛選挙では非推薦で立候補し落選。戦後第一次吉田内閣で内閣書記官長。第二次・第三次吉田内閣では副総理兼厚相。第三次吉田内閣第一次改造内閣は副総理を歴任。二六年衆議院議長。
2　依岡顕知：大正五年～平成二年。高知県幡多郡出身。中央大学卒業。林譲治の書生を務める。林内閣書記官長秘書官から、林衆議院議長・副総理、益谷秀次衆議院議長秘書官を務める。吉田茂の信頼が厚く吉田家の執事としての役割を果たし、池田勇人、佐藤栄作両首相にも影響を与えた。若き日の平野貞夫氏の後見人。
3　竹内綱：天保一〇（一八四〇）年～大正一一年。土佐国出身。維新後、後藤象二郎の推薦により大阪府小参事、大蔵省六等出仕。官界から実業界へ。西南戦争では西郷隆盛を支援して政府転覆を企てた嫌疑をかけられる。士族身分の剥奪と禁獄一年の刑に処せられる。明治一二年板垣退助の愛国社の再建に取り組む。一四年板垣退助を総裁とする自由党が設立され参加。二三年第一回衆議院議員選挙に立候補して当選。自由党土佐派を率いる。第五回、第八回総選挙でも当選。実業家として複数の炭鉱を経営した。

4　河上肇：明治一二年～昭和二一年。山口県出身。マルクス経済学者。戦前の共産党活動家。明治三一年東京帝国大学法科大学政治科に入学。東京で貧富の差を目の当たりにする。またキリスト教の内村鑑三に影響を受ける。三六年東京帝国大学農科大学講師。四一年京都帝国大学講師となり研究生活に入る。大正五年『東京朝日新聞』に『貧乏物語』を連載。九年京都帝国大学経済学部長。昭和三年京都帝大を辞職。労働農民党の結成に参画。七年日本共産党入党。八年政府に検挙され治安維持法違反で収監される。一二年出獄後は自伝などを執筆。終戦後の二一年死去。『資本論』の翻訳で知られる。

5　小沢佐重喜：明治三一年～昭和四三年。岩手県出身。人力車夫などの仕事をした。苦学して大正一二年日本大学法学部卒業。弁護士となり三木武吉に師事。昭和四年から東京市議、東京府議を務める。二一年岩手県から自由党公認で衆議院議員に立候補、当選。二三年運輸大臣（第二次吉田内閣）、以降、郵政・電気通信相、行政管理庁長官、自民党国会対策委員長を歴任。

6　小泉純也：明治三七年～昭和四四年。鹿児島県出身。上京して昭和五年日本大学法学部卒業。立憲民政党職員。一二年民政党公認で衆議院議員に当選。一七年には翼賛政治協議会の推薦を受けて当選。戦後、改進党を経て鳩山一郎の日本民主党に参加。三〇年保守合同により自民党結成に参加。三九年第三次池田改造内閣、第一次佐藤内閣で防衛庁長官に就任。

7　三島由紀夫：大正一四年～昭和四五年。本名平岡公威。小説家、劇作家、随筆家、評論家。戦後文学を代表する作家。東京都出身。昭和二二年東京帝国大学法学部卒業。大蔵省に入省するが退職し創作活動に専念。代表作に『仮面の告白』、『潮騒』、『金閣寺』、『鏡子の家』、『豊饒の海』など。四一年『英霊の聲』を発表。徐々に右翼的な傾向を強め自衛隊に体験入隊。川端康成に師事するが四三年に川端がノーベル文学賞を受賞して以降、二人の関係は悪くなったといわれる。民兵組織「楯の会」を結成。四五年一一月二五日、「楯の会」隊員四人と共に自衛隊市ヶ谷駐屯地を訪れ東部方面総監を監禁。その後、バルコニーで自衛隊員にクーデターを呼びかける演説をした後、割腹自殺した。

8　ダライ・ラマ一四世：一九三五年～。四歳の時にダライ・ラマ一四世と認定される。一九四〇年に即位。一九五一年までチベットの君主の座にあったが、一九五九年にインドに亡命する。中央チベット行政府において現在もチベットの国家元首として在位している。

9 『宴のあと』は三島由紀夫の小説。「宴のあと裁判」は昭和三六年に元外相で東京都知事選にも立候補した有田八郎が、三島由紀夫の『宴のあと』が自分のプライバシーを侵害するものであるとして三島と新潮社を訴えたことによる裁判。プライバシーと表現の自由の関係が争われ、三島が敗訴した。

10 楯の会は三島由紀夫が結成した民兵組織。日本の文化と伝統を剣で死守することを目的としていた。昭和四五年の三島由紀夫の自衛隊市ヶ谷駐屯地へのクーデターを呼びかける事件の時には隊員が一緒に参加した。三島事件の後、解散。

11 池田勇人：明治三二年～昭和四〇年。広島県出身。大正一〇年京都帝国大学法学部を卒業。大蔵省に入省するが天疱瘡にかかり休職。昭和九年復職。戦後の二二年吉田内閣の石橋湛山蔵相の時に事務次官に抜擢される。二四年の総選挙で広島二区より衆議院議員に当選。第三次吉田内閣の蔵相に就任。二六年九月サンフランシスコ講和会議では全権委員として平和条約に署名。三〇年一一月保守合同による自由民主党に参加。石橋内閣に蔵相として入閣、第一次岸内閣でも留任。三五年七月内閣総理大臣に就任。三次にわたって内閣を組織。三九年辞職。

12 蒋介石：一八八七年～一九七五年。中華民国の政治家、軍人。初代中華民国総統。孫文の後継者として北伐を完遂し中華民国の統一を果たし最高指導者となる。第二次世界大戦では中華民国を四大国の一つにした。だが大戦後国共内戦では毛沢東率いる中国共産党に敗れ一九四九年に台湾に逃れる。一九七五年に死去するまで中華民国元首の地位にあった。

13 鄧小平：一九〇四年～一九九七年。中華人民共和国の政治家。毛沢東の次代の第二代最高指導者。改革開放政策、一人っ子政策などを推進。現代中国の基本的な路線を引いた。

14 ヨシフ・スターリン：一八七八年～一九五三年。ソビエト連邦の政治家、軍人。ロシア帝国のグルジアで生まれる。神学校で教育を受けるが無神論に転向。一八九九年革命家になる。その後、ウラジーミル・レーニンのロシア社会民主労働党ボルシェビキ派に参加。レーニンのロシア共産党による国家が成立すると一九二二年共産党書記長に就任。ソビエト連邦建国に参画。一九四二年にレーニンが亡くなると後継者の地位を確立。一九三九年独ソ不可侵条約を締結。一九四一年独ソ戦が始まる。ヤルタ会議、ポツダム会議では大戦後のヨーロッパ情勢を協議。一九五三年死去。死去後、スターリン批判が起こる。

15 『小説吉田学校』は政治評論家戸川猪佐武による政治小説。占領下の吉田茂内閣から鈴木善幸内閣までの自民党内の闘争史が描かれている。「吉田学校」とは吉田茂の育てた主として官僚出身者を中心とする政治家の人脈を指しており、官僚派と党人派の政治闘争などが描かれている。

16 西南戦争は明治一〇年に明治六年の政変（征韓論争）で敗れ野に下って鹿児島に帰っていた西郷隆盛が不平士族から担がれて起こった士族の反乱。明治初期に起きた最大規模の士族の反乱で国内最後の内乱となった。明治政府により鎮圧され西郷は自刃した。これ以降、武力による明治政府への反乱はなくなり、言論による自由民権運動が盛んになっていった。

17 西郷隆盛：文政一〇（一八二七）年〜明治一〇年。幕末の志士。明治期の政治家。薩摩国に生まれる。弘化元（一八四四）年郡方書役助となる。島津斉彬に取り立てられ、安政元（一八五四）年斉彬の参勤に従い江戸に上る。安政五（一八五八）年勤皇の僧月照と共に錦江湾に入水。蘇生するが奄美大島への蟄居を命じられる。元治元（一八六四）年鹿児島に戻る。藩兵を指揮し長州兵を禁門の変で撃退。慶応二（一八六六）年坂本龍馬立ち合いのもと、薩長同盟を結ぶ。慶応三（一八六七）年王政復古が成る。明治元（一八六八）年鳥羽伏見の戦いを指揮。勝海舟と会見し江戸城無血開城に導く。四年参議となる。六年征韓論争に敗れ下野。一〇年西南戦争。城山で自刃。

18 大久保利通：文政一三（一八三〇）年〜明治一一年。薩摩藩出身。幕末の志士。明治期の政治家。志士として討幕運動に参加。維新後、明治二年明治政府の参議に就任。版籍奉還、廃藩置県などを主導。四年大蔵卿に就任。岩倉使節団に参加し外遊。六年征韓論争で西郷隆盛、板垣退助らと対立。西郷、板垣らを失脚させる。同年内務省を設置。七年江藤新平の佐賀の乱を鎮圧。一〇年西南戦争では京都で政府軍を指揮する。一一年東京紀尾井坂付近で不平士族によって暗殺された（紀尾井坂の変）。

19 岩村通俊：天保一一（一八四〇）年〜大正四年。幕末の武士、明治期の官僚、政治家。土佐国宿毛に生まれる。岡田以蔵に剣術を学ぶ。明治二年政府に出仕。四年開拓判官として札幌の開発に着手し功績を残す。六年佐賀県権令。その後、工部省出仕。一〇年西南戦争が起こると鹿児島県令として赴任。西南戦争で敗れた西郷隆盛の遺体を丁重に葬った。その後、元老院議官、会計検査院長を経て一五年沖縄県令。二二年第一次山縣内閣で農商務相。その後、宮中顧問官、貴族院議員などを歴任。

20 林有造：天保一三（一八四二）年〜大正一〇年。幕末の土佐国に生まれる。板垣退助の下で戊辰戦争を戦う。維新後初代高知県令となる。明治六年征韓論争で板垣が参議を辞任した時に合わせて県令を辞職。西南戦争に呼応して一〇年政府転覆を企て挙兵を企てたことから捕縛され入獄。出獄後は板垣に協力して自由党結成に尽力。自由党土佐派の代表的人物となり自由民権運動に参加。二三年第一回衆議院選挙に立候補し当選。三一年第一次大隈内閣(隈板内閣)で逓信相に就任。三三年第四次伊藤内閣では農商務相に就任。四一年政界引退。

21 板垣退助：天保八(一八三七)年～大正八年。土佐藩出身。勤皇の志士、自由民権運動の主導者、政治家。文久元(一八六一)年江戸に向かう。土佐勤皇党で活動。文久二(一八六二)年山内容堂の前で尊王攘夷を説く。慶応三(一八六七)年薩土討幕の密約を結ぶ。同年大政奉還。武力討幕論を主張していたため失脚。明治三年高知藩大参事。四年廃藩置県。六年征韓論争で下野。七年『民撰議院設立建白書』を提出。一四年一〇年後に帝国議会を開設することが決まると自由党を結成。一五年岐阜で遊説中に暴漢に襲われる。帝国議会開設後、二九年第二次伊藤内閣で内務大臣。三一年大隈内閣の内務大臣。三三年引退。

22 後藤象二郎：天保九(一八三八)年～明治三〇年。土佐藩出身。幕末に討幕運動に参加。明治新政府では大阪府知事、参与、左院議長、工部大輔などを歴任。明治六年の政変で敗れ西郷隆盛、江藤新平、板垣退助らと下野する。一四年、自由党の結成に際して副党首格で参加。黒田清隆内閣では逓信相に就任。第一次山県内閣、第一次松方内閣でも逓信相、第二次伊藤内閣で農商務相を歴任。

23 大隈重信：天保九(一八三八)年～大正一一年。佐賀藩士の家に生まれる。明治維新期に外交で手腕を振るう。明治政府では参議兼大蔵卿を務める。明治一四年憲法論議が高まる中、伊藤博文、井上馨らはビスマルク型憲法を支持しイギリス型の議院内閣制を支持し政府から追放される(明治一四年の政変)。政変後も立憲改進党や憲政会に関わり大臣の要職を歴任。三一年内閣総理大臣となる。大正三年再度、内閣総理大臣となる。第一次世界大戦に参戦して勝利をおさめる。早稲田大学を創立し初代総長。

24 山内容堂(豊信)：文政元(一八二七)年～明治五年。土佐藩一五代藩主。「容堂」は号。藩主時代は革新派の吉田東洋を起用。福井藩主松平春嶽、宇和島藩主伊達宗城、薩摩藩主島津斉彬とともに「幕末四賢侯」と呼ばれた。容堂は四賢侯に共通する公武合体派の考え方であったが、土佐藩で武市瑞山を代表とする土佐勤皇党が台頭し吉田東洋と対立。東洋が暗殺されると土佐勤皇党を弾圧。その後、東洋暗殺前に脱藩していた坂本龍馬や中岡慎太郎の仲介で薩長同盟が成立し明治維新への動きが加速。薩土密約が結ばれたことから土佐藩全体も徐々に討幕路線に傾いていく。容堂は幕府を擁護したが討幕の流れは止められなかった。維新後は内国事務総裁に就任。しかし、明治二年には辞職した。

25 伊達宗城：文政元（一八一八）年～明治二五年。江戸時代の大名、明治初期の政治家。伊予宇和島藩八代藩主。福井藩主松平春嶽、土佐藩主山内容堂、薩摩藩主島津斉彬と並ぶ「幕末四賢候」と呼ばれる。慶応三（一八六七）年一二月の王政復古の後は新政府の議定（閣僚）となる。しかし、戊辰戦争の時は薩長に抗議して新政府参謀を辞任。明治二年民部卿兼大蔵卿となる。四年清国の全権李鴻章と日清修好条規に調印する。その後、中央政界から引退。

26 島津斉彬：文化六（一八〇九）年～安政五（一八五八）年。江戸の薩摩藩邸で生まれる。藩主に就任すると洋式造船、反射炉、溶解炉の建設、ガラス、ガス灯の製造などの集成館事業を展開した。下級武士出身だった西郷隆盛、大久保利通などを登用する。老中阿部正弘に幕政改革を進言。阿部の死後、次期将軍問題で大老井伊直弼と対立。井伊直弼は反対派を弾圧する安政の大獄を開始。上洛を計画したが、出兵のための練兵を観覧の途中に発病し死去。

27 島津久光：文化一四（一八一七）年～明治二〇年。異母兄の島津斉彬が亡くなった後、幕末薩摩藩における最高権力者として公武合体運動を推進する。明治政府では内閣顧問、左大臣に就任。

28 山内一豊：戦国時代から江戸初期の武将。土佐藩初代藩主。尾張国に生まれる。永禄一一（一五六八）年頃に木下秀吉（後の豊臣秀吉）に仕え始めたとされる。秀吉の死後慶長五（一六〇〇）年徳川家康に従い上杉景勝討伐に参加。いわゆる小山評定の時に掛川城を家康に提供すると発言。関ケ原の戦いでは主たる武功はなかったが、家康から小山評定での発言が諸侯を家康に味方する方向に導いたとして評価され、土佐国一国を与えられる。慶長六（一六〇一）年掛川から土佐に入るが、旧長曾我部の家臣団の反発を受ける。慶長一〇（一六〇五）年高知城で死去。司馬遼太郎の小説『功名が辻』の主人公。

29 大江卓：弘化四（一八四七）年～大正一〇年。明治時代の政治家・実業家。土佐国幡多郡（高知県幡多郡大月町）出身。宇和島、長崎に遊学。明治維新後、兵庫県判事試補・民部省出仕、工部省出仕、神奈川県参事を経て、明治五年同県令となる。西南戦争中、林有造、陸奥宗光らとともに政府転覆を企て一一年逮捕。禁獄一〇年に処せられる。一七年仮出獄して鉱山業など営む。二三年衆議院議員に当選。立憲自由党常議員。二五年東京株式取引所頭取に就任。

30 西村栄一：明治三七年～昭和四六年。奈良県出身。小学校を卒業後上海のフランス高等学院で学ぶ。大阪で保険会社の給仕となり三五歳で大阪支店長となる。昭和三年社会民衆党に入党。八年堺市議会議員。二一年戦後初の総選挙で衆議院議員に当選。右派の川上派に所属。二八年衆議院予算委員会で吉田茂に質問中、吉田が「馬鹿野郎」とつぶやき、バカヤロー解散のきっかけとなる。三五年民主社会党結成で西尾末広と共に行動する。

31 田中義一：元治元（一八六四）年～昭和四年。陸軍士官学校、陸軍大学校を経て日清戦争に従軍。その後、ロシア留学。日露戦争では満洲軍参謀。大正四年原内閣、第二次山本内閣で陸軍大臣。一四年、高橋是清の後の政友会総裁に就任。昭和二年内閣総理大臣に就任。幣原喜重郎らの進めていた協調外交から積極外交に路線転換。張作霖爆殺事件に際して、軍法会議によって容疑者を罰するべきだと主張していたにもかかわらず、四年六月関東軍は張作霖爆発事件と無関係だと昭和天皇に奏上。このことから昭和天皇に叱責を受け総辞職した。

32 徳田球一：明治二七年～昭和二八年。沖縄県出身。日本大学夜間部卒業。弁護士となる。大正九年日本社会主義同盟に参加。一一年非合法の日本共産党結成に参加。昭和三年第一回普通選挙に労働農民党から出馬したが落選。直後、治安維持法違反で逮捕。第二次世界大戦後出獄。日本共産党を再建し書記長に就任。二一年衆議院議員に当選。二五年共産党が分裂。同年六月公職追放されるが出頭を拒否し地下に潜る。一〇月北京に亡命。二八年北京で病死。

33 南原繁：明治二二年～昭和四九年。香川県出身。政治学者。東京大学名誉教授。大正三年東京帝国大学法学部卒業。内務省に入省。大正一〇年内務省を辞め東京帝国大学法学部助教授に就任。大正一四年教授となる。昭和二〇年東京帝国大学総長。サンフランシスコ講和会議に関しては吉田茂が進めた片面講話を批判し、全面講和を主張した。

34 森三樹二：明治三六年～昭和三三年。徳島県小松市出身。一家で北海道に移住。昭和九年中央大学法学部卒業。二八年高等文官試験司法科に合格。弁護士を開業。二一年日本社会党入党。衆議院議員に日本社会党から北海道五区で出馬し当選。三三年在任中に死去。

35 下村治：明治四三年～平成元年。佐賀県出身。経済学者、大蔵官僚。昭和一二年東京帝国大学経済学部卒業。大蔵省に入省。退官後、国民金融公庫理事、日本開発銀行理事などを務める。一九六〇年代前半の池田内閣の国民所得倍増計画立

案の中心的役割を果たした。第一次石油ショック以降はゼロ成長を提言した。

36 伊藤茂：昭和三年～。山形県舟形町出身。昭和二七年東京大学経済学部卒業。二九年社会党本部に入る。五一年衆議院議員に当選。六一年社会党政策審議会長、平成三年副委員長。五年細川非自民連立内閣の運輸相に就任。八年一月社民党副党首兼政策審議会長。一二年政界引退。

37 楢兼次郎：大正二年～平成元年。岐阜県出身。名古屋鉄道教習所卒業。国鉄労働組合名古屋地方本部執行委員長。昭和二七年衆議院議員に左派社会党から立候補し当選。社会主義協会系に所属。三〇年社会党の統一に参加。四五年成田知巳委員長の下で国会対策委員長。五八年政界引退。

38 岩井章：大正一一年～平成九年。長野県出身。高等小学校卒業。国鉄に入り機関士として勤務。昭和二一年国鉄労働組合に加入。二五年中央執行委員。三〇年総評事務局長。太田薫と連携し太田—岩井ラインを形成して総評の実権を握る。五三年国鉄分割民営化により国労が分裂し、活動基盤を失う。平成元年に総評が解散し連合が誕生。岩井はこれを批判し全国労働組合連絡協議会（全労協）を結成。社会党の凋落により指導力は衰えた。

39 山口鶴男：大正一四年～平成二七年。群馬県草津町出身。昭和二〇年桐生高専化学工業科卒業。前橋商工教諭を経て、群馬県教組書記長。群馬県議二期の後、三五年衆議院議員に当選。昭和六一年から平成三年まで社会党書記長を務める。六年村山内閣で総務庁長官に就任。八年引退。

40 武村正義：昭和九年～。滋賀県出身。東京大学経済学部卒業。昭和三七年二七歳で自治省に入省。四五年退職。四六年八日市市長に当選。四九年労働四団体と社会党、共産党、民社党の推薦により滋賀県知事に当選。六一年保守系無所属で衆議院議員選挙に立候補し当選。平成五年六月自民党を離党し新党さきがけを結成。同年細川連立内閣で官房長官。小沢一郎と対立する。それが引き金になり羽田政権発足時には閣外協力に転じる。八年の自社さ連立による村山政権で蔵相に就任。一三年政界引退。

41 江田三郎：明治四〇年～昭和五二年。岡山県出身。昭和六年東京商科大学卒業。帰郷して農民運動に入る。昭和一二年岡山県議会議員に当選。一三年人民戦線事件で検挙される。戦後二一年日本社会党に入党。二二年再び岡山県議。二五年参議院議員に当選。三五年社会党書記長。三八年衆議院議員に当選。社会党副委員長、書記長、委員長代行を歴任。五二

年社会党を離党し社会市民連合を結成。同年死去。

42 西尾末広：明治二四年～昭和五六年。香川県出身。高等小学校中退後、旋盤工見習いとなる。その後、労働運動に身を投じる。大正八年友愛会に入る。一五年社会民衆党の結成に参加。昭和三年第一回普通選挙で社会民衆党から初当選。一三年近衛文麿首相に対し「ヒトラーのごとく、ムッソリーニのごとく、あるいはスターリンのごとく、確信に満ちた指導者たれ」と激励し、スターリンを肯定的に発言した部分が政友会、民政党から問題視され衆議院議員を除名される。戦後は社会党右派で頭角をあらわす。片山内閣では官房長官、芦田内閣では副総理に就任。三五年民主社会党（後の民社党）を結成。四〇年の日韓国会では、自民党とともに基本条約を強行採決。

43 佐々木良作：大正四年～平成一二年。兵庫県養父郡八鹿町出身。昭和一四年京都帝国大学法学部卒業。日本発送電に入社。電産労組の初代書記長。二二年参議院全国区に無所属で出馬し第八位で当選。三〇年兵庫五区から衆議院議員に右派社会党から当選。三四年民社党結成に参加。国対委員長、書記長、副委員長を歴任し五二年一一月第四代委員長に就任。野党連合や与野党連合の構想を具現化。平成二年引退。

44 春日一幸：明治四三年～平成元年。岐阜県出身。昭和三年名古屋逓信講習所高等科卒業。戦後、昭和二〇年の日本社会党結成に参加し右派に属す。愛知県議を二期務めた後、二七年の総選挙で当選し衆議院議員となる。三五年民社党結成に参加。国対委員長、書記長等を歴任。四六年民社党委員長に就任。五二年委員長を辞任。常任顧問となるが党内に強い影響力を残した。中小企業の育成に尽力。反共論者として知られた。

45 刑法七七条には「（内乱）国の統治機構を破壊し、またはその領土において国権を排除して権力を行使し、その他憲法の定める統治の基本秩序を壊乱することを目的として暴動をした者は、内乱の罪とし、次の区別に従って処断する。一、首謀者は、死刑または無期禁錮に処する。二、謀議に参与し、または群衆を指揮した者は無期または三年以上の禁錮に処し、その他諸般の職務に従事した者は一年以上十年以下の禁錮に処する。三、付和随行し、その他単に暴動に参加した者は、三年以下の禁錮に処する」とある。

46 神崎武法：昭和一八年～。中国・天津出身。昭和四一年東京大学法学部卒業。三九年司法試験に合格し検察庁に入る。横浜地検、東京地検、那覇地検などを経て法務省検事局勤務。五七年三月退職。五八年公明党から衆議院議員に当選。公明党副書記長を経て、平成五年細川内閣の郵政相に就任。六年一二月新進党結成に参加。九年新進党解散により一〇年一月新党平和を結成し代表に就任。同年一一月、新党平和は参院議員と地方議員で構成する「公明」と合流し公明党が再結成され代表に就任。一一年小渕恵三から連立政権への参加を要請されこれを受ける。小渕の急逝によって誕生した森政権以降も公明党は与党にとどまる。一二年政界引退。

47 池田大作：昭和三年〜。東京都出身。昭和一五年尋常小学校卒業。二二年東洋商業学校卒業。創価学会に入信し戸田城聖の弟子となる。二六年戸田城聖が第二代創価学会会長に就任した時に青年部第一部隊長となる。三五年創価学会第三代会長に就任。三六年公明政治連盟結成。三九年公明党結成。「王仏冥合」・「仏法民主主義」を掲げる。各国の国家指導者や文学者、科学者、芸術家と多数会談し、対談集を刊行。

48 原島宏治：明治四二年〜昭和三九年。東京都出身。昭和四年東京府青山師範学校を卒業。一五年創価教育学会入会。三〇年東京都大田区議会議員。三四年参議院議員に当選。三五年池田大作の創価学会第三代会長就任とともに創価学会理事長に就任。三六年公明政治連盟委員長に就任。三九年公明党の結成に参加、初代公明党委員長に就任。

49 辻武寿：大正七年〜平成二四年。埼玉県出身。東京豊島師範学校卒業。小学校教員。昭和一五年創価学会入会。戦後創価学会青年部長、指導部長、理事などを歴任。三一年無所属で立候補し参議院議員に当選。三九年一一月、公明党が結成され公明党副委員長。一二月第二代公明党委員長に就任。四二年委員長退任。その後は創価学会の活動に戻る。

50 竹入義勝：大正一五年〜。長野県伊那郡辰野町出身。昭和二四年国鉄に入り肺結核を病む。二八年創価学会に入信。池田大作の門下生として頭角をあらわす。三四年文京区議、三八年東京都議、三九年公明党結成とともに副書記長となる。四二年衆議院議員に当選。党委員長に就任。矢野書記長とともに竹入・矢野体制を確立して党勢を拡大。四五年創価学会と公明党の政教分離以降政治活動に専念。平成二年引退。

51 矢野絢也：昭和七年〜。大阪府布施市（現：東大阪市）出身。昭和三一年京都大学経済学部卒業。在学中に創価学会に入会。三八年公明党から大阪府議に当選。四〇年から創価学会副理事長、公明党中央幹部会員などを歴任。四二年衆議院議員に当選。当選後、書記長に就任。四五年創価学会・公明党の言論出版妨害問題では政教分離による打開策に尽力。昭和六一年一月から平成元年五月まで公明党委員長を務める。平成五年政界引退。その後、政治評論家として活動する。

52 『黒い手帖』事件は、公明党の元国会議員三人が元公明党委員長矢野絢也の長年の国会活動の記録された手帖を強奪したとされる事件。矢野は約一〇〇冊の手帖を持ち去られたとされる。この事件は背後で創価学会が命令していたとされ、平成二一年に最終的に矢野の勝訴、創価学会の敗訴が最高裁で確定した。

第二部　解題

1　平野貞夫氏の歩み

平野貞夫氏は一九三五（昭和一〇）年に高知県土佐清水市にお生まれになった。一九五八（昭和三三）年に法政大学法学部法律学科を卒業された後、一九六〇（昭和三五）年には法政大学大学院社会科学研究科政治学専攻修士課程を修了された。その後、衆議院事務局に入局、衆議院事務局員として、園田直氏の下で副議長秘書、前尾繁三郎氏の下で議長秘書を務められた。その後、委員部総務課長、委員部長を経て、一九九二（平成四）年に衆議院事務局を退職された。その後は、小沢一郎氏の勧めにより政界入り、小沢氏と一貫して行動を共にされ、小沢氏の最側近議員として知られた。

平野氏が政界に転じられてからの歩みは以下の通りである。一九九二（平成四）年七月の第一六回参議院議員通常選挙に高知県選挙区から無所属で出馬して初当選。この時の選挙は無所属からの出馬であったが、自民党、公明党、民社党と当時の与党と野党が推薦（支援）するという、それまでの国会議員選挙では例のないものだった。与野党相乗りの国会議員候補は珍しいことだったが、これが小沢氏と公明党の市川雄一氏の「一・一ライン」が知られるきっかけともなった。この時はまだ一九九三（平成五）年の政権交代の前であったが、後の「一・一ライン」はこの頃から構築されつつあったのであろう。

当選後、平野氏は自民党に入党され、羽田・小沢派（改革フォーラム21）に参加。当時は宮澤喜一内閣で、自民党内で「改革派」を自認する羽田・小沢派が宮澤首相に政治改革の断行（つまり小選挙区制を中心とする選挙制度の改革）を迫っている時期であった。一九九三（平成五）年の政変時には、羽田・小沢派の一員として、六月二二日に自民党を離党し、翌日の新生党結成に参加。新生党の党首は羽田孜氏、代表幹事は小沢氏であった。後述するように平野氏はそれまでも小沢氏とは極めて近しい間柄であったが、この時からは政治家として小沢氏の側近議員として活躍されることとなる。

一九九三（平成五）年七月、第四〇回目の総選挙の結果、政権交代が起こった。自民党は三八年間維持した政権政党の座から陥落した。この立役者となったのは小沢氏であった。小沢氏は、日本新党代表であった細川護熙氏を首相に担ぎ政権交代を成し遂げた。細川連立政権は、社会、新生、公明、日本新、民社、さきがけ、社民連、参議院会派の連合参議院の七党（八会派）による連立政権であったが、この枠組みはわずか八か月しか持たなかった。連立与党内での政策調整がうまくいかなかったからであった。細川政権は、一九九四（平成六）年四月二八日に退陣した。

わずか八か月で崩壊した細川政権の後を継いだ羽田孜連立政権も二か月で退陣に追い込まれた。羽田政権の枠組みは細川連立政権と基本は同じであったが、社会党（当時：村山富市委員長）と新党さきがけ（武村正義代表）が連立政権から離脱したため少数与党としてスタートしていた。

羽田政権退陣後、自民党・社会党・新党さきがけによる村山富市氏を首班とする「自社さ」連立政権が成立した。自社さ政権は五五年体制下での宿敵であった自民党と社会党による連立政権であったが、この政権の特徴は「反小沢政権」であった。小沢氏の率いる新生党は下野した。このような政治情勢の中、一九九四（平成六）年一二月一〇日には新生党が解党し、新進党が結党され、平野氏も新進党結党に参加された。

しかし、その新進党も一九九七（平成九）年の一二月三一日には解党。新進党は細川政権の与党がまとまった政党であったが、小沢氏と公明党勢力の間の亀裂が、解党の原因であった。新進党を構成していた元の公明党や元の民社党などの各勢力は党名を変更したものの、それぞれ元の政党に戻った。

小沢氏の率いる勢力は、一九九八（平成一〇年）年一月に自由党を結党。平野氏も自由党結党に参加された。同年の第一八回参議院選挙で平野氏は自由党公認で比例区から出馬し、二期目の当選を果たされた。二〇〇三（平成一五）年九月には自由党が解散、当時の民主党（当時の代表は菅直人氏）に合流した。いわゆる「民由合併」である。平野氏も合併によって民主党に参加された。二〇〇四（平成一六）年の第二〇回参議院選挙には出馬されず、政界を勇退された。二〇一四（平成二六）年にも第四七回衆議院選挙に生活の党公認で比例東北ブロックから立候補されたが、この時は落選された。

政界引退後の平野氏は広く講演活動や著述活動を行っておられる。政界の秘話を社会に公開されたものや、歴史的な証言、その時々の政治情勢に対する鋭い批評など多くの著書を刊行されている。代表的な著書に、『参議院なんかいらない』（幻冬舎新書、二〇〇七年、村上正邦・筆坂秀世氏との共著）、『平成政治20年史』（幻冬舎新書、二〇〇八年）、『わが友・小沢一郎』（幻冬舎、二〇〇九年）、『議会政治の誕生と国会』（信山社、二〇一二年）、『消費税国会の攻防　一九八七—八八—平野貞夫衆議院事務局日記』（千倉書房、二〇一二年）、『平野貞夫・衆議院事務局日記』（全五巻・信山社、二〇一三—二〇二〇年）などがある。最新刊としては、二〇二〇（令和二）年一二月に『衆議院事務局—国会の最深部に隠された最強機関』（白秋社）を刊行された。

平野氏を語る上で避けられないのは高知県（土佐）のご出身ということであろう。土佐といえば自由民権運動以来の土佐自由党の系譜があり、その流れは元首相の吉田茂氏、元衆議院議長の林譲治氏などにも引き継がれていた。吉田、林の両氏はまた従兄弟だという。大きくみれば政治家としての平野氏もその土佐自由党の系譜にあるといえよう。この辺りは平野氏の著書である『わが輩は保守本流である』にも詳しく書かれているところである。平野氏は小学校の頃に高知で吉田元首相に会われているようだが、衆議院事務局に入られてからも吉田元首相と邂逅があったとのことである。

平野氏は最初、衆議院事務局には臨時職員として入られた。当時は議会の立法府の職員の制度は整っておらず、採用の仕方もバラバラで、戦前、満州で働いていた人なども採用されていたという。そもそも平野氏が入職されたのは、ご自身の意思というよりは吉田、林両氏の意を受けたもので、平野氏の東京における親代わりでもあった依岡顕知氏の考えによるものであった。これら周囲の人が平野氏の共産主義思想を抜くために、二年間の期限で入れたということである。学生時代にマルクス主義に惹かれていた平野氏は、当時、共産党への入党を考えておられたが、林氏が「それでも共産党に入りたかったら親父を説得してやる。それはともかくとして、それまでは政治の現実をみろ」と平野氏にいったという。当初は期限付きので入職された平野氏だったが、そこから政治の裏舞台を支える人生をスタートされることとなった。

2　事務局入職直後の平野氏

まだ臨時職員の頃、平野氏の「監視役」が林氏の勧めから小沢佐重喜氏になった。佐重喜氏は小沢一郎氏の父親である。つまり、平野氏はその後盟友となる一郎氏より先に、父親の佐重喜氏と出会っておられたのだ。一郎氏は後に豪腕といわれることとなるが、佐重喜氏は一郎氏とはまた違った感じの政治家だったという。佐重喜氏は小学校も卒業することなく、苦学して弁護士になった苦労人であったが、顔も怖く独特の雰囲気をもった人であったようだ。平野氏が吉田茂氏の関係者ということから、佐重喜氏は自分が面倒をみてやっているという意識があったのではないかということであった。

そして、岸信介内閣の時、戦後史の大きな転換点となる安保国会を迎えることとなる。岸首相は日米安全保障条約の改定を目指したが、広範な国民の反対運動に遭い、条約改正後には退陣することとなった。平野氏の話によれば、それまで国会はまだ帝国議会時代の事務のままで運営されていた。

そもそも平野氏は、高校卒として日給一五〇円の臨時職員で入っておられた。当時、平野氏の素性を知っている人は事務総長と人事課長とごく一部の人だけだったという。しかし、飲みに行った時などに平野氏が専門的な法律の知識を元に「それは間違いですよ」などというので、周囲からは何者だろうかと思われていたという。自分の正体を明かすことはできなかったが、平野氏としては持っている知識を隠して働くことはできなかったのであろう。

当時はまだ新憲法を勉強していない議員も多く、条約を修正できないと考える議員もいたという。

議員も戦後の新憲法の体制がよく分かっていない上に、事務局にも充分な人材がいなかった。安保国会を機に事務局も調査および調査事務体制を整備しなければならなくなり、大学院を出た人などを採用しようという動きがでてきた。この頃、平野氏はまだ二三、四歳であった。当時は二、三人しか議員に対応できる事務局員がいなかった。そこに平野氏が入っていき、後に共産主義から脱したと見なされ、正式な職員として一九六一（昭和三六）年に採用された。

正式採用後、平野氏は昇進において特別扱いを受けた。最初は四年制大学卒の七等級として採用されたが、一年経って六等級を飛ばして五等級の係長となったが、これで大騒ぎになった。二四、五歳の頃であり、若くして平野氏の昇進が早すぎたからであった。さらに平野氏は、一年経って係長に、さらに一年半程度で議院運営委員会の係長に就任された。ここは与野党の衝突する最前線である。困難な仕事を担当する部署ではあるが、職員として花形の部署であり、平野氏はまた妬まれたという。

平野氏はさらにそれから二年ぐらいで副議長の園田直氏の秘書に任命された。なぜこんなに早く昇進されたかというと、当時はそれほど人がいない時代だったからだという。衆議院副議長は国務大臣クラスなので、秘書官にはだいたい四〇歳前の人が就く。行政官庁はそのような感じだが、立法府の方は人がおらず、三五歳で副議長秘書をしている人もいた。平野氏の場合はさらに若く三〇歳で副議長秘書に任命された。「人がいない」とはいえ、これは実際に職員そのものが全くいないという意味ではなく、副議長秘書が務まるに値する人材がいなかったという意味であろう。当然ながら古参の年配職員もいたから、それらの人からの嫉妬などは相当あったとのことである。平野氏のお話によれば、その頃の事務総長や管理職は「平野なら、まあ潰れてもいいいや」と思っていたのではないかという。

しかし、若くして副議長秘書に抜擢され園田氏に仕えた平野氏は潰れなかった。

小沢一郎氏とは、一郎氏が国会議員になる前に二、三回会ったことがあるとのことであった。その頃は後に政治活動を共にする盟友になるとは思ってもおられなかったであろう。小沢氏が議員に当選してから、平野氏と小沢氏の付き合いが始まる。小沢氏の同世代には羽田孜氏、橋本龍太郎氏などがいた。後に竹下派七奉行になる面々である。平野氏とこれらの政治家の付き合いは、彼らが初当選したころ始まった。橋本氏は若い頃から結構わがままな部分があったようだ。まだ小沢氏も羽田氏も橋本氏も閣僚になる前である。橋本氏が非常に政策に詳しく細かいことまで知っていたのは有名だが、平野氏にいわせれば、橋本氏は「細かいことしか興味がなかった」、「ステイツマンとしての発想がなかった」とのことであった。この辺りの人物評については、多少は個々人によって違う部分もあるだろうし、平野氏の主観もある程度は入っていることは否めない。そうだとしても、同時代に共に仕事をしてこられた平野氏の証言は大変興味深いものがある。また、平野氏は自民党の政治家との関係が多かったものの、社会党の議員とも交流があったことも興味深い。

この時期の話をうかがうと隔世の感がある。現在ではありえない平野氏の早い昇進は、まだ戦後の混乱の名残もあったからであろう。若くして衆議院事務局の重要な役職をこなす平野氏は、小沢氏のみならず、後の田中派・竹下派の幹部となる議員たちと交流を始める。佐藤栄作内閣の時代に政界入りして佐藤派・田中派・竹下派に属し、後に首相になった政治家に、羽田氏、橋本氏、小渕恵三氏がいる。平野氏が政界入りするのは、一九九三（平成五）年の政変の前年、一九九二（平成四）年だが、政界入りするや否や、当選一回の参議院議員が小沢氏の側近としてすぐに活躍されることとなったのは、若い時期からの人脈がそのまま活かされたからであろう。

3　一九六〇年代――吉田茂と岸信介の評価――

衆議院事務局に入職された後の平野氏は、徐々に共産主義から離れていく。これは現実政治の裏表を見る中で徐々に共産主義色が抜けていったのかと思われたが、それが直接的な理由なのではなく、左派の学者への疑念を持つようになったからだという。

一九五九（昭和三四）年、チベットのダライ・ラマがインドに亡命する事件が起きた。この時に中国共産党は『人民日報』でダライ・ラマを批判したのだが、この頃から平野氏は中国や共産主義への疑念を持つようになる。当時はまだ中ソ対立の前で両国は蜜月の時代であったが、平野氏は既にこのころ、社会主義国家間の対立が今後起きるであろうことに気付いておられたようだ。ダライ・ラマ亡命事件の頃、平野氏が勉強会で社会主義国家の矛盾を指摘した際、参加していた学者から批判され、本来、真理を追究するはずの学者が充分に勉強していないと思うようになっていったという。

実際に社会主義が滅亡し東西冷戦が終結するのは、一九八〇年代の後半から九〇年代の初頭であった。もちろんその頃になれば一般の国民も、ソ連の閉鎖性を始めとする社会主義の欺瞞や一党支配の暗い現実に気付いていたのだが、左派の政治家や学者の一部にはソ連が現実に崩壊するまで社会主義を信奉している人も多かった。私自身も冷戦終結の頃の記憶はあるが、一九八〇年代には国民の大多数は実際には社会主義などは実現するはずがないと思っており、それどころかほとんどの国民は、社会主義にはマイナスイメージしか持っていなかった。しかし、その時期になっても、社会党左派の一部分と左派の学者は現実に起きていることから目をそらしていたきらいがある。しかし、平野氏は既にダライ・ラマ亡命事件の頃から、社会主義（国家）への疑念を持ち始めておられたのであった。

非常に興味深いのは、平野氏は一時、作家の三島由紀夫氏とも交流があったという部分である。三島氏は一九二五（大正一四）年の生まれなので、一九三五（昭和一〇）年生まれの平野氏よりも一〇ほど年上である。平野氏が三島氏と知り合ったのは、すでに三島氏が有名になってからで、三島氏が三四～五歳、平野氏が二四～五歳の頃だったという。平野氏が共産主義に惹かれていたころ、関心を持って学ばれたのは毛沢東思想で、『矛盾論』や『実践論』を熱心に学ばれていたようであったが、三島氏と一緒に毛沢東の研究会などに参加されていたというのは驚きである。

また、吉田茂元首相が、共産主義についてかなり詳しく独自の見識をもっていたというのも興味深い証言である。平野氏は、吉田氏が政界を引退する前、一九六一（昭和三六）年、後見人であった依岡氏と一緒に大磯の吉田邸に挨拶に行かれた。吉田氏は蒋介石の話などを平野氏にしたという。その中で「アメリカが中国に対して貿易規制しているのは間違いで、もう少し開放して、共産主義では儲からないということを中国人に教えたら、すぐ変わる」という旨のことをいったという。この吉田氏の発言は、後の鄧小平の改革開放路線をあたかも予想していたようだが、平野氏によれば、吉田氏のこのような発想は、戦前のイギリスでの経験があったからだという。吉田氏は「スターリンが共産主義をダメにした。ヨーロッパでは共産主義は育たない。中国は変わる」といっていたというが、これはまさに実際に起きたことであり、毛沢東亡き後の鄧小平によって中国の経済政策は変わった。

また吉田氏は、「日本の共産党はしぶとい」と述べていたとのことであったが、日本の共産党は中国ともソ連ともちがった形でそれなりに根を張っていくことを予測していたのかもしれない。吉田氏は共産主義が世界を支配することはないと明確に考えていたが、半面、平野氏に対しては「国会、政治と接触した場合に、共産主義の勉強をしておくと役に立つ」という助言をしたという。このエピソードからは、同郷の若い平野氏が吉田氏に目をかけられていたことが垣間見られる。

吉田氏は保守系の議員だけではなく、左派系の議員との付き合いもあったようだ。しかも、吉田氏は左派系議員もビジョンをくれたとまでいっていたようであった。

新憲法の審議をする最後の帝国議会で、憲法九条の審議の際に社会党の片山哲氏が、「民主主義というのは政治機構の話だけではダメで、やっぱり国民生活を良くしないといけない。そういう意味で民主主義という概念の中には社会主義的な発想があるが、あなたはどう思うか」と吉田氏に質した。これに対して吉田氏は、「民主主義というのは民意を大事にする、民意による政治だ。国民が困ったことについては当然対応すべきだ」と片山氏の話を是認したとのことであった。また、共産党の徳田球一氏が、「戦争放棄というのであれば、戦争の原因は資本主義の矛盾から起こる。だから資本主義をなくすとか、資本主義を変えるという考え方が必要ではないか」と質問した時に、「それはあなたの意見であって、私は賛成できない」と答えたという。当時の政治家は政治的立場や思想の左右を超えて、国民生活の向上と平和の実現という基本的かつ本質的な問題については共通の認識を持ち、国会でこのような議論をしていた。今日の目から見ると、とても新鮮な感じがする。

さて、平野氏が事務局職員として最初に目の当たりにされたのは、岸信介内閣の安保国会であった。

この時期は小沢佐重喜氏の見識が目立っていたとのことであった。平野氏自身も安保改定には反対だったが、政治的行動をしないという約束だったので、デモなどは行かなかったとのことであった。

私が意外だったのは、岸氏の安保改定に対して吉田氏が反対だったことだ。サンフランシスコ講和会議の時に最初の安全保障条約を結んだのは吉田氏であるから、岸氏が安保条約を改定することに反対だったのは理解できないでもない。岸氏自身は、日本とアメリカとの関係を不平等なものからより対等なものに改めると考えていたようだ。しかし、この岸氏の安保条約改定の考え方は、吉田氏の目から見れば、対米依存を強めるものと映っていたようだ。吉田氏は日本を守るのはアメリカではなく国連だと考えていたからこそ、岸氏の進めるアメリカと一体になる路線に反対だったとのことである。さらにいえば吉田氏は、岸氏が巣鴨刑務所から出てきた経緯、その後政界に復帰してから一貫してアメリカの意向で動いていることを見抜いていたからかもしれない。

二人の仲の悪さは有名だが、平野氏は、岸氏がアメリカべったりなことに吉田氏は批判的だったといわれた。岸氏がＣＩＡから資金を貰っていたことは様々な書籍で指摘されているが、当時から有名な話だったようだ。平野氏の岸氏への評価は厳しく、「その後の歴史家なり外務省の部下たちが、勝手なことをいっている」と、岸氏を対米自立派だったとする見方を批判している。特に元外務省の孫崎享氏については批判的であった。私自身、孫崎氏が著書で対米自立派の総理大臣に岸氏まで入れていることに疑問があったが、平野氏の解説によると、孫崎氏が岸氏系の人間に面倒をみてもらっていたことや、吉田氏系の人から苛められていたことが関係しているのではないかとのことであった。

吉田氏がアメリカ嫌いだったのに対して、岸氏はアメリカとの関係を対等にするといいながらも、好んでアメリカの傘下に入っていった。一般的には、吉田氏がアメリカの押し付け憲法を受け入れ、これに不満をもつ岸氏は鳩山一郎氏らと改憲を主張したと理解されている。特に岸氏は九条改正に対して執念を燃やしていた。しかし、安保条約改定と改憲を主張していた岸氏の方がアメリカと近づきすぎることへの抵抗感を持たず、平和憲法を受け入れ、再軍備に反対した吉田氏の方がアメリカとの距離を取ろうとしていたと見ることもできる。このように見れば、その後の吉田氏の流れである保守本流の宏池会が、アメリカと常に友好関係を維持しながらも軽武装路線を貫き、護憲路線を守り、また佐藤（栄作）派を乗っ取る形で継承した田中（角栄）派も改憲を主張せず、アメリカとは適度な距離を取る親中路線であったのに対して、岸派の流れこそが、改憲を唱えつつ、日米同盟のさらなる深化を目指した安倍前政権につながっていることも理解しやすいのかもしれない。

4　一九六〇年代の回想――池田勇人と前尾繁三郎――

一九六〇（昭和三五年）年六月、日米安保条約の改定と引き換えに岸氏が退陣を表明、次の政権は池田勇人氏が担った。池田氏は安保条約改定で二分した国論をまとめるため、所得倍増論を掲げて登場した。「政治の時代」から「経済の時代」への転換であった。平野氏は所得倍増計画が終わった頃、この計画を推進した政治家や有識者と接触を持たれたことがあった。所得倍増論は池田氏及びそのブレーンが考えた政策と思われがちであるが、平野氏によれば、岸氏の時代の終わり頃には、所得倍増に持っていかなければならない経済構造の基礎部分ができていたとのことであった。

私はかつて書物で読んだ知識から、下村治氏が計画全体の下絵を描き、池田氏と二人三脚で所得倍増計画を進めたと考えていたが、平野氏の見方は少し違っていた。池田氏の高度経済成長路線を支えた一番の貢献者は前尾繁三郎氏で、次が宮澤喜一氏、そして次が下村氏という順だという。池田氏自身も大蔵官僚の出身で経済通として通っていたが、平野氏の池田氏への評価はさほど高いものではない。池田氏の経済論が雑駁であったのはよく知られているが、意外だと感じたのは、国民の人気もそれほど高くなかったという平野氏の証言である。後世の我々は、高度経済成長期を牽引し、公約の所得倍増論を成し遂げた池田氏をある意味で同時代人以上に過大評価しているのかもしれない。平野氏によれば、池田氏は「腹芸の人」であったが、「腹芸もできた人」ではなく「腹芸しかできなかった人」だったという。腹芸ができることは政治家にとってはマイナス評価ではなく、むしろプラスの評価とも考えられるが、経済通のイメージの強い池田氏とは少しかけ離れたイメージである。

そして、池田氏を躍らせていたのが前尾氏ということであった。池田氏は一八九九（明治三二）年、広島県の生まれで、前尾氏は一九〇五（明治三八）年、京都府の生まれである。池田氏は一九二五（大正一四）年に京都帝国大学を卒業して大蔵省に入省する。前尾氏は一九二九（昭和四）年に東京帝国大学を卒業して大蔵省に入省する。大蔵省入省は池田氏が四年早かった。この二人には共通点がある。池田氏が当時は不治の病といわれた難病（落葉状天疱瘡）にかかり大蔵省を休職からいったん退職したことは広く知られているが、前尾氏も同じように病気で大蔵省を休職している。前尾氏は大蔵省入省の翌年から一年間休職し、その後、五年間の療養を経て大蔵省に復職した。結核性肋膜炎であった。池田氏は一九三一（昭和六）年に一度大蔵省を退職し、三年間もの療養生活を送っている。

池田氏は一九三四（昭和九）年に病気が完治した後、一二月に新規採用という形で大蔵省に復職し、三四歳の時に大阪玉造税務署長に赴任した。前尾氏は復職後、和歌山税務署長に赴任した。二人は性格は違ったようであるが、お互いに大病で出遅れたことから親しくなり、生涯の友情が続いた。

池田氏と前尾氏が政界入りしたのは、同じ一九四九（昭和二四）年であった。この年の一月二三日に執行された第二四回の衆議院議員総選挙に池田氏は広島二区（当時）から、前尾氏は京都二区（当時）から立候補して当選した。二人とも吉田茂が総裁を務めていた民主自由党（当時）から立候補して、吉田学校の一員として政治家人生をスタートさせた。ちなみにこの時の衆議院選挙は日本国憲法施行後初の総選挙で、第二次吉田内閣の時期であった。

上述したように池田氏と前尾氏は強い絆で結ばれた盟友関係にあったが、それに比較すると大平正芳氏は世代が下であったのではるか後輩という扱いであったようだ。私は池田氏の所得倍増論は、巷間よく語られるように、後に宏池会から首相になる大平氏と宮澤氏の二人が支えたイメージで理解していたが、平野氏によれば、第一の功労者は前尾氏であり、前尾氏が大きな部分で全体の絵を描いていたようであった。池田氏本人にはそれほどの経済理論はなかったが、直感力に優れていたということは、私は以前ある書物で読んだことがあったが、平野氏も認めておられた。

また、平野氏の師匠は前尾氏であったことから、平野氏は池田氏との交流も深かった。その池田氏を可愛がったのが林（譲治）氏であった。先述した通り林氏は平野氏の親代わりで後見人的な立場でもあったことから、平野氏は吉田―林―池田―前尾氏の流れの中で活動して来られた。

平野氏によれば、池田氏の高度成長政策は成功したが、その政策を実施すべき基盤は岸氏の時代の最後の方にできていたことから、池田氏が経済成長で国民の生活を良くしたというと、岸氏系の人々は嫌がるとのことであった。岸氏系の人々からみれば、高度経済成長は必然的に起きたことであって、池田氏の指導力や政策によるものとはいえないという思いがあるのかもしれない。この見方に平野氏は一定の理解を示しておられる。高度経済成長は池田氏（そして前尾氏）の功績であると同時に、その下地は岸氏の時代の後半には十分に整っていたということなのであろう。

しかし、誰がやっても同じ結果が出たかというと、平野氏は「岸の政策を続けていたら、こうはいかなかった」ともいっておられる。つまり、下地は整ってはいたものの、池田氏が軽武装・経済発展路線の政策をとったからこそ、現実に経済成長が達成できたのであり、改憲から再軍備を志向していた岸氏の路線では経済復興は遅れていたということなのであろう。そもそもこの軽武装・経済発展路線は、いわゆる吉田ドクトリンといわれたもので、吉田氏が戦後直後に選択した路線である。そしてこの路線こそが池田氏が創設者した派閥である宏池会の基本路線となり、自民党の中で保守本流といわれる路線となった。そしてこれは、戦後日本政治の枠組みを規定した路線でもあった。

平野氏はご自身の立ち位置を「保守本流」であると規定しておられるが、これはまさに吉田路線から池田氏（そして平野氏の師匠の前尾氏）の宏池会路線に連なる人脈と政策の中に、ご自身を位置付けておられるということであろう。後に平野氏は、実際には田中派―竹下派出身の小沢氏と活動をともにされることとなる。新生党、新進党、民主党とつながっていく流れの中では、平野氏は一貫して経世会（竹下派）を割った人々と行動された。だが、平野氏は政治的・思想的な系譜としては、吉田・池田・前尾氏の「保守本流」路線に位置しておられる側面の方が強かったといえるだろう。

5　五五年体制下の社会党左派の実態

五五年体制下の野党の実態は、案外知られていないことのように思われる。一九六〇（昭和三五）年、池田内閣が発足した頃に共産党が党是を変更した。本来は革命政党であり、戦前には非合法にされた歴史を持つ共産党であったが、この頃になると、表面上は議会主義を打ち出してきた。表向きは共産党も武力革命路線を棚上げし、議会制民主主義の範囲内で活動していくこととなったのである。

社会党の中にも右派と左派があり、社会党は何度も分裂と統一を繰り返していたが、一九五五（昭和三〇）年に左右の社会党が再統一を果たした。同じ年に社会党の統一に影響を受けて保守合同により自民党が結党された。いわゆる五五年体制のスタートである。

共産党の路線転換は社会党にも影響を与えた。それまで共産党とは一線を画し議会主義であった社会党が、共産党のある種の現実政党化に押される形で、労働組合員の生活向上という路線を出すようになった。これは、社会党としては議会主義に徹しているだけでは売り物がなくなったからであろう。

社会党も内情は右派と左派とに別れていたので、左派が革命路線を捨てていなかったことをある程度重視するならば、この時点の社会党を、西欧型の社民政党になっていたということはできない。だが、少なくとも社会党全体が革命を標榜していたということはなかった。平野氏によれば、結局この後、社会党の中に、国会は労使交渉の場だという考え方が定着していったとのことであった。

五五年体制下での社会党は徐々に労組依存を強め、選挙時の資金から人材まで総評に全てを依存するようになっていった。総評は豊富な資金を有していたことから、社会党の労組依存が強くなり過ぎたのではないかと私は考えていた。しかし、共産党が議会主義に転換したことから間接的に影響を受ける形で、社会党は自らの存在理由を労働組合員の生活レベルの向上に見出すようになっていき、それが結果として労組依存を強めていったのであった。

経営者と労働組合は春闘などで賃上げをめぐって労使交渉をする。この労使交渉が拡大した場所が国会だというような認識が社会党の中に広範囲に広がり、そのような考え方が定着していったとするならば、三〇年強も続くこととなる与野党の馴れ合い、自社五五年体制のぬるま湯体質は、すでに六〇年代初めにその原型が姿を現していたということになる。

また平野氏は、社会党は中国からの裏金をもらっていたと証言された。社会党がソ連のＫＧＢから資金提供を受けていたことは私も聞いたことがあったので質問してみたが、明確にこれを肯定された。社会党は直接に、あるいは友好商社を使って間接に資金をもらっていたとのことであった。事実ならばかなりショッキングである。しかし、社会党だけを責めることはできない。なぜなら一方では、アメリカのＣＩＡの資金は自民党（右派）に流れ、安保闘争をめぐって社会党が分裂し、民社党が結党された時にもＣＩＡの資金が流れていたともいわれているからである。総額でどちらが多く資金の提供を受けていたのかなどは分からないが、現在では考えられないことであろう。

五五年体制はその後、日本国内では与野党の馴れ合い政治に堕落していくが、一方においては国際政治における米ソ対立の冷戦構造が、資金の流れも含めて、日本国内に凝縮していたことも事実であろう。この時期、共産党はソ連からの資金援助はなく、ソ連の資金は社会党左派に流れたという。よく共産党は自主独立の党を謳い、旧ソ連とも中国共産党とも関係がないことを強調してきたが、六〇年代にソ連との付き合いを止めたという意味では、これは本当のことだったといって良いのだろう。

そして、さらに衝撃的というか呆れるのは、社会党は自民党からも資金をもらっていたということである。このことについて平野氏は他の著書でも証言しておられるのだが、社会党は右派よりも左派の方が金銭面においては堕落していたようであった。これは平野氏自身の実体験に基づく証言で、ご自身が総評幹部の金や品物を持って行った経験もお持ちであった。

私は、もし自民党から金銭をもらっているグループが社会党内にあったとすれば、右派の方が可能性は高いと考えていた。左派はイデオロギー論争を繰り返し、社会の実態とかけ離れた議論をしていただけに、金銭面では清潔で、現実主義者の多い右派の方が自民党との接点があったように考えていた。しかし、実態は全く違っていたようだ。他の本でも平野氏が公表しておられることであるが、ロッキード事件の時に社会党左派の楢兼次郎氏が、前尾議長を総理にするので平野氏に運動資金三〇〇〇万円を渡すようにいってきたこともあったという。しかも、それは総評の岩井章氏からいわれてやっているとの話だったという。平野氏もこのことばかりは、前尾氏にはいえなかったという。

このような話は単なる五五年体制秘話という範囲を超えて、相当に社会党左派と総評の体質そのものが病んでいたということであろう。このころから平野氏は、政治改革の必要性を痛感されるようになった。社会党左派の体質も問題だったが、自民党にとってはカネを受け取ってくれる社会党左派が頼りだったということである。つまり、社会党左派が日常的に国会審議などで、あらゆる政策に妥協なく反対してくると国会運営は厄介なことになるが、日常的に金を渡すことで飼いならしていたのだ。

一方の社会党左派の議員はなぜ、口で叫ぶのと全く逆のことをしていたのだろうか。これは推測だが、現実には政権を取ることはあり得ないと分かってきた社会党議員（特に左派）にしてみれば、「取れるものは取っておこう」という卑しい考え方がしみ込んでいったのであろうか。この自民党側から社会党側に金が流れるシステムは、六〇年代に始まって土井たか子委員長が就任するまでずっと続いていたという。五五年体制が「与野党の癒着」、「馴れ合い」であり、いわば八百長政治をしていたことは、多くの当事者や論者の証言から、もはや常識であろう。驚くべきはその時間の長さである。土井委員長の就任は一九八六（昭和六一）年である。一九六〇年代最初にこの構造が出来たとするならば、二〇年以上、三〇年弱にわたり、このような構造が続いていたことになる。土井委員長は労組出身ではなく、社会党議員の中では異色であった。土井氏自身はこういう構造を知らなかったと平野氏もいわれたが、それまでは社会党委員長の活動費は全て自民党側から出ていたということであった。

平野氏自身は、職員の時代に昼間は自民党の仕事をしていたが、夜は社会党の仕事をしておられたとのことであった。平野氏は社会党が嫌いだったのではない。平野氏は「心情的には社会党政権が欲しかった」ともいわれた。現実の社会党があまりに堕落していることに平野氏は心を痛めておられたのだ。平野氏が社会党の問題点を後に首相になる村山富市氏に話したところ、村山氏は、「平野さんが社会党に来てくれれば、こんなことはなかった」といったという。

この構造が完成するまでには、ある程度の時間がかかったようである。本格的に社会党が悪さをし始めるのは佐藤時代であったという。田中角栄氏は既に佐藤内閣の時に裏金を作り出しており、その田中氏が自民党の枠を超えて野党にも金を配り始めたのが佐藤内閣の時期だったという。一九九三

（平成五）年の政界の動乱から、平野氏は自民党を離党した小沢氏と一貫して行動を共にし、政権交代を目指す側で活動された。これは、あまりに五五年体制の実態がひどいものであり、とにかく五五年体制を壊さなければならないという平野氏の強い信念に基づくものであったのだろう。

6 五五年体制における中道政党――民社党と公明党――

六〇年安保を機に、一九五九（昭和三四）年、社会党右派の西尾末広派が分裂をして民社党（当時は民主社会党）を結成した。平野氏はすでに著書の中でも明らかにされているが、民社党にもＣＩＡからの資金が流れていたという。平野氏によれば、三井・三池闘争で余ったお金が民社党の結党に回ったとのことであったが、当時、民社党結党というのは世の中からはどのように受け止められていたのだろうか。社会党の左派が机上でイデオロギー論争ばかりしていることに批判的な国民からは、民社党の結成は比較的、好意的に受け止める声もあったのだろうか。この件について平野氏は、本当は社会党がもっとはっきりと二つに分かれると思っていたといわれた。来るはずのメンバーが民社党に来なかったということをお聞きになったことがあるらしい。当初の予定では社会党の右派全体が新党になるか、左右両派が半々に分かれるというような構想だったのかもしれない。

実際には民社党（当時は民主社会党）は当時の西尾派と河上丈太郎派の一部が社会党を割って結党されたが、当時の社会党が半分に割れたものではなかった。民社党の結党後も社会党は党内に右派と左派を抱えたまま、つまり左右両派の対立を内包しつつ、五五年体制の終焉までずっと野党第一党であり続けた。結局は社会党の左右の分裂が不完全なものであったために、民社党の性格も中途半端なものとなり、民社党はより右派的な体質を強めていったのである。

五五年体制の民社党は、自公民路線をとったり社公民路線をとったりした。民社党の中にもいくつかの流れがあり、社会党に近かった佐々木良作氏の流れと春日一幸氏の流れがあったことは知られている。このどちらの流れが主導権を握るかで自公民路線と社公民路線の間を揺れていたように私は考えていたのだが、平野氏は民社党も社会党の左派とそう変わらなかったといわれた。これは、政策やイデオロギーではなく体質のことである。実際にやっていることがそう変わらなかったというのは、民社党にも自民党からの資金が一部、流れていたということであろうか。

さて、私自身は民進党（旧民主党）が分裂した後の現在の国民民主党は、五五年体制でいえば民社党の再来といってよく、立憲民主党は徐々に社会党に近づいてきているのではないかと考えているが、ここについて平野氏は、まだ分からないとして微妙な見解であった。私が新旧の国民民主党を民社党の再来だと考える理由は、支持団体の連合の内部が今では旧同盟系主導になっていること、そのことによって連合の原発政策や安保政策はかつての民社党と同じような政策を主張するようになっていること、その政策に最も近いのが国民民主党だからである。さらに新旧の国民民主党に身を寄せている議員の多くは旧民主党時代の保守系議員であり、この中には選挙区事情により自民党から立候補できず、政界入りの時点からやむなく野党に身をおいてきた議員が多い。現在の新旧の国民民主党は野党であっても野党と言い切れない部分があり、これはかつての民社党とよく似た体質に見える。この点について平野氏は、多少私とは違った見解であった。旧国民民主党には電力総連に関わっている議員もいるが、必ずしもそうではない人もいること、むしろ立憲民主党にも電力総連に関わっている議員はおり、単純には分けられないという。私自身は入り組んだ状況よりもすっきりと別れた方が良いと考えているが、この考えを平野氏にぶつけると、それは日本人の国民のレベルだから仕方がないという見解を示された。

政党と支持団体とは、どのような関係が望ましいのだろうか。民主主義の建前からいえば、先に有権者がいて、政党がある。有権者の集まりである各種の団体の意見が政党に反映されるのは、決して悪いこととはいえない。圧力団体、利益団体は国民の間にある利害を集約して表出する機能がある。だが、政党が現実には一部の利益団体の代弁者でしかなくなっているとするならば、これはこれまた問題が多い。

五五年体制でいえば徐々に社会党は総評政治部といわれるくらいに総評に全てを依存していくようになっていった。民社党も広く国民から支持されたとはいえず、支持基盤は同盟系の労働組合がほぼ全てといっても良い状態であった。このように考えれば、やはり政党・政治家の方が主導権を取る方が正常であり、一部の支持団体のみに主導権を握られている政党は、政党として望ましい姿にあるとはいえないであろう。

平野氏はこの部分について、明確に政党や政治家が議論をリードすべきというお考えであった。立憲民主党も国民民主党も支援団体からいわれて政治をやっているが、これはむしろ正直すぎるのであり、支援団体に対して正直すぎてもいけないというお考えであった。平野氏は何も支援者や支持団体のいうことを聞かなくても良いといっておられるのではなく、政治家の側が見識をもって支援者や有権者を指導し、喜ばせたり、怒らせたりしながらやっていくべきだというお考えであった。つまり、政治家の見識こそが問われるのである。

もう一つの中道政党の公明党についても尋ねてみた。平野氏は公明党・創価学会に対しては明確に批判的な立場である。『公明党・創価学会の真実』（講談社、二〇〇五年）、『公明党・創価学会と日本』（講談社、二〇〇五年）という本も出しておられる。平野氏は公明党批判の本を書かれた時、公明党代表の神崎武法氏から議員会館で睨みつけられたほどである。

だが、最初に公明党が議会に進出した時のイメージは、素朴な政党だったという。当時、公明党が政界浄化を掲げ、支援者の大半がそうであった政治的な弱者のために政界に登場してきたのは確かなことであった。平野氏によれば、公明党は特定の宗教が背景にあったことから、当初、政治の相対主義というのが分からなかったという。宗教の信仰は絶対的なものであるが、政治の世界は、利害の対立するものやイデオロギーの違うもの、別々の理想を抱くものが議論し、合意点や妥協点を見つけていく世界である。多くの人が議論して、相対的により良いものを見つけていくしかない。当初、平野氏は公明党にこの政治の本質を教える役割も果たされた。

公明党は事実上、創価学会三代目会長の池田大作氏の私党であったというのはよく指摘されることで、これは事実であっただろう。そして、創価学会の中では、公明党委員長を二〇年近く務めた竹入義勝氏（第三代公明党委員長）と同時期に書記長を務めた矢野絢也氏は、「忘恩の徒」として、長期にわたって『聖教新聞』で批判されつづけていた。しかし、竹入氏への平野氏の評価は高い。竹入氏は池田氏のいうことをあまり聞かず、それが後に竹入氏が池田氏によって完全に排除されることにもつながっていくのだが、平野氏はまさにその部分を評価されていた。また、矢野氏はやはり策謀の人だったという。

さて、五五年体制下での中道政党の果たした役割とは何だっただろうか。中道勢力が生まれたことで、日本政治は単純な保革対立ではなくなり、社会党は第二党でありながらも長期低落に陥った。社会党は政権交代への希望を失っていく。あくまでも一般論ではあるが、中道政党の功罪を考える際、功の面があったとするならば、保革の正面衝突を避ける緩衝材として、現実的な野党の機能を果たした部分を挙げることはできるかもしれない。一方、罪の方は、野党でありながら、多くの場合重要な局面では自公民路線をとり、自民党政治の補完勢力としての役割しか果たさなかったということであろう。

平野氏はもっと分かりやすく真実の構造を語ってくださった。一言でいえば、中道政党はそもそも自民党とは抗争をせず、自民党にたかっていただけであったという。野党であっても、本気で自民党を打倒しようという考えは当初からなかったのである。要すれば、まず自民党と社会党があり、公明党と民社党がその間で一定の勢力を確保する。そして、自社体制の中では、通常、表面上は自民対社公民（与党対野党）なのだが、時々、自民党は公明党と民社党に礼金を払って自民党側についてもらう。この構図は消費税国会まで続いたとのことであった。

消費税国会の時は完全に自公民路線になった。五五年体制は自社対立がよく語られるが、自公民の三党が完全に結び付けば政権交代は全く現実味がなくなる。現実の日本政治は、一九九三（平成五）年に自民党を割った小沢氏を中心とする新生党が日本新党、新党さきがけの二つの新しい保守政党と組んで、五五年体制時代の社会党、公明党、民社党と共に細川連立政権を樹立する。この政権は社公民各党と自民党の一部が一緒になった政権であった。自公民路線の時、田中角栄氏が公明党とのパイプを生かして主導した時には「角公民」路線ともいわれた。細川政権は、五五年体制の「角公民」路線と社公民路線が合体した政権であったということがいえるだろう。

7　小沢一郎氏との出会いとその後
——経世会分裂・連立の時代・自社さ政権時——

平野氏といえば、何といっても小沢一郎氏との関係を抜きに語ることはできない。平野氏が政治家として小沢氏と行動を共にするのは、最初に参院選挙に出られた一九九二（平成四）年からだが、関係はいつの頃から生まれていたのだろうか。私は小沢氏が一九八九（平成元）年八月に海部俊樹政権発足時に自民党幹事長になった頃かと勝手に考えていたが、二人の出会いは遥か前だった。すでに言及したが、平野氏は最初に小沢佐重喜氏との縁ができていたので、小沢一郎氏を当選した頃から知っていたとのことであった。

一九六九（昭和四四）年、第三二回衆議院議員総選挙で小沢氏は二七歳で初当選したが、当選してひと月経ってから、「自分は社会生活、一般社会で仕事をした経験がまったくない。それで人を見る目がない。非公式に、人を見る時にアドバイスをしてくれ」ということを平野氏にいってきたという。これが平野氏と小沢氏の出会いだった。平野氏と小沢氏は、七年平野氏が年上である。小沢氏が平野氏にそのような助言を求めてきたのは、平野氏の後見人が自分の父親の佐重喜氏だったことと関係があったのだろう。

平野氏のお話では小沢氏は議院運営委員会の理事や委員長になってきた頃から変わってきたという。小沢氏が議運の委員長の頃、平野氏は議運の担当課長だったという。平野氏の同世代といえば、羽田孜氏が同い年、橋本龍太郎氏が二つ下、小渕恵三氏も二つ下だった。森喜朗氏も含めて当選は同期だった。特に羽田氏、橋本氏、小沢氏は仲が良かったという。

小沢氏と親しかったことから平野氏は田中派（から後の経世会）の若手議員との付き合いが多かったのかと思ったが、必ずしもそうではなく、その頃は宮澤喜一氏なども相談に来ていたという。それから与謝野馨氏、中曽根康弘氏もよく相談に来ていたとのことだった。平野氏は事務局の職員だったが、議員からは職員扱いされず仲間扱いされていたという。そういう関係の議員は野党側にもいたという。

平野氏の若い頃からの人間関係を考えると、経世会の分裂は非常に大きな出来事であった。金丸信氏が逮捕されたあとに経世会の跡目争いが起こり、その結果、小渕氏が経世会会長となり竹下派は小渕派となった。小渕氏が後継会長になった時、小沢氏と羽田氏は経世会を出て行く。そして、「改革フォーラム21」（羽田・小沢派）を結成する。さらに小沢氏と羽田氏は自民党を離党する。この経世会の分裂は、自民党の分裂、そして、政権交代へとつながっていく。

小渕派に残った側の代表が橋本氏や梶山静六氏だった。この時の政争は竹下派七奉行が二つに分かれたのであったが、小渕氏、橋本氏と行動を共にする梶山氏は、もともと小沢氏と関係が悪かったのかといえばそうではなく、平野氏のお話によれば、梶山氏は自民党で小沢氏を総理にしようと思っていたという。それを平野氏と羽田氏が取ったとのことだった。梶山氏は政治改革（小選挙区制の導入）には反対したが、その後の竹下派には問題があったと考え、小渕氏が当選した時の総裁選挙に出馬することとなる。

梶山氏はその後、細川・羽田の連立政権崩壊後の自社さ連立政権で活躍することとなる。自社さ政権を作った中心人物は自民党側が亀井静香氏や野中広務氏、社会党側が野坂浩賢氏や山口鶴男氏だった。社会党内では主に左派が中心に自社さ政権を作った。自社さ政権は明確に反小沢政権であった。自民党が社会党と連立を組んだのは、なりふり構わず政権に復帰しようとしたからであったが、社会党が自民党との連立に応じたのは、小沢氏によって、細川連立政権における政策決定の場において徹底的に排除されたからであった。

しかし、社会党の側も一枚岩ではなかった。自社さ政権が出来た後、一九九五（平成七）年一月一七日に阪神・淡路大震災が起こる。この日は前社会党委員長の山花貞夫氏（細川内閣では政治改革担当相として入閣）が新党を結成する予定の日だった。大震災が起きたことによって政争は一時中止となり、山花新党は結成されなかった。山花氏の新党は失敗に終わるが、この動きは後の第一次民主党につながっていく。平野氏はこの山花氏ととても仲が良かったとのことであった。

山花新党は失敗に終わったが、山花新党ができれば、小沢氏は山花氏を担いで山花政権を作る構想だったという。これは山花新党と新進党の連立政権ということになり、小沢氏の新進党が山花氏を首相に担ぐ構想だったという。細川連立政権の枠組みから社会党が出て行った原因は、羽田政権の発足時、社会党は首班指名で羽田氏に投票したにもかかわらず、直後に社会党だけを排除した院内会派の

「改新」を結成する手続きが進められ、これに社会党が反発したからであった。社会党はこの時に新党さきがけと共に連立の枠組みから離脱した。山花新党は、細川政権の枠組みに社会党の一部分を戻すという構想であった。

小沢氏は山花氏のことを高く評価していた。初めて聞いたお話だったのでとても意外だったが、社会党も当時は一枚岩ではなかったのだから、反小沢政権である村山政権の後、非自民政権をもう一度作るべきだという考えが自民党と連立を組んだ後の社会党内にあったことは、理解できないわけではない。山花氏は社会党からの離党者だけではなく、当時、元日本新党の海江田万里氏らと組んで新党を結成する予定であった。この山花氏の新党構想は日の目を見なかったが、平野氏によれば、三〇人が自社さ政権側から出てきたら逆転していたという。

自社さ村山政権の後は、自社さの枠組みで自民党総裁になった橋本氏が、村山氏からの禅譲で首相になる。そして一九九六（平成八）年に社会党は分裂し、社会党の離党者と新党さきがけの離党者によって最初の民主党が結成された。

二〇〇九（平成二一）年九月の民主党政権への政権交代の立役者は小沢氏であったが、この時、政権交代の起きた一九九三（平成五）年からは一六年、阪神・淡路大震災が起き山花新党〜非自民政権構想が頓挫した一九九五（平成七）年からは、一四年もの時間が経っていた。当然ながら政界も世代交代しており、この民主党政権で閣僚や党幹部などを務めた政治家たちは、一九九三（平成五）年の総選挙で当選した人々が中心であった。この民主党政権の抱えていた問題点については、後の節で論じることにする。

8　五五年体制下における国対政治の本質

五五年体制といえば、国対政治が与野党癒着の温床として諸悪の根源のように語られることが多い。五五年体制の終焉後、国対政治は最も悪しき慣習とされた。赤坂の高級料亭で国会対策委員長がしばしば会談し、場合によっては金銭も動くというような政治のあり方である。自社の馴れ合いといえば、金丸信氏と田邊誠氏の関係が有名で、次の世代では梶山静六氏と村山富市氏の関係に引き継がれた。与野党癒着の温床であった国対政治は、今では完全に否定されるに至っている。

しかし、国対政治というものは、そこまで悪いものだったのだろうか。安倍政権では、立法府での議論を政府が避け、国民世論を二分するような法案もろくに審議をせず、最後は与党が数に任せて強行採決するということが何年も続いてきた。今の幼稚な国会、表向きの議論もなければ裏でも成熟した合意形成のための努力が一切なされていない国会を見ていると、本当に国対政治は悪かっただけなのだろうかという疑問も沸いてくる。五五年体制の与野党の癒着は問題があったにしても、国対政治があったからこそ、与野党が合意形成を図るという「大人の政治」が行われてきた面があったのではないだろうか。この私の意見に対して平野氏は、そもそも国対政治というものの歴史をほとんどの人が知らないのだといわれた。

平野氏によれば、国会対策というのは、片山哲連立政権の時に与党三党の国会での協力体制を強くするために作ったのが始まりとのことである。戦後政治の始まりにおいて、与党の連立三党が国会運営を支えるためにつくったのだ。戦前は今の議院運営委員会にあたるものがあり、そこに各党の幹事長クラスが出てきて国会運営の相談をしていたということであった。

そして、平野氏の見解は、自社の五五年体制というものは、実質的には自民党と社会党による連立政権のようなものだったとのことであった。このように見れば、細川・羽田の連立政権が崩壊した後に自社さ連立の村山政権ができたことも不思議なことではない。実質上の「自社連立」が五五年体制には完成していた。そして、自社連立体制が長く続いており、そのことを多くの国民は知らなかった。そして、五五年体制は一九九三（平成五）年に崩壊し、その後、反小沢政権である自社さ政権が誕生した。国民は五五年体制の宿敵が連立を組んだことに対して驚いたが、この自社さ政権は、五五年体制下での事実上の自社連立が、本当の政権として姿を現したということでもあった。

この平野氏のお話から考えれば、五五年体制の自社は「馴れ合い」程度の話ではなかったということになる。ただ言及したように、竹下内閣時の消費税国会の際、この体制は崩れた。つまり、消費税反対については社会党も裏取引をせず、本当に反対をしたということである。平野氏は国対政治の裏をご覧になってきたので、国対政治を懐かしいもの、良いものとして肯定されるということはなかった。しかし、その平野氏も今は、国対政治を全部悪いとはいえないともいわれた。実際には金銭などを抜きにして真剣に議論することもよくあったからである。

平野氏は園田直副議長の下で二年、前尾繁三郎議長の下で四年、国会運営をした人物の秘書を務められた。その時の相手は国対委員長だったという。昨今の国会では、議長自身が乗り出すのは最終局面でしかない。しかも、最近では議長による与野党斡旋という場面はほとんど見られなくなった。議長は超越的な立場で議会運営にあたるというのが一般的な理解である。しかし、当時は議長の斡旋が結構あったとのことである。国会でトラブルが起きて衝突した場合、事態の収拾は議長の役割と考えられており、議長が国対委員長や幹事長を呼び、場合によっては党首を呼んで仕切っていったという。平野氏はそのシナリオを作る仕事をされていた。そのシナリオは野党の国会対策委員と相談しながら作っておられたという。

五五年体制は事実上、自社連立のようなものであったから、国対政治は与野党の折衝の場というよりもむしろ連立政権間の政策のすり合わせのような意味で機能していたということであった。だが、そうはいっても与野党間で全ての問題がすぐに合意できるわけではなく、ぶつかることはあった。その場合、国対政治は与野党調整の場としての機能を果たしていた。国対政治の復活に関して、平野氏は何でも行き過ぎが悪いという見解であった。確かにそれはその通りで、行き過ぎると国会は裏取引ばかりになってしまう。

国民がメディアを通じて見ている国会と、実際に行われている国会とがあまりに解離したものになってしまってはいけない。しかし、国会が「話し合いの場」であり、そもそも議会が「合意形成の場」である以上、国対政治が全否定されることは、これはこれで問題があるのではないだろうか。安倍政権になってからの国会がそうであるように、政府は野党の質問に一切答えず、最初から圧倒的多数の議席をもつ与党は、時間さえ来れば強行採決をすると最初から決めていた。このような政治が成熟した民主主義であるはずがない。我々が七年八か月の安倍前首相の時代に見てきたような国会と、五五年体制下の国対政治のどちらがましだったのかということを考えてみれば、かつての国対政治も全否定する必要はないのではないだろうか。日常的な裏取引、ましてや多額の金銭が政府・与党側から野党にまわるような八百長政治の復活は断じてあってはならない。しかし、国民の賛否の分かれる法案については与野党の政治家がじっくりと議論し、落としどころを模索しながら裏でも表でも話し合いをするという文化は、もう一度取り戻しても良いものかもしれない。

平野氏はイギリスの議会を最も勘違いしたのが菅直人氏であったという。菅氏は小選挙区制にも賛成し、イギリスモデルの信奉者であった。平野氏は、菅氏はイギリスには国対政治がなく、労働党と保守党が正面からぶつかっていると思っていたようであったと証言された。平野氏によると、イギリスでは議会のシナリオを書く職員と、官邸との間を調整する役を併せ持っている職員が三〇人ほどいるという。これは表に出ない存在であり、イギリスには「Gentleman's agreement」という議会のトラブルや政権交代の時の調整をする人々がいるとのことであった。これは、いい意味での談合をするという話である。

さて、平野氏は、一番問題なのは国対政治の前に、与野党の国会対策委員や議院運営委員が事務局に相談しないことだといわれた。民主党が政権を取った時、事務局の職員をみんな自民党のスパイだと若い議員が言い出したという。

国対政治の是非については、平野氏がいわれたように何事も行き過ぎが良くないということに尽きるであろう。だが、安倍政権になってからの政治こそは、国会の形骸化を行き過ぎたものとしてしまった。五五年体制のような与野党癒着は良くないにしても、政府与党と野党が議論すらしないような国会を続けることのマイナスは計り知れない。

9　政治改革の評価

政治改革については、最も私が平野氏にお聞きしたかった部分であった。五五年体制の実態についてはは多くのお話を伺ったが、一九九〇年代初頭の「政治改革」とは、自社の五五年体制を壊すためのものであったことは間違いない。しかし、五五年体制終結後、一貫して政界再編、野党再編が続いている。五五年体制の崩壊から三〇年近い時を経ても、いまだに次の日本政治の対立軸は明確に姿を現さない。

まず平野氏に、今後の議会政治と、日本の政治・政党の対立軸がどのようになっていくと思われるか、どうなっていくのが望ましいとお考えなのかをお聞きした。まずは政治改革から時系列的に、この時期の出来事を抑えておきたい。

冷戦が終結し、自民党の中で後藤田正晴氏を中心に政権交代可能な政治をつくる必要があるとの考え方から『政治改革大綱』が作られた。これを自民党は何度も公約にする。政治改革はリクルート事件の反省から最初に竹下登首相が提案した。竹下氏は昭和六四年（この年の一月八日から「平成」に改元される）の年頭記者会見で政治改革元年を宣言するが、その後は全く熱意を失う。竹下氏に最初に政治改革を提案されたのは平野氏であった。

一九九三（平成五）年の自民党分裂とその後の政権交代に至る政変については、平野氏のお話によれば、自民党のために自民党によって提案された『政治改革大綱』を実現するかしないのかの闘争が起こり、実はいまだにそれが続いているということであった。私自身は当時も今も小選挙区制を中心とする選挙制度の導入には反対であり、今でも九〇年代初頭の選挙制度改革には批判的な立場をとっている。五五年体制が腐敗していたこと、自民党も社会党も馴れ合いの、惰性で政治を行っていたことは確かであり、そのようなぬるま湯体質による腐敗政治を正さなければならなかったことに対しては、全く異論もない。だが、選挙制度を改革することによって、人為的に政権交代可能な政党制を導こうとした考え方そのものへの批判を、私は今も強く持っている。したがってこのテーマは、一番平野氏にお聞きしにくい部分であった。

二大政党制が理想とされる議論は常にあるが、二大政党制には、アメリカ型の保守二党制と西欧型の保守勢力と社民勢力による二大政党制がある。日本の二大政党論者は、どちらを想定しているのかという議論こそが重要である。だが、この議論は当時も今も十分にはなされていない。このことが、野党再編が何度やっても失敗に終わる理由なのである。

私が書物をひもといた範囲では、「政治改革」に失敗して政権を失うときの首相となった宮澤喜一氏は最後まで、小選挙区制を中心とする選挙制度改革には慎重だったと認識していた。しかし、このことについて、平野氏は明確に否定された。宮澤氏は後の回顧録で「あれは熱病だった」と述べているのだが、実際には宮澤氏は中途半端な熱病にかかっており、回顧は宮澤氏の弁解だといわれた。

平野氏は、二大政党にするということは自分たちは一度もいっていないとおっしゃった。ここはかなり意外な部分であった。二大政党制ではなく、二つのグループが選挙前に「こういう政権を作りたい」と打ち出し、そのグループを選挙で選ぶようなイメージをされていたという。それをマスコミが二大政党といったのだという。当時の議論には、同じ「改革派」内部にも二大政党制を主張する立場と穏健な多党制を主張する流れがあった。穏健な多党制の代表的な論者は細川護熙氏であった。そして、当時の平野氏は選挙制度については、理想は西ドイツ型の併用制であったという。

平野氏は二大政党制ではなく、完全な多党制（小党分裂）でもなく、穏健な多党制による二つのグループというものをイメージされていた。これは少し分かりにくいが、選挙は政権選択のために機能するものであると同時に、有力な政党の数は二つではなく、ある程度の数の政党が存在する穏健な多党制が理想と考えておられたようであった。五五年体制の腐敗した部分を長く見て来られた平野氏にとっては、一番の問題意識は中選挙区制の弊害であった。そして、それは具体的には社会党が責任を果たしていないことであった。

小選挙区制比例代表並立制と併用制は第八次選挙制度審議会で審議され、当時の連合会長の山岸章氏や、政治学者の内田健三氏などは、最初は併用制を主張していた。そして、併用制派は少数派で消えてしまい、並立制となった。西ドイツ型の小選挙区比例代表併用制は政治改革論議が起こり始めた頃、社会党の土井たか子委員長も賛同していた。併用制は事実上、比例代表制の果たす機能が強くなるので、社会党も反対しないところまでにはなっていた。これは第八次選挙制度審議会の答申が出た一九九〇（平成二）年四月よりも前のことである。

なぜ、第八次選挙制度審議会の結論は並立制になってしまったのか。ここが私の最大の関心事であったが、これは自民党の中でそうなったということであった。平野氏は自身が政治家として主張するなら併用制を主張していたといわれた。ここは私にとっては最も興味深い部分であった。当時、平野氏はまだ参議院議員になられる前で、実際に事務局職員として果たされた役割と平野氏個人の意見は違ったのだ。

宇野（宗佑）内閣時に設置が決まり、海部（俊樹）内閣時に活動を開始した第八次選挙制度審議会の委員長は読売新聞社の小林與三次氏であった。その時、平野氏は衆議院事務局委員部長で小林氏が出す答申の下書きを後藤田氏の命で書かれたという。これは既に平野氏は『平成政治20年史』（幻冬舎新書、二〇〇八年）の中でも明らかにされており、私の著書の中でも言及している。

当時、自民党の「政治改革委員会」と、政府がつくった第八次選挙制度審議会がほぼ同時に動いている。宇野内閣の一九八九（平成元）年六月のことであり、自民党政治改革委員会と政府の審議会である第八次選挙制度審議会は数日違いで発足している。自民党「改革派」の立場からいえば、政治改革委員会の中で『政治改革大綱』を党としてまとめ、それを立法化して国会に法案を出せば良かった。なぜ同時に政府の中にわざわざ審議会もつくったのだろうか。政府に選挙制度審議会をつくり、政府が受けた答申なら、野党側も完全には無視することはできないので、野党側も巻き込むためにわざわざ第八次選挙制度審議会をつくったのだろうか。

これについて平野氏は、政治の現実の中では様々な案が混ざっていくということと、最終的に最初の理念が通るわけではないといわれた。細川連立政権になってから、政治改革法案は衆議院可決された後、参議院で否決された。その後、七党八会派の細川連立政権側と、当時野党になっていた自民党が話し合った。そこでの合意事項が細川首相と河野洋平自民党総裁の合意となり、政治改革（選挙制度改革）は成立した。この時、連立政権側は小沢氏、自民党側は後に首相になる森喜朗氏が最終的な話し合いをしたと、森氏は『90年代の証言』（朝日新聞社、二〇〇七年）で回顧している。しかし、平野氏によれば、森氏はそのような話を小沢氏としていないとのことであった。

一九九四（平成六）年一月、細川氏は法案を何とか通すために自民党案を呑むことになるが、実際にその局面で自民党側と内容を詰めたのは、当時の連立政権側からは公明党の市川雄一氏だったという。細川氏は穏健な多党制論者であったが、仮に併用制ではなく並立制でも小選挙区と比例代表の比率によっては穏健な多党制になった可能性はあった。また平野氏は比例区のブロックを広げることによってもそれはできたのだといわれた。最終的には小選挙区と比例代表の割り振りは小選挙区三〇〇議席と比例代表二〇〇議席となった。

先にも一度言及したが、私がもっとも興味深くそして驚くべきことだと思うのは、政府の第八次選挙制度審議会の答申の下書きを後藤田氏から密命を受けた小沢氏が、平野氏に相談しているという部分である。当時の新聞記事を見ても自民党の政治改革本部（本部長：伊東正義）と第八次選挙制度審議会の動きは別々のこととして記事に書かれている。自民党内の政治改革本部と政府の審議会は、表向きは別のものとされていたが、私はこの二つは裏でつながっていたのではないかと推測していた。平野氏は私の推測の通り、この二つは裏でつながっていたと明確に述べられた。自民党政治改革本部と第八次選挙制度審議会をつないでいたのが、審議会のメンバーで、新聞記者出身で東海大学教授だった内田健三氏だったという。内田氏が、審議会にまかせていたのではまとまらないということで後藤田氏と相談して、後藤田氏が当時、自民党幹事長だった小沢氏を呼んで様々な指示をしていたという。そして、自治省からも専門家を呼び、第八次選挙制度審議会の答申の下敷きを作ったという。

このことは平野氏の著書の中ですでに表に出されているが、改めて驚くべき事実である。あくまで表向きは、自民党内の議論をリードしたのが後藤田氏で、政府の審議会は海部首相に依頼を受け、選挙制度改革の審議を進めているという体裁をとっていた。つまりこれは、後藤田氏と小沢氏の案が選挙制度審議会によって答申されたということだと私は考えた。だが、この部分について平野氏は、後藤田氏の案でも小沢氏の案でもなく専門家の案だったと話された。専門家というのは表には出なかったが、すなわち当時の自治省選挙部の選挙制度の専門家ということである。後藤田氏も小林氏も、自治省の前身、旧内務省の出身である。自治官僚にとってこの二人は大先輩であったことから、当時の選挙制度を担当する官僚も両氏の考え方を忖度したことは確かであろう。

私は選挙制度改革の最も大きな論点は、並立制か併用制かであったと考えていた。並立制は小選挙区制と比例代表制を別々の制度として並立させるもので、それぞれに当選者を選ぶ。小選挙区の比率が高いほど小選挙区制の特徴が結果に現れ、比例代表の配分をより多くすれば少数政党も当選者を出せる可能性は高まる。この制度の特徴は小選挙区制と比例代表制という別の選挙制度を並立させることである。

それに対して西ドイツ型の併用制は、議席の数を比例代表原理で先に決め、当選者を小選挙区の勝利者から選んでいく。このため議席配分は比例代表制の結果となり、当選する議員は個人としての立候補者から選べるというものである。より政党への有権者の支持を議席数に正確に反映できる。似て非なる並立制と併用制のどちらを採用するかが、最も大きな議論の分かれ目だったのではないかと私は長く考えていた。

しかし、平野氏によれば、一番議論したのは並立制か併用制かという問題ではなく、小選挙区の数をいくつにするかということだったという。最終的には細川・河野会談で小選挙区三〇〇議席、比例代表二〇〇議席となったが、最初に細川政権で出された法案では小選挙区二五〇議席、比例代表二五〇議席であった。平野氏によれば、この小選挙区を三〇〇議席にしたというところが重要で、これは後藤田氏が提案したとのことであった。この三〇〇という数字は、小沢氏の『日本改造計画』の中でも出てくる。平野氏も小選挙区は三〇〇議席が適正な数だとのお考えで、これはたまたま元禄時代の古地図を偶然、古本屋で見たときに着想された数字だったという。

政治改革の評価は本当に難しい。このことについては前著『立憲民主党を問う――政権交代への課題と可能性』(花伝社、二〇二一年)の第一章において、今の私の考え方を明らかにしている。私は小選挙区比例代表並立制導入後の平成の四半世紀にも及ぶ政界再編と野党再編、何度やっても失敗する野党第一党作りの失敗の原因は、選挙制度を変えることによって政党制に変化を与え、人為的に政権交代可能な二大政党制を日本にもたらそうとした考え方にあると考えている。前著において、政治改革自体については、平成初期に起こったデモクラシー運動であるという見解をとることにしたと述べたが、私自身は今でも、選挙制度によって人為的に政党の数をいくつかにしぼるという考え方には反対である。

平野氏のお話を伺うほど、五五年体制の腐敗はひどいものであったことを実感した。とにかく五五年体制を崩壊させることが政治改革の眼目だったと考えるならば、定数削減などの手直しではない選挙制度改革は避けられなかったのだと私も考える。だが、この制度に移行して三〇年近く経つものの、当初理想とされた政党政治が日本に根づいたとはいえない。なぜ、このようなことになっているのかは、政権交代の実現だけが金科玉条とされ、野党が非自民・非共産の枠を拡大しすぎたからである。この結果、自民党に対する大きな野党はできても、自民党に対する選択肢とはなり切れなかった。

10　民主党への政権交代まで——小沢一郎氏の構想と菅直人氏の実情——

二〇〇九（平成二一）年八月、第四五回衆議院議員選挙の結果、戦後初めて選挙による明確な政権交代が起きた。最初の民主党政権は鳩山由紀夫政権であった。だが鳩山政権は、普天間問題の迷走により九か月で退陣に追い込まれた。またその後の菅直人政権、野田佳彦政権を含めても、民主党政権はわずか三年三か月で崩壊した。ある意味において、政治改革の時期に目指されたものが、一七年もの時間をかけて実ったのがこの政権交代であったが、明らかな失敗に終わった。

民主党政権の失敗の原因は何だったのか。この問題に関する平野氏のお話から、民主党政権の発足前にさかのぼって考えなければならないことが分かった。政権交代の一年ほど前、麻生（太郎）政権時代にリーマンショックが起こった。民主党への政権交代が現実味を帯びてきたのはこの頃であった。ちなみに二〇〇五（平成一七）年の衆議院選挙では民主党（当時：岡田克也代表）は小泉郵政選挙で大敗しており、その時点で民主党への政権交代を想像した人はほとんどいなかった。民主党の支持率も低迷していた。その後、前原誠司氏が代表となるが、いわゆる「堀江メール問題」で二〇〇六（平成一八）年四月に退陣した。

その後代表となったのが小沢一郎氏であった。この時点で、二〇〇三（平成一五）年九月の「民由合併」から三年が経っていた。小沢氏は「民由合併」から三年はほとんど大きな動きをしなかった。「民由合併」の時、小沢氏は党名も基本政策も全て旧民主党に譲った。政権交代の可能性がささやかれ始めたのは、二〇〇七（平成一九）年の参議院選挙で民主党が勝利、参議院での与野党逆転を実現し、ねじれ国会になってからのことであった。ねじれ国会になってから自民党は政権運営で苦戦することになる。第一次安倍（晋三）政権、福田（康夫）政権はいずれも一年で退陣に追い込まれた。

二〇〇八（平成二〇）年の秋、平野氏は小沢氏と二人で会われた。平野氏は二〇〇四（平成一六）年に政界を引退し、すでに議員バッジを外しておられた。この時、平野氏は政権交代が起きた時の総理大臣を鳩山氏にするか菅氏にするかの相談を、小沢氏から受けたという。その時の民主党代表は小沢氏であったので、普通に考えれば首相候補は小沢氏である。当時、代表代行が菅氏で、幹事長が鳩山氏だった。平野氏は自民党が政権たらい回しをしてきたことを引き合いに出して、政権を取る前からたらい回しを考えているのはおかしいと小沢氏にいったという。

小沢氏は代表として全国を回らなければならないので、国会対策と選挙の問題については菅代表代行に任せていた時期であった。平野氏は小沢氏からの依頼もあり、政権交代後のことについて菅氏からの相談にも乗られた。その中で、平野氏は菅氏と、民主党に政権交代した時の問題点を協議をされていたという。

二人の話で、やはり一番の問題は官僚対策だということになったという。ところが菅氏は平野氏からすれば、全くずれていたとのことであった。菅氏は「イギリスをモデルにする」、「政権を取れば官僚改革をする」といったという。これは民主党のブレーンであった山口二郎氏などの主張でもあった。菅氏はおそらく山口氏の影響を強く受けていたのであろう。しかし、当時から平野氏は山口氏などのいうことをきいては邪魔になるだけだと考えておられた。平野氏から見た菅氏は、マスコミに対して画期的なことをやるというPRだけを考えている感じだったという。

平野氏ご自身は何度もイギリスに行かれて、実際のイギリスの議会制度を熟知しておられた。その実情は日本の政治家には見せていないということを菅氏に説明されたという。そして、「イギリスをモデルにするというのは、参考にすることとしては大事だが、そんなものは看板にはならない」、「官僚の使い方については、少なくとも政権交代してから半年間、何にもいわずに彼らのやることを見るべきだ」という助言をされた。「できれば一年間はそうすべきで、そうでないと、とんでもない失敗をする」ということも助言されたという。

実際の民主党政権は官僚をうまく使えずに官僚を敵視し、政官関係が混乱した。そしてそれは、民主党政権の失敗の大きな原因の一つとなった。このことを平野氏は、政権交代前から菅氏に助言しておられたのであった。菅氏は鳩山政権では副総理兼国家戦略担当大臣に就任した。政権発足の前、菅氏は予算編成も財務省ではなく国家戦略室で行うと宣言した。民主党は政権交代後、公約であった「政治主導」を高らかに掲げた。民主党は自民党政権との違いをマスコミにアピールする意味もあってか、あからさまな〝官僚いじめ〟を始めた。平野氏が政権交代前に心配されていたことが実際に起きてしまったのだ。

二〇〇九（平成二一）年に陸山会事件があり、小沢氏は民主党代表を辞任した。政権交代の直前まで来ていた時期に小沢氏は一線を退かざるを得なくなった。小沢氏の後には鳩山氏が民主党代表に就任、政権交代選挙の時の民主党代表は鳩山氏であったことから、民主党政権の首相には鳩山氏が就任することとなった。この時、民主党は政府と与党の一体化を訴える。これは小沢氏の主たる主張であったが、平野氏が重視していたことでもあった。

自民党時代には族議員の弊害がよく指摘された。自民党政権時代、閣僚として政府に入っていない与党の実力者が政策に大きな影響力を行使していた。議院内閣制では選挙で有権者は政府を担当する政党を選ぶのであるから、与党の政治家が大挙して閣僚、副大臣などとして政府に入るのが自然な姿である。政府（内閣）に入っていない族議員のような実力者が立法府の中の与党にいて影響力を行使することは、五五年体制の自民党政権では常態となっていたが、平野氏もこの状況を変える必要があるとお考えであった。

平野氏は自民党政権の弊害を正すため、政府で決めることと党で決めることを一体化する必要性を説いておられた。これは実際に小沢氏が主張したことでもあったが、閣僚と党の役員を兼務する構想であった。これは、平野氏が自民党政治の時代、党にいる政治家がお金をもらって政策を作るという実態を見て来られたからこそ、構想されたものであった。与党の実力者を政府の中に入れるのは、官僚主導から政治主導にするという面もあったが、平野氏は、与党の政治家に悪いことをさせないための意味もあったといわれた。実力のある族議員を一議員として与党の中において影響力を行使させるのと、閣僚として政府の中に入れるのとでは、汚職の基準が変わってくるからであった。閣僚や副大臣として政府の中に入った政治家には明確な職務権限が生じる。業界から献金をもらって業界に有利なことをすれば、職務権限との間で汚職事件に問われる可能性が高まる。職務権限のない実力政治家が分からないところで、ある団体から金銭を受け取り、請託を受けて依頼者に有利な政策や法案を作っても表向きは分からない。このような構想を、単なる「官僚主導から政治主導」というスローガンとは異なった点から考えておられたのは、平野氏が五五年体制時代の自民党の族議員の動きを、よく身近で見てこられたからであった。

11 小沢事件（西松事件・陸山会事件）の真相

小沢事件（西松事件・陸山会事件）で小沢氏は全くの濡れ衣を着せられた。西松事件は政権交代前に、陸山会事件は政権交代後に起きている。二つの事件はつながっており、共に、西松建設の小沢氏の後援会である陸山会に対する献金が違法ではないかとの嫌疑がかけられた事件である。実際には小沢氏にかけられた嫌疑は冤罪だった。このことについて平野氏は、なぜこの事件が起きたのかという部分から話してくださった。

陸山会事件の原因は政権交代の前にあったという。総選挙の行われた二〇〇九（平成二一）年、追い込まれていた麻生（太郎）政権は解散総選挙をやれば負けるという見通しを持っていた。この頃から、麻生政権は小沢氏及び民主党を叩くことを考えていた。また、民主党候補は資金的に厳しい候補者が多かったことから、解散を先延ばしにして日干しにする作戦を考えていたという。

実際の解散は二〇〇九（平成二一）年七月二一日であった。麻生政権の側には、警察や内閣情報調査室から、民主党候補のうち八〇人程度は赤字で事務所経営もできなくなっているという情報が届いていたという。麻生首相はその情報を得て勝てると見込んで解散を打ったが、その翌日に八〇人の民主党候補に小沢氏から各五〇〇万円が配られた。平均して五〇〇〇万円、一〇人くらいは加減して三〇〇〇万円くらいにした候補もいたという。

この四億円は平野氏が代表をされていた政治団体である改革国民会議で貯めていたもので、自民党を離党して新生党を作った時に集まった献金が元になっていたとのことであった。新生党は、自民党が分裂した一九九三（平成五）年に「改革フォーラム21」と称していた羽田・小沢グループが作った政党で、実際の指導者は小沢氏だったが代表幹事となり、表向きの党首には羽田氏を担いだ。後に新進党ができた時、新生党結党時に集まったこの金は持って行くことなく、旧新生党グループで管理していた。ところが新進党になってから小沢氏と羽田氏の間で対立が起こった。最初の代表選挙の時、小沢氏は海部俊樹氏を担いだが、羽田孜氏も立候補した。その後、二人は袂を分かって別々に活動するようになり、羽田氏は一九九六（平成八）年に新進党を離党して太陽党を結党した。小沢氏は一九九七（平成九）年の新進党の解党後に自由党を結党。平野氏のお話では、小沢氏と羽田氏の対立が起こったことからこの金を使っての活動ができなくなり、使わないままプールされていたとのことであった。

その後、二〇〇三（平成一五）年に「民由合併」があったのだが、この資金の金庫番の方が亡くなったので、平野氏が議員を引退された後、この団体の会計責任者となって管理をしておられたという。もともとは新生党を作った時に期待してくれた人から集まったお金なので、特定のグループのために使ってはいけないという認識が小沢氏にはあったという。

このことについて平野氏は、自分の想像だと断っておられたが、小沢氏は当初は岡田克也氏に期待をしており、多くの人は小沢氏が岡田氏を総理にするための資金だと認識していたとのことであった。小沢氏と岡田氏は新進党の解党後に袂を分かったが、そのこととも関係したのか、手つかずの状態が続いた。この資金からの三億円と他に一億円くらいを小沢氏が個人事務所から出し、これを二〇〇九（平成二一）年の選挙で活動資金のなくなった候補者に配ったということであった。

しかし、これを配ることによって、民主党内から誤解が出た。菅氏や前原誠司氏などが、幹事長の小沢氏が金で民主党を支配しようとしているのではないかという疑念をもったのだという。このことから民主党内で小沢派と反小沢派の抗争が起こる。民主党の反小沢派の議員は小沢氏を追い込んでいく。鳩山氏の次は菅氏が代表となったが、この時は小沢氏も代表選挙に出た。

その後、小沢氏は党員資格停止処分となってしまう。二〇一一（平成二三）年八月末、野田佳彦氏が代表になった時の選挙では小沢氏は代表選挙に出馬することはできず、海江田万里氏を支持した。平野氏は自分が引退していなければ説明できたが、もう引退していたので説明できなかったことを反省しているといわれた。

政権交代の少し前には西松事件も起きていた。西松建設からOBらを代表とした政治団体から政治家へ違法な献金が行われた容疑が浮上、与野党ともに大物政治家の名前が挙がった。東京地検が二〇〇八（平成二〇）年から西松建設本社を捜索し、二〇〇九（平成二一）年に捜査が政界に波及した事件で、西松建設幹部と国会議員秘書が五人、立件された。

西松事件のうち、小沢氏をめぐる事件が以下の通りである。二〇〇九（平成二一）年三月三日に小沢氏の資金管理団体陸山会の会計責任者であり公設第一秘書の大久保隆規氏が、政治資金規正法違反の容疑で逮捕された。東京にある陸山会の家宅捜索が行われ、三月四日には小沢氏の地元岩手県の事務所も捜索された。東京地検は政治資金規正法違反として小沢氏の公設秘書と西松建設の前社長を起訴した。容疑は陸山会に二一〇〇万円、民主党岩手県第四区総支部に一四〇〇万円の寄附を受け取りながら、政治資金収支報告書に虚偽の記載を行ったとされた。民主党代議士会は三月二七日には小沢氏の代表続投を了承したが、五月一一日に小沢氏は代表を辞任した。

西松事件は小沢氏を追い落とすために仕組まれたものだったと私は考え、国外の勢力が火を付けることはないのかということもお聞きしたが、それはないということだった。麻生政権の官房副長官は警察庁出身の漆間巌氏であったが、この事件は漆間氏と時の検事総長が仕組んだのではないかというのが平野氏の見立てであった。西松事件は完全なでっち上げであった。しかし、小沢氏へのバッシングが民主党内でも大きくなったことにより、政府と党が良い意味で一体化して政権を運営することができなくなっていった。

12　民主党政権の構造的問題

民主党政権において与党と政府の一体化の構想は、なぜうまくいかなかったのだろうか。このことは、政権交代前に民主党の代表が小沢氏から鳩山氏に交代したことに遠因があったようである。

小沢氏は以前から、与党と政府の一元化を主張していた。これは官僚主導から政治主導へという大きな枠組みでの政治の改革のためであり、三〇〇人の与党議員が省庁に入るという構想があった。小沢氏は『日本改造計画』の中でも、与党議員が行政府に入ることを提言していた。だが、この構想は実際には中途半端なものに終わり、民主党政権の時代には、閣外にいる民主党幹事長の小沢氏が外から政権を遠隔でコントロールするというイメージになっていった。

しかし、小沢氏自身は、与党の幹事長として外部から政府を操ろうとしていたわけではない。幹事長が政権運営から締め出され、党の選挙対策だけをするという位置づけにされてしまったことが与党と政府の一体化を阻み、党務に専念しているはずの小沢氏が閣外から政府（内閣）を操るというイメージで見られることになったのは皮肉なことであった。鳩山氏は小沢氏を幹事長に任命する際、幹事長を国務大臣や副総理として入閣させるという案を反故にしたようであった。小沢氏の構想に反対したのは、仙谷由人氏を中心とする反小沢勢力の議員であった。当時、鳩山政権はメディアでは「小鳩政権」ともいわれ、政府は鳩山氏、与党は小沢氏と役割を分担していると理解されていたが、実情はかなり違っていたようである。

小沢氏自身は、自分が辞任した後の代表になった鳩山氏が、政府・与党の一体化を進めると考えていた。しかし、実際には鳩山氏は、幹事長は党の選挙対策だけをしていれば良いという枠組みを作った。これに対して平野氏は、国会対策を官邸がするわけにはいかず、そのような条件で幹事長を引き受けることに懸念を示された。だが、平野氏が小沢氏と会ったのは、既にその条件を小沢氏が受け入れて幹事長を引き受けることになった後であった。平野氏は、このまま小沢氏が変な幹事長を引き受けてしまい、政策の基本について総理大臣が与党の幹事長に相談もできないような仕組みにして政権交代した場合、その政権がやっていけるのかという懸念を示された。そして小沢氏に、政権は半年と持たないと助言された。この時、菅直人氏が鳩山氏のところに行き、小沢氏を排除するよう進言したようであった。

平野氏は、そもそも民主党政権の失敗の原因は鳩山内閣の基本構成に問題があったと指摘された。このようなことになってしまった原因は、やはり民主党内の親小沢派と反小沢派の権力闘争であった。

第二次民主党と当時の自由党が合併した「民由合併」は二〇〇三（平成一五）年九月で、この時の民主党代表は菅氏であった。この時点で小沢氏は無役となり、党名も基本政策も当時の民主党に譲った。その後、二〇〇四（平成一六）年五月に民主党代表が岡田克也氏に交代する。だが、二〇〇五（平成一七）年の衆院議員選挙で岡田氏の率いる民主党は小泉自民党に大惨敗を喫した。これを受け、同年九月に前原誠司氏が新代表となった。しかし、前原氏は二〇〇六（平成一八）年四月に退陣し、その後小沢氏が代表となった。

民由合併以来、三年間は目立った動きをしなかった小沢氏が、合併から三年の時を経て民主党全体の代表となった。小沢氏が野党第一党の党首に就任したのは新進党時代以来であった。自由党時代には自民党と連立を組んだこともあった小沢氏だったが、野党第一党の党首として再び前面に出てくることとなった。そして、衆院選に惨敗した二〇〇五（平成一七）年からわずか二年後の参院選で民主党は勝利し、「ねじれ国会」を生み出す。さらにそれから二年後の衆院選に勝利して政権交代を実現した。二〇〇五（平成一七）年の衆院選の大敗北から政権交代までわずか四年であった。

民主党を政権交代に導いた小沢氏であったが、民主党内の全てを掌握していたわけではなかった。この時期は旧民主党で代表を歴任した鳩山氏、菅氏と小沢氏の三人によるトロイカ体制ということがいわれ始めていたが、この三人の関係は微妙であった。鳩山氏と小沢氏は近く、また鳩山氏と菅氏も旧民主党以来近かったが、菅氏と小沢氏は遠かった。鳩山氏は反小沢ではなかったが、菅氏や前原氏は代表的な反小沢派の議員であった。他に代表的な反小沢の人物としては、前原氏の後見人であり菅内閣の官房長官を務めた仙谷由人氏などがいた。

この部分が極めて分かり難いのは、親小沢派と反小沢派の対立の構図が、政策的に保守派と社会民主主義派という分かれ方ではなかったことにある。保守という意味では前原氏などは保守系で、菅氏はもともと市民運動家であり市民派であった。菅氏は社民連にいたくらいであるから、政策的には社民主義に近かったともいえよう。親小沢と反小沢の対立は政策的な対立というよりは人間関係による対立であり、小沢氏の政治手法をめぐる対立であった。

現に小沢氏は二〇〇七（平成一九）年の参議院選挙と二〇〇九（平成二一）年の衆議院選挙では、かつて『日本改造計画』の中で主張していた新自由主義的な政策を封印し、社会民主主義的な政策をマニフェストで前面に打ち出した。〇七年といえば小泉改革の負の側面が出始めていた頃であり、二つとも小沢氏が主導した選挙であった。新自由主義的改革で地方が破壊され、格差社会という言葉が出始めていた時期であり、政策的には農家の戸別補償政策や高校教育の無償化など、再分配政策が前面に出された。

小沢氏主導の政策で政権を獲得した民主党であったが、親小沢と反小沢の対立が政権交代以降も持ち越された。そのことにより、陸山会事件の時に反小沢派の政治家が、小沢氏が金で民主党を牛耳ろうとしているという疑念を抱いたことは先に言及したとおりである。小沢氏は結局、鳩山氏を担ぐことになったが、反小沢系の議員は小沢氏と鳩山氏を密着させてはならないと考えるようになったという。

このように内紛を抱えていた民主党で政権交代後にまず起こった問題は、予算編成の問題であったと平野氏は述懐された。予算編成の時期になると、全国知事会や市町村長会、連合などが予算要求を陳情する。いきなり省庁に陳情に来られても省庁の側も困るが、与党民主党が知らない間に個別に陳情に行くようなことが起きていた。小沢氏はこの時、これは自分の仕事ではないといったとのことであった。しかし、与党がまとめ役になることなく、様々な地方団体や民主党の支持団体が省庁側に個々に要望を持って行っても混乱するだけである。与党の考え方が必要だということで、結果として民主党の幹事長室で陳情、請願を一本化することになったという。

小沢氏が幹事長室に陳情を一本化した時、マスコミはまた小沢氏を批判した。これは先にも述べたように、閣内に入っていない小沢氏が外から政権をコントロールしているという権力の二重構造に対する批判であった。しかし、これは平野氏のお話では小沢氏が言い出したことではなく、いったん要望を与党でまとめなければ議院内閣制が機能しないから、このようにしたということであった。

この話は普天間問題の失敗の原因を質問する中でお聞きすることになったが、平野氏によれば、民主党政権の失敗の全ての根幹は同じ原因であったということである。民主党政権は政権交代後、官僚主導をやめさせるということで、まず目に見える形で事務次官会議を廃止した。これには当時評価する声もあったが、徹底的な官僚の排除は、平野氏が政権交代前、政権交代から一年間は官僚のすることをじっと見ていかなければならないと助言されたことと真逆のことをしたのであった。これを最も強く進めたのは、鳩山内閣で副総理兼国家戦略担当相に就任していた菅氏であったという。

一般的には民主党政権の失敗の理由として、政治家が官僚との関係を作れなかったこと、行き過ぎた官僚叩きをしたこと、組織運営の経験のない政治家がいきなり大臣になったので所管する省庁を掌握して動かせなかったことなどが挙げられている。これらも大きな原因だったが、もっと大きな問題は政権発足以前に起きていたのである。

当初、小沢氏は与党議員が大挙して省庁に入り、本当の意味での政府と与党との一体化を目指していた。これは自民党政権のような与党と政府の二重構造を解消して、本来の議院内閣制を強化し、実質的な政策立案に与党議員が関わることによって、官僚主導から政治主導にすることが狙いであった。だが小沢氏の次に代表となった鳩山氏は、小沢氏の幹事長の仕事の枠を完全に選挙対策などの党務のみに閉じ込めた。このあと政権交代が起きたが、与党の幹事長が政府の政策に関われないのでは実際の政権運営ができないので、結局は政府（各省庁）への陳情や請願は与党の幹事長室で取りまとめることになった。結果としてこのことがまた誤解を招き、小沢支配が強まったといわれるに至ったのが実情のようである。

小沢氏の構想に反し、実際には民主党政権の政治家は省庁に入りきることもできず、また政府の役職に就けなかった議員からは不満が出るという結果となった。このことから考えれば、与党の事前審査制などによって政府（閣内）に入っていない議員も、法案が国会に提出される前に与党内で議論のできる自民党時代のシステムの方が結果的にはまだましだったということなのであろうか。

大きな改革には混乱は付き物だとはいうものの、民主党政権の失敗の原因は、党と政府の一体化を考えていた小沢氏に対し、何としても小沢氏の影響力を排除したかった菅氏が与党と政府を分けすぎたことにあった。野党時代からイギリスモデルの信奉者であった菅氏がこのように考えたことは不可解な感じがする。イギリスは議院内閣制の本場であり、その本旨を重視するならば、小沢氏の構想の方が理にかなったものであったはずだ。しかし、菅氏は与党と政府の一体化を望まず、幹事長の小沢氏を党務のみに閉じ込めようとした。菅氏のいう政治主導は、与党議員の力は借りず、官僚は排除し、内閣に入った閣僚のみで全て決定するという構想であったのだろうか。

13　米軍基地移転についての過去の構想と普天間問題失敗の原因

普天間基地の移設問題の失敗から鳩山氏は退陣に追い込まれた。この問題は、鳩山氏が二〇〇九（平成二一）年の総選挙の時に既に日米合意で決まっていた辺野古への新基地建設を認めず、最低でも県外に移設すると公約したところから始まった。そして、首相に就任した鳩山氏は、ほとんど全ての時間、この問題に忙殺された。だが、結果として九か月間の迷走の末に鳩山氏は県外移設を断念し、沖縄県民に詫びて退陣した。また一方では保守派から日米関係をズタズタに壊したとの批判を浴びた。今日もなお、鳩山外交は厳しい批判にさらされて続けている。

そもそも、この問題は鳩山政権の発足までに、どのような経緯をたどっていたのであろうか。平野氏は沖縄復帰の頃から衆議院事務局で沖縄問題には関わってこられた。佐藤栄作政権の頃である。平野氏は高知県の足摺岬のご出身だが、足摺岬と沖縄の糸満は古くから付き合いがあったとのことである。普天間特措法では借地期限を延ばした時に、沖縄の基地をどうするかということが書いてあるが、鳩山氏はそのことを知らずに二〇〇九（平成二一）年の総選挙の前に普天間基地移設問題をいきなり持ち出した。

鳩山氏はこの総選挙で普天間問題を、民主党のマニフェストには書いていなかったことから党首個人の発言だといった。だが、政権交代後、普天間問題はマニフェストと同等の扱いとなっていった。普天間飛行場は一九九六（平成八）年四月、当時の橋本龍太郎首相とビル・クリントン米大統領との日米合意によって辺野古への移設が決まっていた。いわば、日米両国で「解決済み」の問題であった。

平野氏はおそらく、鳩山氏は平野氏と与謝野馨氏が書いた合意事項を知らなかったのではないかといわれた。そこで平野氏は危ないと思い、沖縄問題の経緯を小沢氏に話された。そして鳩山氏の側近であった川内博史氏や内閣官房副長官だった松野頼久氏に説明をしに行こうとされたが、小沢氏はもう行っても無理だといったという。普天間基地移設問題における鳩山氏の失敗の原因は、あまりにも理念が先行してしまい、鳩山氏が現実の歴史を知らな過ぎたことにつきるであろう。

ここで平野氏は一般にあまり知られていない話をしてくださった。平野氏が国政に出られた一九九二（平成四）年頃、平野氏の郷里の高知に米軍の飛行場を持ってくるという話があり、当時、防衛庁が基礎的な計画を設計していたという。海部政権の頃だという。高知県の足摺岬に、沖縄の基地を移設しようという話を防衛庁の担当参事官が平野氏に持ってきたという。当時は沖縄の基地を減らそうという動きが実際にあったようである。ところが海岸を埋めたり、漁業補償をしたりすると新基地を造るのと合わせて一兆円くらいかかることから、安く上がる高知の国有地に造る案を出してくれと平野氏は防衛庁から相談を持ちかけられたとのことであった。そこで平野氏はＰＫＯ訓練センターという名称で沖縄の基地の一部を高知に持ってくることを提案されたという。

ＰＫＯ法案は海部政権で一度廃案になり、宮澤政権の時に成立した。社会党と共産党は反対したが公明党と民社党が賛成にまわったことから、自公民によって成立した。この時期に平野氏は、当時の中内力高知県知事にＰＫＯ訓練センターの話をされたという。基地というと反発があるので、このような名称を考えられたのであった。ＰＫＯ訓練センターは、米軍の基地も自衛隊の基地も含む。当時は国連が機能しており、東アジアで紛争や災害があった時の救助やＰＫＯの基礎的な教育の場として構想されたものだった。

この構想には宮澤首相、渡辺美智雄外務大臣も賛成し、野党側も社会党、公明党、民社党も皆賛成であったという。当時の社会党の委員長は田邊誠氏だった。社会党はＰＫＯ法案には牛歩戦術まで使って反対したが、社会党内にも反省があったという。実際に沖縄から米軍が出て行く見通しが立たない中で、実現不可能な主張をし続けるよりは、具体的に沖縄の負担を減らすための案として田邊氏も賛成にまわったのだろう。

しかし、この案が日の目を見ることはなかった。何と自民党が潰したのであった。具体的な沖縄の負担軽減策が自民党によって潰されたのは意外であるが、国有地に移転させると自民党の利権がなくなるからということであった。私はこの後に普天間基地の辺野古移転という案が出てきたのかと尋ねたが、そうではなかった。このことは早くから固まっていたという。日米の合意はクリントン・橋本会談（一九九六年四月）でなされたが、沖縄の経済界の利権により辺野古移設は大体固まっており、内々に関係者の合意があったという。その時に平野氏は、高知に持ってくれば良いという話を出そうとされたが、そのタイミングではなかったとのことであった。

二〇〇九（平成二一）年の総選挙の時に鳩山氏はいきなり普天間基地の県外移設を訴えるが、鳩山氏はほとんどこの問題について知らなかったのではないかと思われる。要すれば政策として理論的にこなされていなかったのではないかということであった。ただ平野氏は沖縄にある基地を沖縄県外に移設するという構想自体は大切なことで、この柱は立てるべきだとおっしゃった。鳩山氏に熟慮がなかったことは確かだとしても、沖縄の基地を固定化することだけが日本に与えられた選択肢ではないのである。

また平野氏がＰＫＯ訓練センターを構想された時と鳩山政権の時とでは国際情勢が違っており、日本の官僚が完全にアメリカべったりになっていたことも当時との違いだと話された。つまりは日本の官僚の中にもアメリカのいいなりにならない勢力がいれば、日本側としても多少はやりようはあるということである。鳩山政権の時には岡田克也外相も北沢俊美防衛相も、アメリカの意向を先に忖度した外務・防衛官僚のいいなりになった。結果として首相である鳩山氏が一人、孤立した。鳩山氏の失敗は双方ともに問題があったということであろう。それまでの歴史的な経緯を知らなかった鳩山氏に問題があったことは間違いない。そして、米国の意向を最優先することが日米関係にとって最良の策だと考える政治家や官僚しかいなくなっている今の政官界にこそ大きな問題があるのも、確かなことである。受け入れ先の地元住民も反対せずに、沖縄の基地負担を軽減できる現実的な基地移転の案が議論される日は来るのだろうか。

鳩山政権が追い込まれた原因として、私は普天間問題でアメリカの虎の尾を踏んだからではないかと見ていた。また、かつてのロッキード事件にしても、田中角栄氏はアメリカに嵌められたという言説は根深くある。アメリカに逆らった政治家は失脚させられるという言説は根強くあり、例えば孫崎享氏の著書『戦後史の正体』(創元社、二〇一二年)には、日本の戦後外交は米国からの圧力によって動かされてきたことが描かれている。同じく孫崎氏の『アメリカに潰された政治家たち』の中では、アメリカと戦い、失脚させられた一二人の政治家が具体的に挙げられている。これらの孫崎氏の著作を読めば、アメリカに逆らった政治家は日本政界で失脚させられるのという話は極めて信憑性が高いようにも思われる。事実、田中氏を始めとして、対米自立を試みた政治家の多くは政治生命を失い、失脚してきた。そして対米従属派の総理大臣の政権は長く続いていることも確かである。

では実際のところ、アメリアからの外圧はどの程度あるのだろうか。実際には確かめようのないことであるが、アメリカの虎の尾を踏むとＣＩＡに狙われ、失脚に追い込まれることはあるのだろうか。これに対して平野氏は、いわゆる陰謀論的なものについては否定された。アメリカが直接指示をしてきたのは占領時代のことであり、それ以後は、直接指示してくることはなくなったようだ。しかし、今でもアメリカが日本の政界に露骨に圧力をかけることはあり、それがあるとすれば日米合同委員会だということであった。日米合同委員会のフリーディスカッションの場でアメリカ側はかなり乱暴なことをいってきて、それを官僚が忖度することはあるのではないかという。平野氏はご自身の経験として、アメリカ大使館とアメリカの政治担当の参事官が平野氏の議員会館の事務所に朝から来て、武力事態法を通すにあたり小沢氏が反対しているが、賛成させろという話を平野氏にしてきたことがあったと話された。陰謀論というようなものではなく、実際にアメリカが工作に来ること自体はある。しかし、一方的にアメリカの意向を押し付けるのではなく、どのようにして欲しいかという希望を伝えに来るようだ。

小沢氏が失脚したのは第七艦隊発言が関係あるのではないか、ともお聞きしたのだが、平野氏の見解はアメリカの軍、官僚の仕組みに問題があるということであった。小沢氏はジョージ・ブッシュ（父親）やCIA出身の当時の日本大使などとも仲が良かった。アメリカの中には日本を従属させようというグループもあるが、日本との関係を対等にした方が良いと考えるグループもあるようである。アメリカにもまともな人々はいてそれは民主党・共和党双方におり、民主党だからどう、共和党だからどうということはないとのことであった。実際には「アメリカ」という一つの大きな主体が日本を操っているというよりは、アメリカの中の安保村なのかそうでないのかが大事なのかもしれない。

私自身は、日本がアメリカの政権の言いなりにならない場合に、その政治家が日本国内でスキャンダルに巻き込まれ政治生命を絶たれることはあるのではないかという疑念はぬぐえない。しかし、日本も内部は一枚岩ではないように、確かにアメリカも一枚岩ではないのであろう。だとすれば、我々はアメリカの命令を当然のこととして受け入れる思考から脱却しなければならない。この問題は東アジア共同体構想とともに、日本の主体性こそが問われる問題であろう。

14　日米安保体制と東アジア共同体構想

沖縄の基地を減らし、徐々に日米安保の内容を変えつつアメリカからの自立を考えるなら、東アジアが平和にならなければならない。逆にいえば、東アジア全体が平和になり紛争の火種がなくなれば、日米安保の意味合いも大幅に変わる。大胆にいえば、日米安保は不要になるし、沖縄の基地も全て不要となる。現実には、朝鮮半島情勢をはじめ中国の軍事費増大など、東アジアには火種があるからこそ、この構想は進んでいない。だが、沖縄の米軍基地をいかに縮小していくのかという問題を考えれば、東アジアにどう平和を構築するかという大きな問題に行き当たる。東アジア共同体構想は、鳩山氏が大々的に掲げ、実際にその構想を進める前に退陣に追い込まれた構想であった。そして、鳩山氏退陣後、積極的にこの構想を打ち出す政治家はほとんど皆無といって良い。

自民党政治家は日米安保を絶対視し、さらなる日米同盟の強化を主張するものばかりになっている。自民党はもともと日米同盟重視なのでそれでも良いが、野党を見渡しても状況はほとんど変わらない。国民民主党に籍を置く旧民主党保守系議員の中の安保・防衛政策の専門家といわれる議員も、一様に日米同盟の強化を主張する。国民民主党に比べれば左派系議員もいる立憲民主党といえども、事情はあまり変わらない。大枠では日米同盟を深化させるなどといっている。もちろん、鳩山氏自身も首相在任中には日米関係を重視する姿勢はとっていたし、旧社会党といえども、村山政権の時には日米安保を容認した。村山首相は首相就任後の施政方針演説において日米安保を「堅持する」と述べ、旧社会党は一九九六（平成八）年秋の社会党大会で日米安保を正式に認めた。

問題は、どちらの方向を目指して行くかである。そもそも最初の日米安全保障条約はサンフランシスコ条約締結の際、吉田茂首相によって結ばれ、その後、一九六〇（昭和三五）年に岸信介首相によって改定された。日米安保が必要だったのは、当時の冷戦構造によるものであった。しかし、冷戦は九〇年代の最初に終結した。ソ連を仮想敵国としていた日本もその必要はなくなり、旧来の安保条約が必要とされた理屈が通用しなくなった。この時に安保は廃棄して良かったのだが現実にはそうならず、その後も日米安保は意義を変えながら継続された。その後は中国脅威論が台頭し、北朝鮮拉致問題が前面に出てきたことをもって、ますます日米同盟の必要性とその強化が主張されるようになった。

安保条約について、即時廃棄までは主張しないが、有事においてのみ米軍の力を借りれば良いという、常時駐留なき安保論は過去にも存在した。また戦後の日米安保体制が完全に固まるまでには、降伏文書に調印した時の外務大臣であった重光葵氏のように、何年か駐留した後に米軍は全て撤退を求めるという発想があった。しかし今の自民党内に、重光氏のような発想をする政治家はただの一人もいない。

だが、先に述べたように東アジア共同体が成立すれば、沖縄のアメリカ軍は縮小どころか全く要らなくなる。普天間飛行場移設問題も、日米安保体制下では解決策は辺野古移転しかないと分かっているのに、鳩山氏が一人で馬鹿なことをしたという話で全てが終わってしまっている。だが、この見方こそ、本当は理想なき思考停止なのである。

平野氏も東アジア共同体構想については、目指すべき方向だというお考えであった。これは日本の外交政策が日米同盟の深化という選択肢しかもうないのか、もう一つあるのかという問題である。平野氏によれば、吉田氏は、日米安保をアメリカが日本を守っているのではなく、日本列島がアメリカを守っているという発想だったという。これは後に中曽根康弘氏がいった不沈空母論とは意味合いが違う。日本をアメリカに守らせているというのが吉田氏の考え方であった。日本は平和国家で経済成長を目指すと同時に軍事から手を引いて、戦争は放棄し、最低限の部分だけはアメリカに守らせるという気概があったと思われるが、当時は日米安保を擁護するにしても日本の主体性を維持していた政治家が保守系にもいたのである。

しかし、今は全く状況が変わってしまった。最早、対米自立を主張する人は保守派にもいなくなった。それどころか、対米自立をいおうものなら、ただちに親中派のレッテルを貼られる。メディアでも鳩山氏はバッシングを受け、ネットの中では「中国（シナ）の手先」や「朝鮮の手先」、「反日」との罵詈雑言を浴びることとなった。このような状況の中で、鳩山氏が掲げた構想は、もう一度出てくる可能性はあるのだろうか。これについて平野氏は、「もう一回出てくるかどうかではなく、これを生かさなければ日本はやっていけない」という明確なお考えをお持ちであった。平野氏も、東アジア共同体構想しか、本当に日本が生き残る道はないという見解なのであった。

平野氏はまた、吉田氏がサンフランシスコ条約を結ぶとき、日米の安全保障に関してアメリカ側に日本側の案を出したという話をしてくださった。吉田氏は三つの案を提案したという。一つ目は全く無防備でやること、二つ目は日米安保をやること、三つ目は将来、北アジア不戦構想を目指すということであったという。このことは案外知られておらず、今では逆に、吉田氏は将来の改憲と再軍備を考えていたという主張もある。平野氏は、まず憲法第九条と天皇制の護持は取引であったということを言われた。このことまでは比較的知られているが、平野氏はさらに、第九条と東アジア不戦構想は一体だったと思うとの見解を示された。結局のところ、東アジアに火種があることによって日米安保の存在価値が高まり、沖縄県内の基地移転も現実的に難しくなる。端的にいえば、東アジアに火種があることにより、現体制を維持したい人々がいるからこそ、現状が変らないのである。

なぜ、こんなことが起きているのだろうか。平野氏は明確に、マネー資本主義（金融資本主義）からミリタリー資本主義（軍事資本主義）に移行しているからだといわれた。平野氏は今の状況は明確に新軍事資本主義、軍事的な経済活動で経済成長をさせようという、資本主義の根本にかかわる問題だと指摘された。そして、現在の流れをこのまま続けると、最後は核戦争から人類破滅への懸念も示された。

現在、野党も含めて日米同盟の「深化」をほとんどの勢力が口をそろえていうようになった。だが、本当に今の状況で良いのかということを、我々はもっと大きな視野から考えなければならない。日米安保を絶対視する議員の全てが、軍需産業の手先になっているとまでは自身で明確に意識してはいないだろう。しかし、結果として日米同盟を絶対視する政治家と政治勢力が新軍事資本主義の手先になっていることは、指摘しても良いだろう。

15　保守本流とは何か――保守本流と新自由主義――

平野氏は自身の立場を保守本流と規定しておられ、最終的に政治は人間の平等をつくるという政治的信念をお持ちである。一方において人々は、専制政治の時代から、人間の自由を追求してきた。究極的には、個々人の自由と社会的平等の追求はぶつかることとなる。どの程度まで個々人の（または企業の経済活動などの）自由を保障し、どの程度、社会における平等を目指すのかという問題には様々な議論があろう。

平野氏によれば、かつての政治家には左右の立場を問わず共通の土台のようなものがあったという。政治の正義ということを、右も左も共有していたとの見解である。

分かりやすく整理すれば、保守政治家には、社会全体に責任を持つという立場から、歴史や伝統を重視し急激な社会の変化は避けつつも、全体が治まり、行き過ぎた不平等や不正がないように目配りをする意識があったであろう。健全な保守主義者には、漸進的に社会を改革する思想があったと考えられる。左派政治家の場合は、因習の打破や目に見える不平等を克服し、より急進的に社会を改革すべきとの主張をしていた。より社会的弱者の側に立った主張をする人々は左派になり、地域社会の指導階層の人々が保守派になったのが一般的な日本の傾向であろう。

平野氏も、保守と革新の違いはやり方の選択の問題だとおっしゃった。戦後の保守と革新の論争も、ある意味では共通の理解の上で優先順位や方法論の違いを競っていたのだ。いずれにしてもかつては、政治が率先して社会の不平等を作り出すというような考え方は、左派にはもちろん、良質な保守思想をもつ人々の中にもなかった発想である。

保守政治家で政治権力を使って都市と農村、日本海側と太平洋側の格差の是正と社会の平等を実現した典型は田中角栄氏であろう。タイプは全く違えども、旧内務官僚の系譜に位置する後藤田正晴氏には護民官という意識があり、政治が民衆を懲らしめ、率先して格差拡大のために機能することなどは思いもよらなかったであろう。最近の政治家では、二〇一八（平成三〇）年一月に亡くなった野中広務氏も、政治権力を弱者の救済や人々の人権擁護、平和の維持のために使った。

ところが今は、政治の果たしている役割自体が違ってしまった。二〇〇〇年代初頭の新自由主義の台頭以降である。平野氏も新自由主義には批判的であり、現在の政治は不平等を作り出しているという見方であった。この典型的なものはアベノミクスのトリクルダウンであると指摘された。

平野氏は『わが輩は保守本流である』の中で、保守本流の立場から現在の日本政治に警鐘を鳴らしておられるので、ここで重要な部分を紹介しておきたい。この本では保守主義とは何かというところで、明治の頃に「conservatism」（コンサバティズム）を保守主義と訳したのが誤訳だったと指摘されている。平野氏は『広辞苑』を引用され、社会的には「旧来の風習・伝統を重んじ、それを保存しようとすること」と解説されていることと、産業的・技術的に「正常な状態などを維持すること」と解説されていることは問題がないとしても、政治用語として「conservatism」の解説を「現状維持を目的とし、伝統・歴史、慣習、社会組織を固守する主義」としているところの、この「固守」が誤りだと指摘されている（五六頁）。

そして、明治憲法の制定や帝国議会の創設時に功績のあった金子堅太郎が明治一四年に抄訳したエドマンド・バーグの『政治論略』について言及され、戦後の学界や政界でバーグの保守主義論を研究する人が少なかった中で、最初に本格的に研究したのが、平野氏の人生の師匠であった前尾繁三郎氏だったこと、そして平野氏は議長秘書になった時に前尾氏と一緒に国会図書館から帝国議会時代に買った本などを借りてきて二人で研究したことなどを述べられておられる（五七−五九頁）。平野氏はエドマンド・バーグの考え方のポイントである「人間とは矛盾した存在である。人間は変化を嫌う自然的保守性を持つ半面、新奇なものを求め変化を好み古いものに飽きる自然的進歩性を持っている」という言葉を紹介され、「この人間の『自然的保守性』と『自然的進歩性』は、対立もするし抑制もしあうものです。個人としての人間も、この対立と抑制を適切に調整してこそ生きることができます」と述べておられる（六〇−六一頁）。保守主義とは、人間のもつ自然的保守性と自然的進歩性という矛盾するものを適切に調整しながら物事を判断し進めていくことである。そして、平野氏はバーグの「保守したければ改革せよ」という有名な言葉も紹介されている（六一−六二頁）。

平野氏は「保守本流」とは何かを考える上で、もう一つ大変に重要な指摘をされている。それは「本流」と「亜流」の違いである。つまりは保守主義者を名乗る人間の中にも本流と亜流がいる。現在の日本政治の諸々の問題を考える際、この違いはとても重要なのではないだろうか。

平野氏によれば本流とは「自分の思想や活動の根源は何であるかを、いつも意識している人間」であり、亜流とは「他人の思想や活動に気をとられ、少し名のある人物に追随し模倣して、独創性がない生き方をする」ものである（六三頁）。平野氏は前尾氏から教わったという本流と亜流の見分け方について「本流の人間は、自分が追い込まれ不利になっても、嘘をつかず事実を大事にする」、「亜流の人間は、自分が不利になり困ると事実を曲げて嘘でもって自分を守ろうとする」ということを紹介されている。そして進歩主義者、左翼側の中にも本流と亜流は混在していたと述べておられる（六三—六五頁）。

また平野氏は同書の中で「保守本流からの警鐘」として三つのテーマについて論じておられる。一つ目は「政治・国会劣化の原因」、二つ目は「憲法9条問題」、三つ目は「野党協力問題」である。それぞれに重要な部分を紹介しておきたい。

「憲法9条問題」の中で平野氏は「これまでの革新系憲法学者や政治学者による、上から目線の説教的9条護憲運動のあり方を反省する必要がある」、「9条の立法過程論や文理解釈も大切ですが、それに拘った説明が日本人の深層心理にある『戦争放棄』の信条を覚醒させない」（一一三—一一四頁）とこれまでの護憲運動の限界を指摘されている。また一方の「保守本流側に9条護憲運動の明確な理論がなかった」（一一四頁）ことも指摘し、ご自身の反省もされている。その上で「北朝鮮危機など核戦争への可能性が増大する国際情勢の中で、日本国憲法9条を人類の憲法とすることは日本人の責務」（一一五頁）と述べておられる。

そして平野氏は、憲法九条の霊性について、二〇世紀全体で一億人近い人の命が戦争で失われたことを挙げられた上で、「この想像を絶する戦争犠牲者の魂が、日本国憲法9条の『霊的法源』ではないかと思うようになりました」（一一七頁）と述べられている。日本人の深層意識にある憲法九条の先行形態については、哲学者の柄谷行人氏が『憲法の無意識』（岩波新書、二〇一六年）の中で「憲法9条の先行形態は、徳川体制にある」という見解を述べていることを紹介し、聖徳太子の一七条憲法の第一条「和をもって貴しとなす」は戦争放棄の宣言だと先行形態といえるとし（一二八－一三一頁）、「さらに歴史を遡れば、一万年以上続いた日本の縄文時代には、大規模な殺戮がなかったといわれています。（中略）こういった歴史を掘り起こしていけば『戦争放棄』に対する日本人の潜在意識を覚醒させることができると思います」（一三一頁）と述べておられる。

このように見てくると、平野氏の政治思想はまさに、「人間の『自然的保守性』と『自然的進歩性』の対立と抑制を適切に調整していく」という意味のエドマンド・バーグ流の保守本流である。その視点から見れば、現在の自民党は全く健全な保守政治というものを踏みにじっているとしかいえない。

戦後の日本政治は保守と革新が対立してきた。この時代は冷戦が背景にあったために、何らかの意味で社会主義を擁護するか自由主義経済を支持するかで政治勢力は分かれた。しかしその対立は、冷戦の終結によって九〇年代の初めに一通りの決着がついた。現在の政治的な対立軸は、新自由主義を支持するかそれに対抗するかという部分にある。つまりは不平等の拡大か格差是正か、平和を護るのか、米軍の二軍として戦争参加の道を開き、戦争に踏み切るところまで行くのかにこそ、対立軸が作られるべきではないだろうか。

この対立軸に平野氏の定義を当てはめれば、反新自由主義と平和主義の擁護、戦後憲法の諸価値を評価する側が保守本流、新自由主義でさらなる格差を拡大し、改憲で戦争を可能にすることと、復古主義で戦後の価値観を否定する側を保守亜流といっても良いかもしれない。しかし、共産党や立憲民主党の中には自分たちをいくら「本流」であっても、自らを保守と規定することには抵抗のある人も多いだろう。それは「自民党政治＝保守」という認識が現在もあるからである。しかし、革新という言葉は死語であるから、自分たちの立ち位置をリベラル勢力としかいいようがない。そして、そのリベラルの中身は充分に議論されてはいない。

とりわけ立憲民主党は微妙で、かつての自民党宏池会の流れに位置するという意味合いで自身を保守本流と規定する人もいるにはいるだろう。枝野幸男氏などは特にこの傾向があるように思われる。しかし、一般に野党側の政治家は自分からは保守は名乗らない。逆に野党系の政治家が自分は保守だと名乗った場合は、これはおかしな意味合いで使われている。最近ではネットで「反日」と叩かれることを恐れ、自分は「左翼ではない」ということを躍起になって強調する人が多い。

もちろん、どのような極右政治家であれ、誰も公に「戦争をする」とまではいわない。口では「平和のため」、「積極的平和主義」という。しかし、政治家は実際にやっていることを見て評価されなければならない。そして、これは保守本流の問題とも関わってくるが、戦前の軍国主義を賞賛する立場や戦前回帰を志向する人々を「保守」というべきでないことも、もっと認識されなければならないだろう。ネット右翼から街頭にでてきた自称「行動する保守」などというグループは排外主義に基づくヘイトスピーチを繰り返しているが、彼らが本来、「保守」の名に値しないことはいうまでもない。

このような人々の持つ劣情に訴え、憎しみを煽る言辞を弄するような勢力が「保守」という言葉を使用することに対し、保守を自認する知識層からの批判が出ないこと自体がおかしいのである。本来の保守とはエドマンド・バーグ流にいえば、対立を調和させていくことであるのだから、近隣諸国との憎しみを意図的に煽り、人々を戦争に巻き込み、全てを破壊することも厭わない人々が、歴史や伝統を守ることの重要性を前面に出しているからといって保守主義者とされるのは大きな間違いなのである。

16　原発問題をどう考えるか

原発問題をどのように考えるべきか。平野氏には、旧立憲民主党などが中心となって国会に提出した原発ゼロ法案についてのご意見を伺った。平野氏はこの法案に対しては物足りないという認識を示された。

平野氏はこの法案には、二一世紀の文明の中に原発があってはならないという基本的な理念が入っていなかったことを指摘された。そして、当初の法案には二つの問題があり、一つは五年を目途にという部分に本気度が感じられなかったこと、もう一つはエネルギーが万一足りなくなったときには原発を再稼働するということを含む内容であったと指摘された。

平野氏はもともと、国会におけるエネルギー問題の石炭対策、石炭合理化の仕事をやっておられた。時期的には三井三池炭鉱の頃からである。そして、オイルショックの時には、衆議院事務局員としてエネルギー問題を研究するために中東にも出張されたとのことであった。その後、科学技術委員会課長になられたが、時代的には原子力のもんじゅ、六ケ所村の問題があったころである。そして、細川連立政権の発足時の原発問題の八党間の協定を作ったのも平野氏ご自身だったとのことであった。

平野氏の原発に対する基本的な考え方は、原発は文明論的に否定すべきものということである。原発反対派はよく即時廃炉を訴えるが、平野氏によれば、実際には廃炉はそう簡単にはできないとのことであった。

日本における原発の歴史は、戦後すぐに遡る。もともとはアメリカのアイゼンハワー大統領が核の平和利用を言い出し、日本国内では正力松太郎氏や中曽根康弘氏が原子力発電を推進していくこととなる。正力氏と中曽根氏が日本における原子力発電の初期の代表的な推進者であったことはよく知られている。両氏はアメリカ側からの要求で原子力発電の重要性を言い出したとのことであった。昭和二〇年代、四国電力社長の宮川竹馬氏という原発推進派の人物がいた。宮川氏は実際に日本のエネルギーをどうするかということから原発の重要性を説いていた。

意外なことであったが、平野氏のお話では、当時は社会党の中にも原発の平和利用を主張する人もいたという。原子力基本法を作った時には、当初、社会党も賛成したとのことであった。そして原子力委員には労農派の有沢広巳氏も就任し、核の平和利用を真面目に議論していた時期があったとのことであった。有沢氏は左翼を代表する知識人の一人だが、当時は原子力神話の真っただ中でそのようなこともあったのだろう。

しかし、平野氏自身は大学生の時の指導教員であった安井郁氏が原水爆禁止運動をつくった人物であったことから、若い時から原発には反対の立場だったという。しかし、原子力神話が強かった時期、自身の意見は表明できないまま、法案審議の仕事上、六ケ所村などの視察に行かれたという。その最中に四国の伊方原発ができ、平野氏は科学技術庁からの依頼で視察に行かれたという。その際所長に

「もし事故が起こるとすれば、どういう事故が一番多いと思うか」と訊き、それに対してどういう対応をしているかということを質問されたという。

平野氏は原発問題における最大の困難について話してくださった。私自身は、技術的に原発廃炉が可能であったとしても、雇用や地域経済をどうするかという社会的・政治的な問題が非常に難しいと考えていたが、平野氏のお話ではもっと大きな問題があるとのことであった。それは日本の資本主義の特徴が原発政策、原発資本主義の中に全て組み込まれていることだという。日本から原発をなくすことによって生じる、日本の資本主義全体を揺るがす深刻な問題があり、電力業界以外も大きな影響を受けるという。

現在、電力会社はウラニウムを原発に一回使って、その残りカスをプルトニウム化して再利用しようとしている。そのため各電力会社は、一度使ったものを資産として計上しているのである。そうすることによって帳簿上、赤字を少なくしているが、原発を全て廃炉にするとなると、これは何の資産価値もなくなり、全部マイナスになってしまう。大変な赤字になるわけだが、それがトータルで二〇兆円はあるということであった。当然、これを一挙にやると、電力会社はみな倒産することになる。この事情が分かっているからこそ、実際には原発廃止に最も反対しているのはマスコミなのだという。

平野氏は、国民の税金を使ったとしても、政策的にショックを起こさなければ原発を廃炉にすることは難しいという見解を示された。原発廃炉のためだけに二〇兆円を税金で国民から新たに徴収するというのは、現実にはかなり難しい。一兆円ずつとしても二〇年間かかるが、一兆円を消費税にすると二％程度だという。現在一〇％消費税率を二〇年間、原発廃炉のためだけに一二％まで上げるということは、国民の理解を得るのは簡単ではないだろう。しかし、電力会社で負担できる金額でないことも確かで、結局はこのまま原発を続けることしか、現実的な選択肢はないのだろうか。

ところがこのことについて、平野案としながらも、解決する方法があるという話をされた。これは政治的な解決ではなく技術的な解決方法である。それはプルトニウムに含まれている残りカスの無害化である。日本ではまだこの研究はされていないということだが、もしこの研究を完成させると、もしかすればレアメタルになるかもしれないし、電気に変えることができるかもしれないという。しかし、原子力村の政府の関係者もそんな技術はないといっているという。平野氏は全国の大学で本格的に物質変更の研究をすべきだとのお考えだが、現実には、科学者の世界で自分たちのしてきた研究の否定にもつながるのでなされていないという。だが、そんな中でも東北大学の研究グループでは、新しい放射能を出さずに新しいエネルギーを取り出す実験が続いているという。平野氏はやはり、技術で作ったものは技術で解決するしかないといわれた。一度、作ってしまったものをどうするかというのは難しいものである。

現実には三つしか選択肢はないだろう。一つはこのまま危険と隣り合わせの原発をずっと続けることである。二つ目は廃炉にかかる費用を国民の前に明らかにし、国策として時間をかけて全ての原発を廃炉にすることを決めた上で税金をとることである。または国有化をすることであろう。三つ目は革新的な技術の開発に向けた研究を国が支援することであろう。長期的に脱原発に舵を切った場合、この問題だけは政争の具にはせず、政権交代があってどのような政権が誕生しても、決めた計画だけは続けるという申し合わせを与野党で合意し、法律に書き込むことも重要であろう。

原発問題は実際には解決までに一〇〇年（一世紀）くらいの時間を視野に入れて、例えば一〇〇兆円の電力国有化国債を発行して電力会社に交付し、償還は五〇年（以上）くらいの計画を立てるなど、きわめて長期的な時間軸で解決するしか方法はないだろう。今のような、原発推進か反対かという、イデオロギー対立を背景としたかみ合わない議論を続けるのではなく、国民的な議論を喚起し、与野党を超えて大きな政治的な意思決定をしなければならない。そうしなければこの問題は、何年たっても一歩も進まないということになりかねない深刻な問題である。

17 政治家の劣化について

最後に政治家の人間のレベルついて考えたい。制度の問題は、どのような政治を実現するかということを考える上で重要であることには違いない。制度を改革することによって政治家の意識も有権者の意識も変わる。そもそも九〇年代の政治改革は、政治腐敗の問題を政治家個人の問題ではなく、中選挙区制という制度の問題だと考えたところから始まった。制度が変われば意識が変わり、意識が変われば人々の行動も変わり、生まれてくる政治も変わる。選挙制度改革によって五五年体制下とは異質の政治家が出てきたことは間違いがないし、制度によって政治も社会も変化する。

だが一方において、どのような制度を導入したところで、実際の政治を行うのはいつの時代も生身の人間である。要は人間がしっかりしなければならないのだが、これについては多くの人も異論はないだろう。昨今の政治家を見ると、政治家の劣化ということを感じないわけにはいかないが、この問題についても平野氏の見解をお聞きした。

平野氏も、要するに制度のせいにしてはダメであり、どのような制度でも人間がしっかりしていなければならないといわれた。その上で、今は政治家としての必要最低限の必要な哲学、理性、議論するときの共通の論理というものがなくなっているとのことであった。昔が良かったというのは単なる郷愁に過ぎないこともあるだろう。また昔のことを知らない人間が昔の人の方が立派だったと感じるのも、その時代を知らないから言えるだけなのかもしれない。実際のところは昔の政治家の方が偉かったかといえば、そんなこともなく、今も昔も実際のところは同じような問題を抱えているのかもしれない。少なくとも五五年体制下では、与野党ともに大きな問題を抱えていたことも間違いのないところであろう。

だが構造的な問題はあったとしても、その担い手であった政治家自体の政治家としての質、もう少しいえば人間的な器とでもいうか、総合的な力を比較すれば、やはり昔の政治家の方が優れていたのではないかと私は感じざるを得ない。やはり長く政治と政治家に関わってこられた平野氏からご覧になっても、政治家の劣化は間違いなく進んでいるとのことであった。そして劣化は急に起きたのではなく、戦後の議会政治の中で三段階の過程を経て進んできたとのことであった。

平野氏によれば、これは世代交代に起因する。第一段階は、昭和五〇年代頃、明治の人がいなくなった時である。政界には二世議員などが入ってきて、新しい時代となった。ただ、まだこの世代の人は、先輩に教わろうという気持ちはあったということであった。

第二段階はバブル以降とのことであった。この変化はバブルの始まる前、時期でいえば昭和六〇年頃からとのことである。この頃から情報を持っていることや知識を持っていることが全てだという考えが出てきた。そして、バブルにより日本人が金権民族化したという。この時期、価値観を見識や思想に置かず金に置くようになっていくものが増えてきたとのことであった。

第三段階は現在の有り様であり、新自由主義の時代に入ってからである。政治家が不平等を作り出しており、力のあるもの、運の良いものだけが幸せになれば良いというのが、今の政治だと指摘された。これはまさにその通りであろう。ここに至って政治家は、いよいよ劣化したのである。

昔から保守政治家と左派の政治家はいた。戦前は保守政治家が多数派で政友会と民政党にいた。戦前は革新政党という言葉はなく、左派の政党は無産政党と呼ばれた。戦後は保守勢力と革新勢力に分かれた。五五年体制は癒着など様々な問題があったが、そうはいっても政治が何を目的としているのかについては共通の理解はあったという。逆にいえば、保守にも革新にも共通の価値観があったからこそ、ある意味での癒着も生まれ、五五年体制は事実上の自社連立となったのかもしれない。

やはり、五五年体制は負の側面が多く、それらは今後の日本政治が否定し、乗り越えるべき部分であることは確かだろう。しかし平野氏の、政治は人間の平等を実現するためにあるという認識を過去の政治家は保守も革新も含めて両方が共有していたという言葉には重いものがある。政治の本質は自由と平等を皆に付与していくことで、この対立する両者を目指していくのが政治であり、保守と革新はやり方こそ違うが、政治の使命がどこにあるかについての共通認識はあったということであった。

私は『論語』に出てくる「天は貧しきを憂えず、ただ等しからずを憂う」という考え方は、ある意味では社会主義ではないかと申し上げたが、平野氏は、これがまさに保守主義なのだといわれた。平野氏は自らの思想的・政治的な立ち位置を保守本流と規定しておられるが、この考え方は保守主義であり、農民運動をやっていた社会党の人などもこの系譜だといわれた。田中角栄氏の越山会を支えた人々の中には、農民運動をしていた人や、過去には社会党の運動をしていた人もいたといわれる。土着の保守主義と農民運動、戦前の無産政党の運動にはつながりがあったということであろう。

政治家の劣化は五〇年くらいかけて徐々に進んでいった。第一段階は明治生まれの人がいなくなって二世議員が政界に入ってきた頃、第二段階はバブル経済の始まった頃、第三段階は新自由主義になってきた頃から現在である。これは社会の流れとも関連している。これらの「風潮」は日本社会自体が大きく変わった時期ということでもあろう。その時々の社会の風潮が政治家を生み出し、その政治家がまた社会を作る。

政治家が劣化しているということは、社会が劣化しているということである。バブル期も、新自由主義になってからの風潮も、日本社会全体を支配し、多数派の価値観を変えてしまった。個人では抗しきれない巨大な力がこの「風潮」である。このように考えれば、政治が先か社会が先かは、鶏が先か卵が先かという議論にもなりかねない。社会を支配する空気とは別の価値観を持っている人間は、少数派ゆえになかなか政治家になれないからだ。

だが政治家を生み出す社会の側、つまり有権者も必ずしも一枚岩ではない。有権者の多数が現在の社会の風潮と現実を全て是としているわけでもない。今の風潮に疑問をもつ有権者は多数派にまではなれずとも、一定程度の影響力を持つことぐらいまでできれば、政治家の劣化にも一定程度の歯止めをかけることはできるかもしれない。これは今後の日本の、最も大きな課題の一つであろう。

【引用文献一覧】

五百旗頭真・伊藤元重・薬師寺克行編『90年代の証言――森喜朗　自民党と政権交代』（朝日新聞社、二〇〇七年）
宇野重規『民主主義とは何か』（講談社現代新書、二〇二〇年）
小沢一郎『日本改造計画』（講談社、一九九三年）
司馬遼太郎『功名が辻』（文春文庫新装版（一～四巻）、二〇〇五年）
城山三郎『官僚たちの夏』（新潮社、一九七五年）
田中角栄『日本列島改造論』（日刊工業新聞社、一九七二年）
戸川猪佐武『小説吉田学校（第一部～第八部）』（角川文庫、一九八〇年）
平野貞夫『平成政治20年史』（幻冬舎新書、二〇〇八年）
平野貞夫『わが輩は保守本流である――保守本流から日本政治への警鐘』（五月書房新社、二〇一八年）
平野貞夫『衆議院事務局――国会の深奥部に隠された最強機関』（白秋社、二〇二〇年）
孫崎享『アメリカに潰された政治家たち』（小学館、二〇一二年）
待鳥聡史『政治改革再考――変貌を遂げた国家の軌跡』（新潮選書、二〇二〇年）
三島由紀夫『宴のあと』（新潮社、一九六〇年）
山口二郎『政権交代とは何だったのか』（岩波新書、二〇一二年）
エドワード・ハレット・カー（原彬久訳）『危機の二十年――理想と現実』（岩波文庫、二〇一一年）
孔子（金谷治訳注）『論語』（岩波文庫、一九九九年）
毛沢東（松村一人、竹内実訳）『実践論・矛盾論』（岩波文庫、一九五七年）

（ここでは平野貞夫氏へのインタビューの中で直接、平野氏が言及された文献と吉田が言及した文献のみを挙げている。インタビューの背景となった知識を得た元々の文献の全てを挙げているわけではないことを附記しておく）

あとがき

戦後の日本政治は大きく分ければ三つの時期に分けられる。一つ目の時期は最初の一〇年間、一九四五（昭和二〇）年から五五年体制が成立するまでの混乱していた時代である。そして次が冷戦を背景とした五五年体制の三八年間、一九五五（昭和三〇）年から一九九三（平成五）年までである。そして、その後が五五年体制の崩壊から現在までである。

本書で平野貞夫氏にお伺いしたお話は、五五年体制成立時以降が中心であった。五五年体制成立の直後から、自民党と社会党の馴れ合いが始まる。馴れ合いは腐敗といわれても仕方ないような状況となり、政治が固定化していった。自民党では金権政治が始まり、社会党は政権獲得を放棄した。平野氏にいわせれば、五五年体制は事実上の自民党と社会党の連立政権といっても良いような状態だったという。

そして一九九〇年代初頭に政治改革論議が始まった。政治改革では五五年体制を崩すこと、つまりは日本の政治にも政権交代を起こすことが最も重要なテーマとなった。この時期の中心人物であり、最も存在感が大きかった政治家が小沢一郎氏であったことには間違いがない。このことについては、私は前著『立憲民主党を問う――政権交代への課題と可能性』（花伝社、二〇二一年）の中で論じた。そして平野氏は小沢氏の最側近として、九〇年代から政治の現場で活躍された。

平野氏は政治改革論議の時、ご自身は二大政党論者ではなく、穏健な多党制による二大グループ論者であり、選挙制度に関しては併用制論者だったといわれた。平野氏が当時想定されていた制度が導入されていれば、政治改革後の日本政治も異なった展開となったかもしれない。しかし、それでも現行の制度を前提として与野党の軸を考えると、どのような対立軸を想定することができるのだろうか。

本書で確認してきたように、保守本流を自認しておられる平野氏であるが、現在のその政策的なお立場は原発については反対、憲法については第九条を堅持し、この理念を世界に広げるべきであるというものである。外交政策については、東アジア共同体構想をもう一度進めるべきだとのお考えであった。さらには政治の役割は、何らかの意味で人々の平等を実現していくべきであるという強い信念をお持ちであった。

まさに平野氏のご主張、お立場は安倍晋三前政権の進めた政治の真逆である。ご本人は自らを「保守本流」といわれるが、平野氏のお立場とご主張は、現在の文脈でいえば、まさにメディアなどでは「リベラル派」と呼ばれている立場である。これは二〇〇九（平成二一）年の政権交代時の鳩山由紀夫政権が目指した方向とも合致する。

今後の野党の連携のための最大公約数がこの平野氏のお立場と同じようになれば、選挙の際の与野党の対立の軸が作れるとも考えられる。また野党第一党がこの立場でまとまることができれば、自民党とは違う政権の選択肢を有権者に提示できる。そして、その政策体系のことを宏池会や田中派を意味した「保守本流」と呼ぼうが、主として五五年体制の崩壊後に旧社会党系の人々が名乗った「リベラル」と呼ぼうが、少しずつニュアンスは異なるものの、今の政治情勢でいえば同じ側で自民党に対峙することができる。この路線であれば、小泉純一郎政権以来一貫して進められていた路線とは明確な対立軸を打ち出せる可能性がでてくるし、そうなれば選挙にも意味がでてくる。

野党は目指すべき方向性において、自民党とはいくつかの面で別の方向性を示さなければ存在する価値がない。どのような対立軸を示す政党をつくっていくべきかという問題については、私はすでに前著で複数の視点から論じたが、今後の野党のあり方と日本の議会政治のあり方を考える際、平野氏の語る戦後政治の歴史から学ぶべきことは極めて多い。

本書で取り上げた内容については、膨大な先人の研究や著書を参考にして、その上で私が持論・自説を述べつつ平野氏に質問をぶつけている。私のインタビューでの質問内容も多くの先人の仕事の恩恵を受けている。だが、本書はインタビューという性格から一つひとつの知識を最初にどこから得たかということについて、正確に論拠や典拠を記すということはしていない。そこで、この場を借りて、私の発言が多くの方々の学問研究、評論、言論活動に多大な恩恵を受けていることに対して感謝の意を記しておきたい。

本書では歴史的な人物についてと出来事についての「注」を丁寧に付すことにした。これは若い読者を意識したからである。なお、「注」を作成するにあたっては、特に政治家については『新訂　現代政治家人名事典――中央・地方の政治家4000人』（日外アソシエーツ、二〇〇五年）、『日本近現代人名辞典』（吉川弘文館、二〇〇一年）を参考にして記述した。政治家以外の人物についても、『日本近現代人名辞典』を始めとする人名事典や百科事典の情報を基にして、歴史的事実を確認した上で独自に執筆した。「注」が詳細過ぎるかもしれないが、それはこの本に資料的な価値も出したいと考えたからである。政治家については現役の方については省略し、すでに引退した人物を中心につけた。

前著でも「あとがき」に記しましたが、インタビューに応じて頂いた平野貞夫先生、そして、平野先生を私にご紹介いただいた鹿児島大学名誉教授の木村朗先生に心からの感謝を申し上げます。そして前著に引き続きお世話になりました花伝社の平田勝社長、佐藤恭介編集部長にも心から感謝を申し上げます。また、最後になりますが、本書もいつも私の教育・研究活動を支え、適切な助言を与え続けてくれている妻の美希に捧げたいと思います。

二〇二一（令和三）年七月七日（七夕）　鹿児島大学の研究室にて　吉田健一

吉田健一（よしだ・けんいち）
1973年京都市生まれ。2000年立命館大学大学院政策科学研究科修士課程修了。修士（政策科学）。2004年財団法人（現・公益財団法人）松下政経塾卒塾（第22期生）。その後、衆議院議員秘書、シンクタンク研究員等を経て、2008年鹿児島大学講師に就任。現在鹿児島大学学術研究院総合科学域共同学系准教授。専門は政治学。
著作に『「政治改革」の研究』（法律文化社、2018年）、『立憲民主党を問う』（花伝社、2021年）。

55年体制の実相と政治改革以降——元参議院議員・平野貞夫氏に聞く

2021年9月10日　初版第1刷発行

著者 ——吉田健一
発行者 —平田　勝
発行 ——花伝社
発売 ——共栄書房
〒101-0065　東京都千代田区西神田2-5-11出版輸送ビル2F
電話　03-3263-3813
FAX　03-3239-8272
E-mail　info@kadensha.net
URL　http://www.kadensha.net
振替 ——00140-6-59661
装幀 ——北田雄一郎
印刷・製本—中央精版印刷株式会社

ISBN978-4-7634-0979-9 C0031